地図から読む歴史

足利健亮

講談社学術文庫

はじめに

私は歴史地理学を研究してきました。歴史地理学というのは、歴史学と地理学という二つの別々の学問を並べただけのものではなく、歴史時代の地理、過去のさまざまな時点の地表の様子（景観）を明らかにする研究分野を指します。この分野の研究を進めるための「固有の資料」は、地図だと私は考えています。歴史学には、古文書・古記録という固有の史料があります。考古学には遺跡・遺構・遺物という固有の資料があります。それらに匹敵する歴史地理学の（あるいは地理学の）固有の資料が地図だというわけです。この場合の「地図」には、空中写真（航空写真とも言います）や古い時代の絵図や土地台帳とセットの地籍図などを含みます。

地図には、それが作られた時の地表の様子や行政境界や地名（これらをまとめて景観と呼んでおきます）が記されていることはご存じのとおりです。が、実は地図作成時点の景観は、それ以前のさまざまな時代・時点の景観の、大部分または一部を受け継いでできています。一般的には、古い時代の景観ほど残り方は少なくなっていますが、それでも消え残った過去景観の残片は、さまざまな形で地図の中に姿を留めているのです。

このような過去景観の残片を、地図を見る経験とそれに裏打ちされた直感によって、的確に拾いだし、残片のありようそのものや、それらの相互の位置関係にヒントを得て、歴史史料や考古学の成果なども有効に用いながら、その時代または時点の景観を一定の範囲で復原するのが、歴史地理学の基本的な仕事です。その仕事を進めていると、おのずから何故そのような景観が「構築」されなければならなかったのかが読めてきます。つまり、過去にその景観を作った人びとの「地表経営」の意図まで読み解くことができ、人びとが如何に「地表」に生きたかという歴史、通常の歴史学ではアプローチできなかった歴史の一側面を明らかにすることができます。また、「現在の景観」がそこにそのような姿で存在するわけを正しく知る手引きとなります。これが歴史地理学であり、この研究方法が歴史の新しい地平を開いてきたと自負しています。

前置きはこのくらいにして、早速具体的に考えていくことにしましょう。これからの話を通じて、地図をベースに過去を再構築すること、ないしは地図的に思考することの楽しさを味わっていただきましょう。

本書は、『ＮＨＫ人間大学』の一講座として、一九九七年七月から九月まで放送された内容を増補したものです。幸い、放送やテキストを見て下さった方々から、「こういう研究分野があるのを初めて知り興味深く視聴した」、「大胆な謎解きに驚いた」など、好意的な批評や感想をたくさん寄せていただきました。そのうえ、ＮＨＫ出版のお勧めもあり、今回六つのテーマを新たに書き加えて、ＮＨＫライブラリーの一冊として上梓することになったものです。より多くの人に、地図をベースに過去を再構築することに馴染んでいただき、地図の上で思考することの楽しさを味わっていただくことができますなら、望外の喜びです。

出版に至るまでには、多くの方のご協力をいただきました。とりわけＮＨＫ京都放送局の青山恒氏をはじめとするスタッフの方々には、放送時を含め貴重なご意見をいただきました。放送テキストと本書の編集を担当された北崎隆雄氏には、本書が図版、それも細かで正確な地図をたくさん必要とするため、ことのほかご苦労をおかけしましたが、みごとに処理して下さいました。また、三原順子さんには、原稿の整理・入力について、熱心なお力添えをいただきました。皆さんに、心からお礼申し上げます。

一九九八年中秋

近江・石山寺にほど近い拙寓にて

足利健亮

目次

地図から読む歴史

地図から読む歴史

序章　地図と地名に残された先人のシグナル

これから、この国土を舞台に、開発の手を施し、都市や道を作り、国郡の境界を決め、土地に地名を付けてきた人びとの、事業結果と行動の理由をさまざまに取り上げてゆきます。時代は、古代から中世、近世にわたります。すべてのテーマは、過去にどこかの土地で為されたことを具体的に復原することから始まります。その意味を考えているうちに、それは「一般的にこういうことだったのか」という理解に達することもあるかもしれませんが、必ずしもそういう方向にはこだわらないことにします。歴史上の著名人も無名の人も、個人も集団も、それぞれ現実の場で、なるべく合理的ないし有利であるように地域を設計し地域を作ってきたことにこそ面白さがひそみ、それを振り返って読み切った時に、結果として私たちの地域作りの教本になるものが見えることがある、というふうに考えているのです。いずれの話題も、少ない資料を用い直感や推定にも頼って組み立てるものですから、時には大胆すぎるという印象を与えるかもしれません。批判は歓迎です。

さて、この章では、近世と古代に関わる二つのテーマを取り上げます。私の直感と論理構成の個性を知っていただく事例研究です。

（1）鶴翼山の山名由来の考察から見えてくるもの

豊臣秀次の拠った八幡山の、かくれた別名

滋賀県にある日本最大の湖・琵琶湖の東岸に、近江八幡市があります。ここは豊臣秀吉の甥の秀次が、天正一三年（一五八五）に築城し、城下町を作ったところです。本丸が築かれた山は八幡山と呼ばれ、明治二六年（一八九三）の地形図にはそう記されていますが、大正九年（一九二〇）の地形図からは鶴翼山《かくよくざん》と変わっています（図1）。これは、八幡山が鶴翼山とも呼ばれていたことを示しています。鶴とか亀とかの佳字を地名や山の名に使うのは、中世末から近世に城下町などで流行したことですから、一般的にはこういう異称があっても不思議はないのですが、実はここでは大いに疑問があるのです。例えば、享保一九年（一七三四）に膳所《ぜぜ》藩士寒川辰清《さむかわたつきよ》が藩命を受けて編纂した近江の地誌『近江輿地志略《よちしりやく》』は、八幡山について、

図1　「八幡山」から「鶴翼山」へ

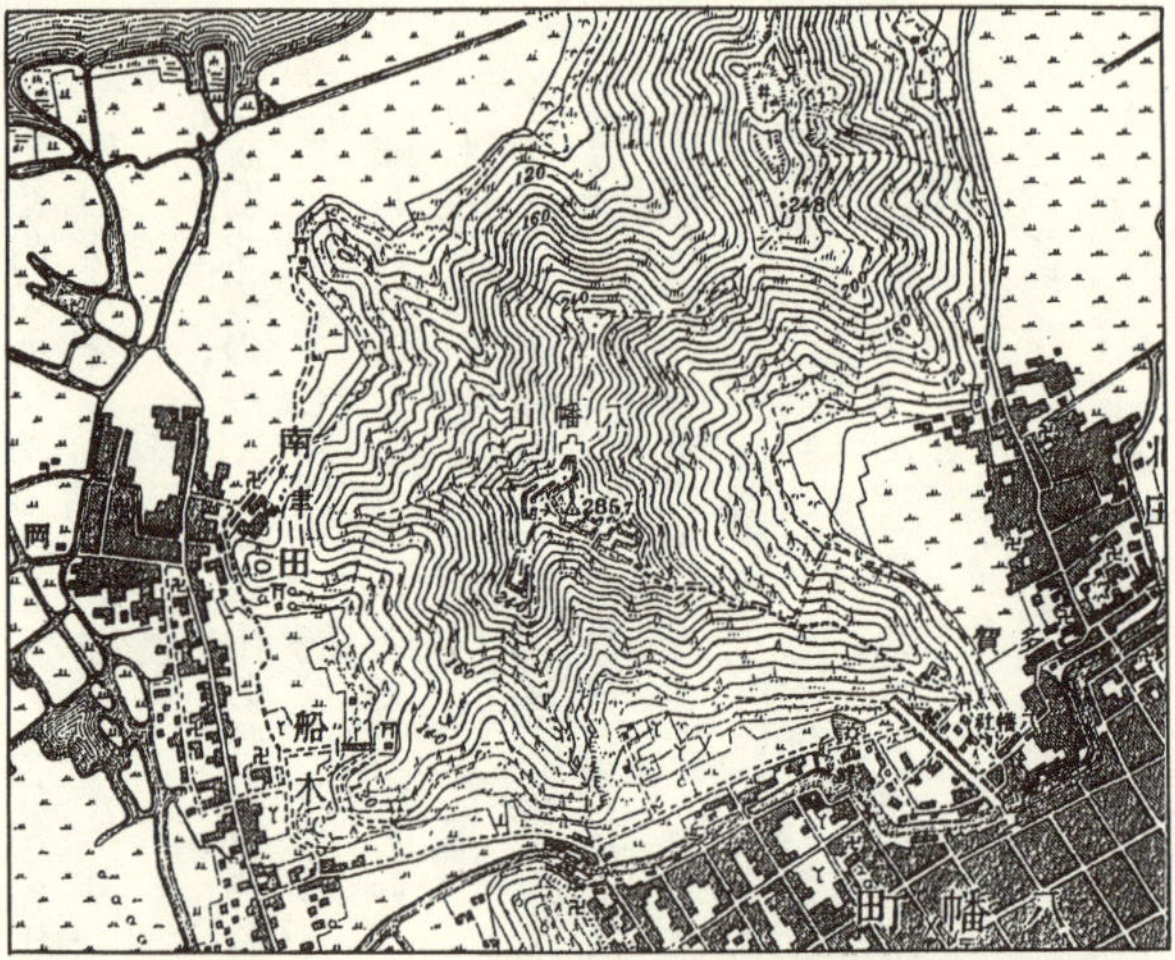

(2万分ノ1地形図「八幡」明治26年測図 ×0.8)

(2万5000分ノ1地形図「八幡」大正9年測図 ×1.0)

八幡町の西にある山也。一に比牟禮山《ひむれやま》と號し又法花峯《ほっけがみね》とも呼べり。土俗は八幡宮鎮座の所以を以て直に八幡山といへり

と説明するのみで、鶴翼山の呼称に触れていません。文化一一年（一八一四）の『近江名所図会《ずえ》』も同様で、鶴翼山の名は見えません。そうすると、鶴翼山の名は新しく生まれたのかもしれないのです。といって、明治や大正に初めて生まれた別名と考えるわけにはいかないでしょう。八幡山には古くから比牟禮山や法花峯、それに『近江名所図会』に登場する宮山などの由緒ある別名が伝えられています。その中に突然「鶴翼山」という新しい別名が参入して、短時日に正称の八幡山をしのいで流布し、地形図に記されるほどになったとは考えにくいからです。どうやら、かなり古くからあったけれども、表立って用いられてきたのではなく、いわばひそかに流布していた山名であるらしいのです。先に大いに疑問があると言ったのは、この「近世には表立って見えなかった」ことのためなのです。

通説を疑う

この疑問は、鶴翼山の名がどういう「観点」から付けられたのかという問題と絡ん

図2　八幡堀をへだてて八幡山を望む
（『滋賀県八幡町史』より）

できます。これについては早くから一つの見方が示されていました。図2は「八幡堀をへだてて八幡山を望む」というタイトルで『滋賀県八幡町史』（蒲生郡八幡町、一九四〇年）に掲載された写真で、この「形状の美は、鶴翼山の雅名を有し」と説明されています。ほかにも、同じアングルの写真を添えて「その形状は鶴の羽根を拡げた形をしている。今なお人呼んで鶴翼山ともいっている」と説くものがあります（助野健太郎・小和田哲男著『近江の城下町』桜楓社、一九七一年）。これらは、鶴翼山の名が近江八幡の旧城下町側、つまり南東側から見た形の美しさによって生まれたものと見るわけです。八幡山の稜線の流麗さを眺めていると、この見方はまったくそのとおりで何の問題もないように思われるでしょう。

しかし、私には素朴な疑問が残り続けたのです。それは、図2に見える山の形は、正確に言うと鳥が羽根を拡げた時の形ではない、という事実です。鳥がまさに飛び立たんとして翼を拡げる時は、翼ははるかに長く左右に拡がるものだからです。昔の人はそういう観察は正確でした。ここから、「鶴翼山」の名は、単に「鶴の翼の山」という意味に過ぎないのではないか、という解釈が見えてきます。「鶴が翼を拡げた形の山」を「鶴翼山」と簡約するのは強引ですし、せっかく鳥を鶴と見たにしては、あまり優雅でないのです。

鶴が翼を拡げた姿とは、鶴がまさに飛び立ち舞わんとする姿です。ならば、鶴翔山とか舞鶴山とかの名付けようがあったろうと思うのです。「鶴の翼」つまり鶴のからだのほんの一部分、それも「鶴頂」とか「鶴首」ならいざしらず、「翼」などという末節の部分が前面に出た命名法は、大大名の城山にふさわしいとは思えないのです。鶴翼山の頂上は、「山全体が鶴が翼を拡げた形」という町史、また助野・小和田説のとおりなら、鶴の頭の部分です。その頭を指すのに翼というのですから、鶴翼山は矛盾さえ含んだ名称と言えます。かくして、鶴翼山の山名由来に関する既往の説は納得できないという結論に達するわけです。

鶴翼山の名付け親は船頭たち

それならば私はどう考えるのか。実は、その答えはふとしたきっかけから見えてきました。私は滋賀県に住んでいますが、ある日の通勤途中、東海道線の石山・膳所間を走る電車の車窓から琵琶湖の対岸、つまり北東方向をぼんやり眺めていて、おやっ？という感じの風景が目に止まったのです。そこでさっそく以下のような地図作業をしてみました。図3は、等高線で鶴翼山のあたりの山々の配置を描いたものです。図4は、これらの山々を西側の四方向から眺めた時のシルエット（投影断面図）です。図のまん中にある仙行山《せんぎょうざん》（奥島山）は、標高四二四メートルで最高峰です。この図を作ったことによって、鶴翼山が、まぎれもなく鶴の翼に当たる山であることが読めたのです。鶴の頭はもちろん仙行山です。その鶴が今まさに水際から飛び立たんとして大きく翼を拡げたところです。その翼の一方の先が沖島《おきのしま》で、他方の先が八幡山にほかなりません。八幡山は、それ故に鶴翼山の別名を持つことになったに違いないのです。

図4のAは、南西の大津付近から私がいつも見るシルエットです。Bは少し北上して堅田《かただ》、今の琵琶湖大橋付近からの眺めです。Cは真西から、Dは北西から見た形です。以上の事実は何を物語っているのでしょう。私の答えは、これは日々船を漕いでいた人びとの見た風景であったということに尽きます。北西からの風景は問題になら

図3　等高線で描いた山々の配置

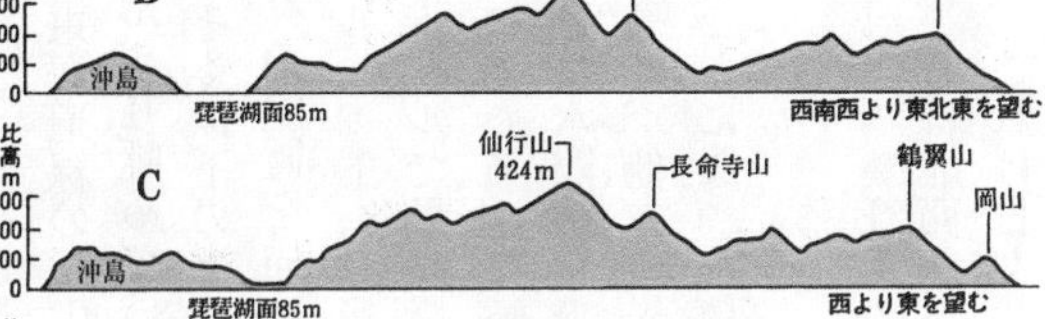

図4　西側から見た投影断面図

ない崩れかたですから、主として湖南の水運に関わった人びと、もっとはっきり言えば、近世に大津と八幡を結ぶ水運に従事していた船乗りの間で生まれたイメージであったと捉え得ます。八幡は当時、近江商人の大拠点として繁栄を極め、多くの船が出入りしていました。その目標地点「八幡」の山が、「はばたく鶴の翼の先端」の山であったのです。こう見ることによって、鶴翼山が八幡の町の側で必ずしも流布しなかったわけが理解できるというものです。船乗りたちが陸上に見える風景をさまざまなものに見立て、行き先や自分の船の位置を知る標識として活用したことは周知のとおりです。船乗りたちが「かくよく」なんて言うだろうかなどと批判する人があるようですが、職業で語彙の多寡は決まりません。船乗りは板一枚に命をかけた知識人だったのです。固定観念にこりかたまってはいませんでした。

このように見ると、琵琶湖の湖上水路が近江のメインストリートであった時代に、改めて思いを寄せることができます。それは、現代においても、日常的に、また震災などの非常の時に、陸路よりもっと広大で自由な「道」としての水路を思い出すことが大切であることを示唆しているように思われます。

（2）郡境は何故そこにそのようなラインで設定されたのか

——無言の地図が語る歴史——

山頂を目指す一直線の郡境

人びとはこの日本を国や郡に分け、町や村の範囲を設定して行政を行なってきました。こうした領域は常に人が決めたものですから、必ず「その位置」に設定した理由があるはずです。しかし例えば鶴翼山の地名と同じで、理由が分からなくなってしまったケースがほとんどです。でも、時には、地図の中に領域設定の経緯を語るメッセージが垣間見えていることがあり、興味をそそられます。同じ近江八幡の近くで一つの例を取り上げてみたいと思います。

まず地形図上の事実を示します（図5）。これは昭和二九年（一九五四）の古い二万五〇〇〇分ノ一地形図です。少し細かいですが、南東から北西の方向に二点鎖線が伸びています。二点鎖線は郡や市の境界線を示す記号で、このラインは、古くから東側の蒲生郡《がもう》と西側の野洲郡《やす》を分けてきました。ただ、現在は近江八幡市が周辺を合併して拡大したため、この境界線の一部は地図から消えており、そのため古い地形図を

図5　昭和二九年の郡境付近の地形

(2万5000分ノ1地形図「近江八幡」昭和29年修正測量 ×0.40)

用いています。

私は最初、T－U線がどうしてこの位置に一直線で引かれているのかということに関心をもったわけです。ところが、しばらく図を見ているうちに、面白いことに気が付きました。T－U線を北北西にまっすぐ伸ばせば、岡山という小丘の頂上を貫くのではないかという思い付きです。

地図に残る古代資料

事実はそのとおりでした。図6で分かるように、南東から望む岡山は頂上付近が平らで、寄棟《よせむね》造りの屋根の形に見えます。棟の左端が頂上で、そこに明治以後三角点が設けられるのですが、それはともかく、頂上から左は急傾斜で下がりますから、その角は大変目標にしやすい。T－Uの延長線がそこを貫くという事実は、昔ある時、U点から岡山の頂上を見通してT点まで直線を引き、それを郡境線としたことを物語っているわけです。それ以外の説明はできないと思います。ではこの郡境は、いつ設定されたのでしょう。

図7を見ます。これは同じ場所の一万分ノ一地図から、古代の農地区画の遺構である「条里」の跡と見られる一町（約一〇九メートル）四方の網目の線に合致する現代

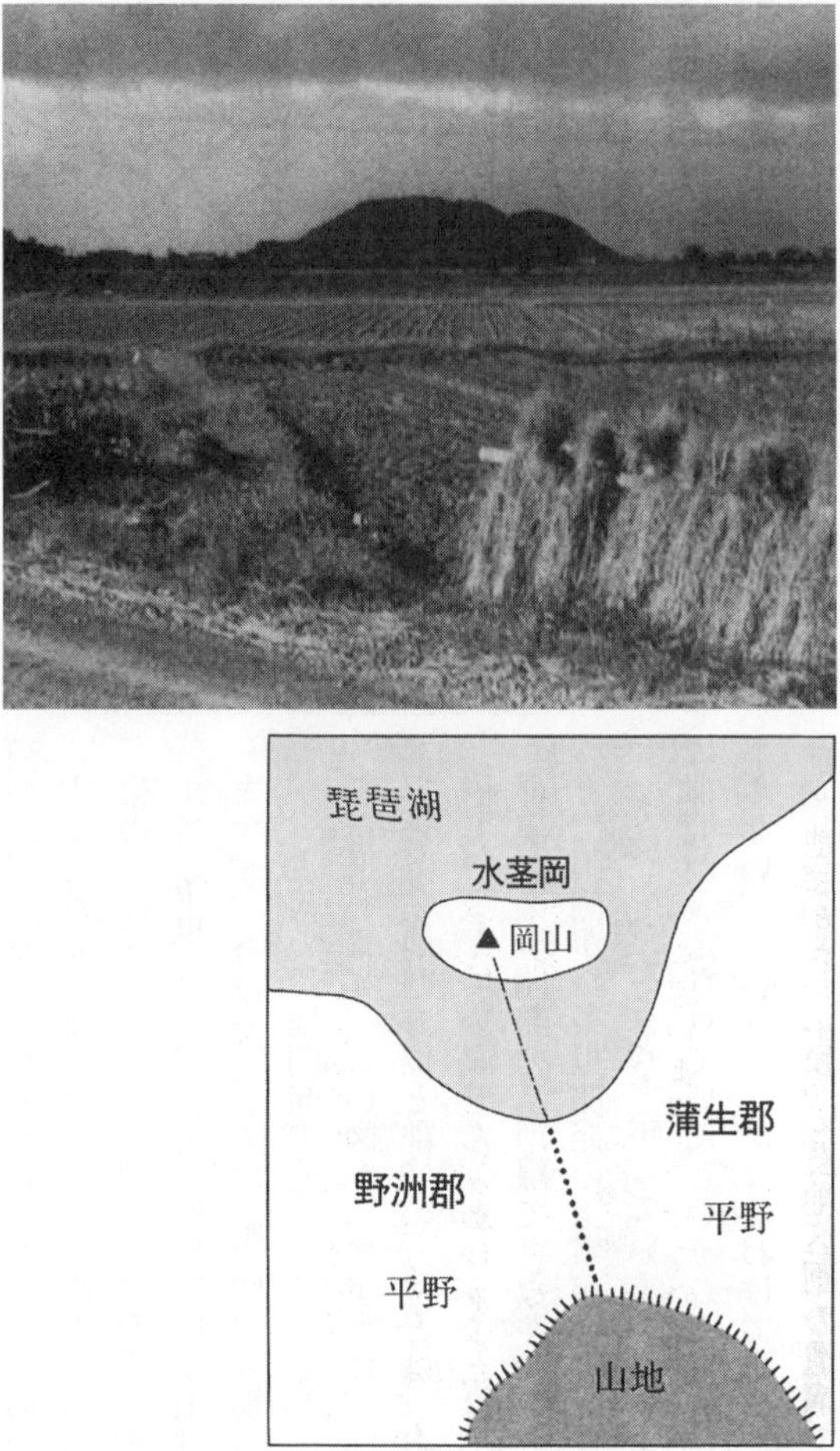

図6　南東から岡山を望む（足利撮影）　平らに見える頂上の左端に三角点がある。

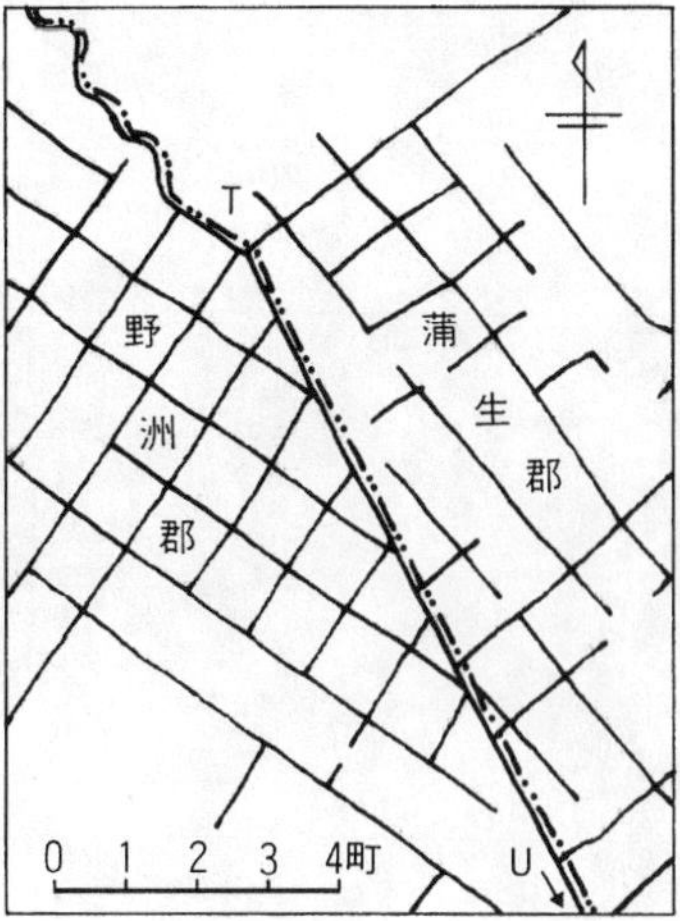

図7　郡境界両側の条里遺構

の道路・水路・畦畔《けいはん》を拾いだしたものです（ただし、残念ながら今は圃場《ほじょう》整備事業の実施により、区画は変わっています）。条里については後の章で取り上げますが、今は図示した一町四方の網目が、古代の農地開発の遺構であるとして話を進めます。この図が示すように、両郡の条里地割方位と郡境の方位とは、どれも一致していません。ということは、郡境が条里開発の基準線ではなかったこと、両側から条里開発の工事が進んできて、既に存在していた一直線の郡境に到達して終わったことを示しています。つまり、古代条里開発がここに及ぶ以前にすでに郡境が設定されていたということですから、この直線郡境の成立は遅くとも古代を下らない、ということになるわけです。

尾根の先端と内湖

では、どうして直線の郡境がT点よりもっと北西に伸びていないのでしょうか。それは図7で明らかなように、T点の北には条里遺構が見えないこと、また、図5のT点付近に、田中江《たなかえ》とか江頭《えがしら》という名の集落があることと関わります。江頭という地名は、そこが入江のほとりであったことを意味します。つまり、ここで条里地割を施工して農地開発を行なっていたころは、T点付近まで琵琶湖から湾（内湖）が入りこんでいたというわけです。その内湖は、第二次世界大戦後でもなお、S付近まで入りこんでおり、岡山はつい近年まで島だったのです（図8）。

ところで、私はさっき「U点から岡山の山頂を見通してT点まで線を引いた」と言いました。当然、なぜU点から？　と問われなければならないでしょう。答えは、こういうことです。U点あるいは少し南のV点は、南から山地の尾根が伸びてきて遂に平野の堆積層の下に埋没する「尾根の先端」であったのです（図5）。つまり、南から北へ伸びてきていた尾根の先端と、北から南へ深く入りこんでいた湾入とによって、平野が著しくくびれていた位置に、尾根の先端から岡山（島）の頂上を見通して短い直線を引き、二つの郡に分けた。その極めて合理的な境界設定の結果こそT－Uの直線であったのだということが、はっきり分かったのです。なお、岡山がなぜそこにあるかと言いますと、これは南から伸びてきていた尾根の延長の一つのピークがこ

図8　明治時代の岡山付近の地形

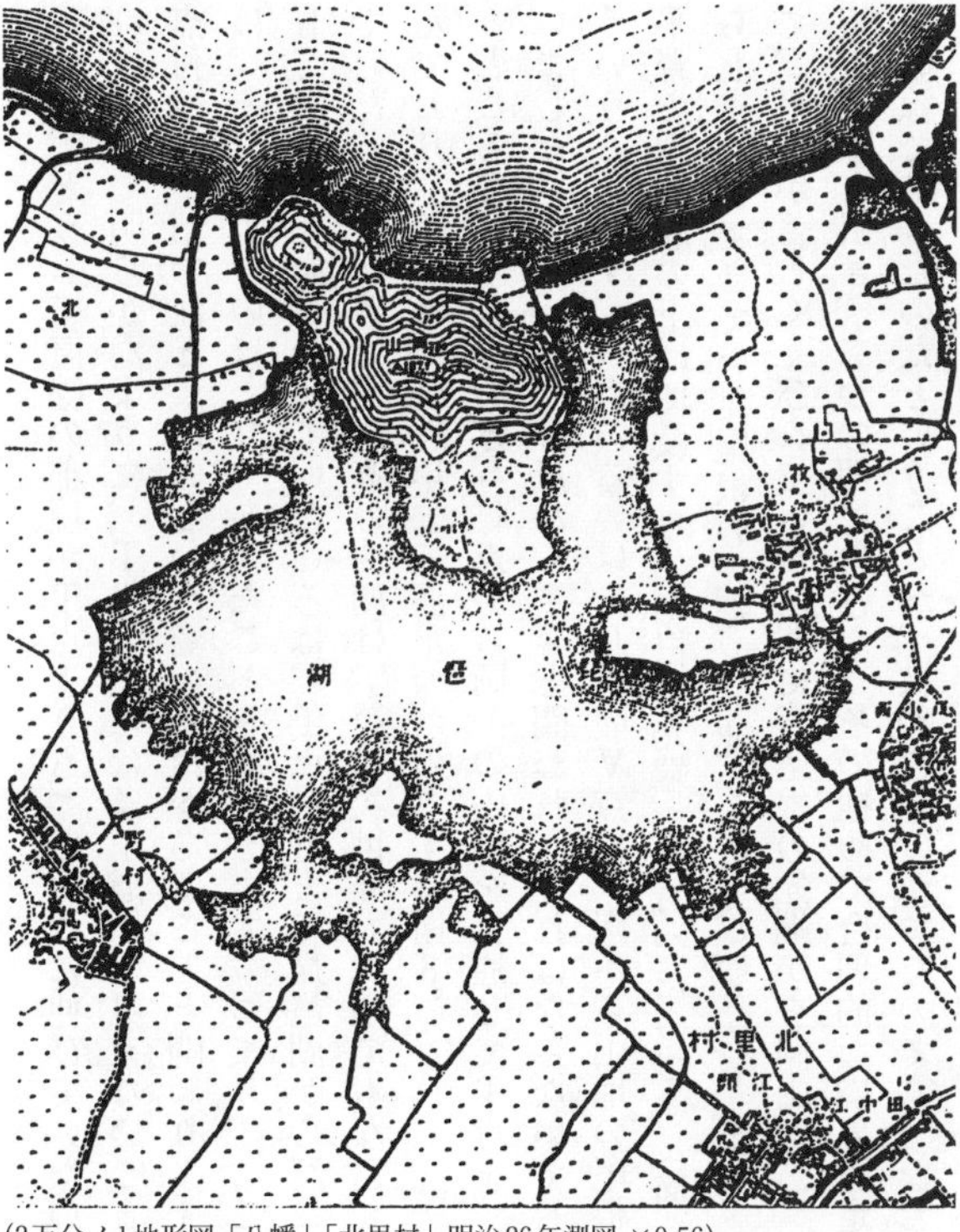

(2万分ノ1地形図「八幡」「北里村」明治26年測図 ×0.56)

こに再び頭を出しているからということにほかなりません。そういう地下に埋まった尾根線上にあるだけに、岡山の南背後には堆積が進まずいつまでも内湖が残り続けたということでもあるのです。

このように、文献史料が少しも残らない事象であっても、地図を資料として先人の地表経営・地表造作の姿を十分に読める場合があること、そして、せめてこの程度には先人の営為を読み込む努力をしなければ、「本当のこと」に近づけないと考えていることを、この序章で述べてみました。

I　古代・中世編

第1章　聖武天皇の都作り

予想以上に小さかった恭仁宮

一九九七年二月、京都府教育委員会は恭仁京《くにきょう》の宮域が南北約七四〇メートル、東西約五四〇メートルの広さ、すなわち約四〇ヘクタールの面積であったことが発掘調査で確かめられたと発表して、大変注目されました。何故かというと、この面積は平城京の宮域の面積約一二七ヘクタールに比べ、三分の一に過ぎないからです。私が予想していた恭仁宮の面積に対しても約四割に過ぎません（図1-1）。

恭仁京とは、奈良時代中ごろの天平一二年（七四〇）末、聖武天皇の時代に平城京から今の京都府南部、相楽《そうらく》郡の地に遷都して営まれた新京です。しかし、造営を始めてわずか一年半余り後の天平一四年八月、天皇は東北方の近江国紫香楽《しがらき》村に離宮を作り始め、次第に出費が嵩むようになります。このため、恭仁京は天平一五年末には早くも造営工事が中止され、天平一七年には完全に廃都となってしまいます。ほんの数年の短命な都に終わるわけです。

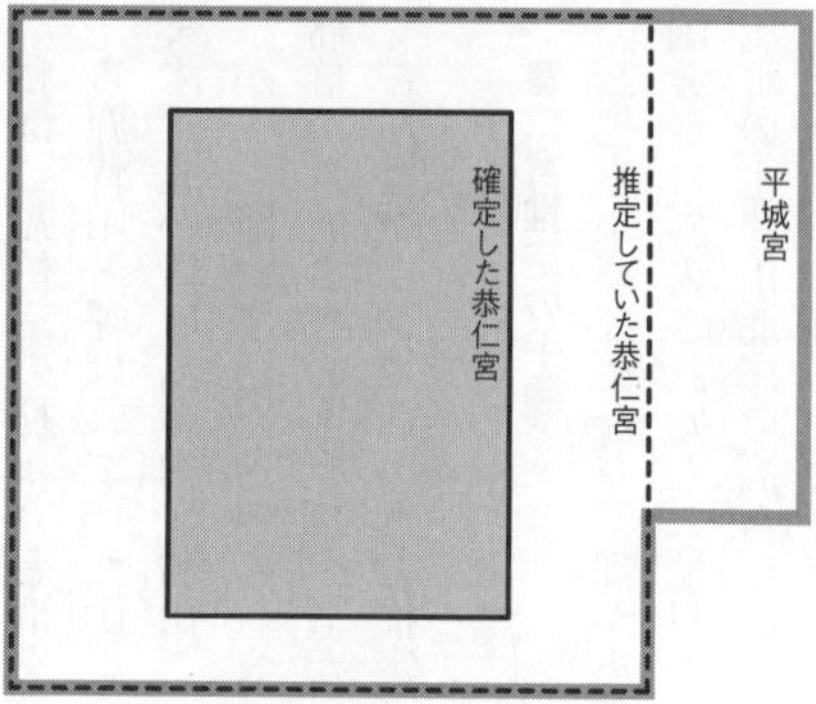

図1－1　恭仁京の宮域

図1－2　恭仁京の拡がりと形（推定・復原）

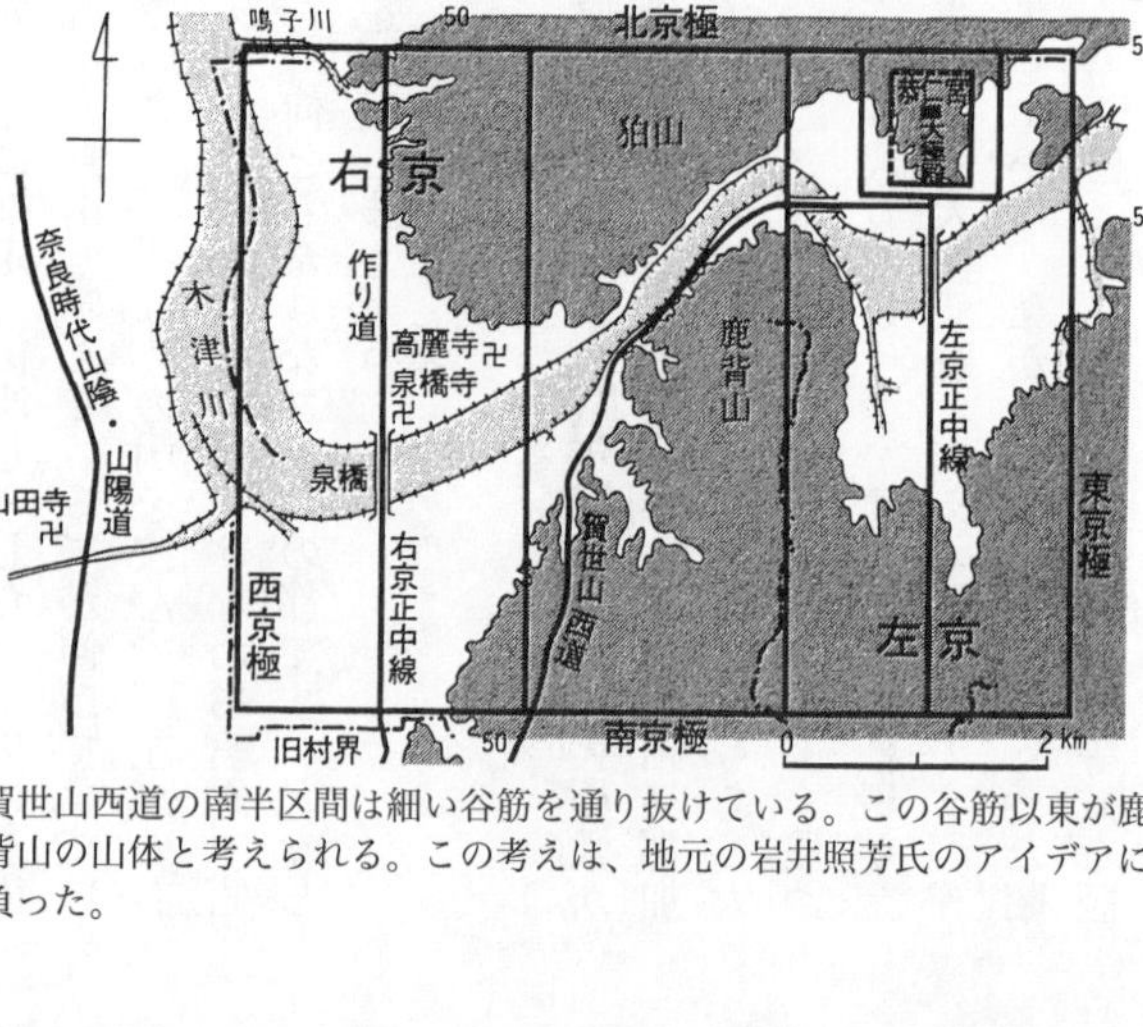

賀世山西道の南半区間は細い谷筋を通り抜けている。この谷筋以東が鹿背山の山体と考えられる。この考えは、地元の岩井照芳氏のアイデアに負った。

私は、恭仁京の拡がりと形を、図1－2のように推定・復原しました。中央に、南から鹿背山《かせやま》と呼ばれていた山（今は、最高所を大野山と呼んでいる）が伸びてきています。北からは高麗山《こまやま》（狛山）がせり出しています。それらの山を挟んで、左京と右京が少し離れていたとみられます。そのうえ、左京の北端に宮域、すなわち宮殿・官《かん》衙《が》群から成る都の中枢部が置かれていました。何とも奇妙なプランの都です。どうしてこんなプランであったと推定できるのかを説明しましょう。

恭仁宮推定の手順

恭仁京が廃都になり、都が再び平城京に戻った後の天平一八年、恭仁宮の大極殿《だいごくでん》が国分寺に施入されたと『続日本紀』に記されています。その国分寺は、今の相楽郡加茂町の木津川北岸の高台にありました。広さが六〇メートル×三〇メートルもある大きな金堂跡土壇と、大きな礎石が配置された実に立派な塔跡土壇とが、共によく残っています。この国分寺に恭仁宮の大極殿が寄進されたというのですから、大極殿が金堂に転用された可能性が大きく、金堂跡をそのまま大極殿跡と考えてよいのですが、それでも、可能性は一〇〇パーセントではありませんから、私が恭仁京に関心をもった昭和四〇年代中ごろには、もう少し別な面から金堂跡イコール大極殿跡という等式を証明する必要がありました。その方法は、金堂跡土壇のまわりに朝堂院跡を示す地割が残っていないかを調査することでした。恭仁京は、廃都後田園地帯に戻り、再び都市的な土地利用に供されることがありませんでしたから、朝堂院跡を示す田畑の形が残っているに違いないと私は考えたのです。当時、平城宮の第一次朝堂院跡地はまだ発掘調査に着手以前でしたが、そこには朝堂院の形に似たとっくり形の地割模様が残っており（図1－3）、これがヒントになりました。

調査の結果は、図1－4のように金堂跡土壇を大極殿跡土壇と見るのにふさわしい位置関係で、朝堂院の形を示す田の畔道の線が浮かびあがってきました。その広さは、朝集殿院相当の区画を含んで、南北約五〇〇メートル、東西約二〇〇メートルになります。これは、調査で確かめられていた平城宮第二次朝堂院の大きさに近似しており、その時私は、金堂跡土壇が大極殿跡土壇に間違いないと確信したのです。幸いそれから数年後の発掘調査によって大極殿跡が確認され、私の見方は証明されました。

この場合、恭仁宮朝堂院跡と見られる区域の広さが平城宮朝堂院の広さと近似することは、大変大事なことでした。それは、天平一五年の末に恭仁宮の造作が停止される際の事情を記した『続日本紀』の記事に、恭仁宮の大極殿や歩廊は平城宮から移し

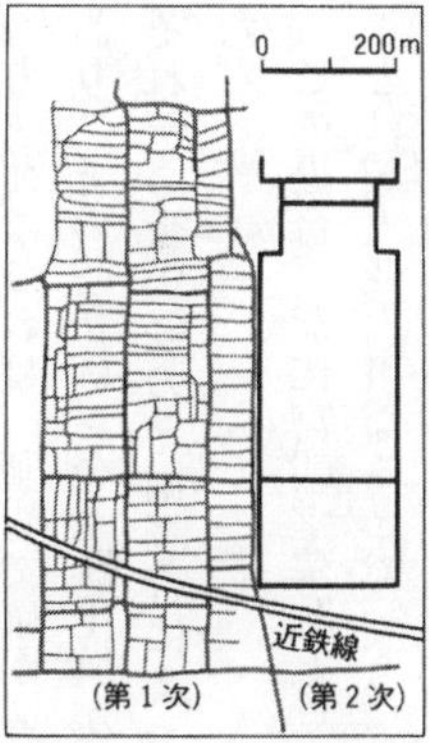

図1－3　平城宮朝堂院プランと畦畔

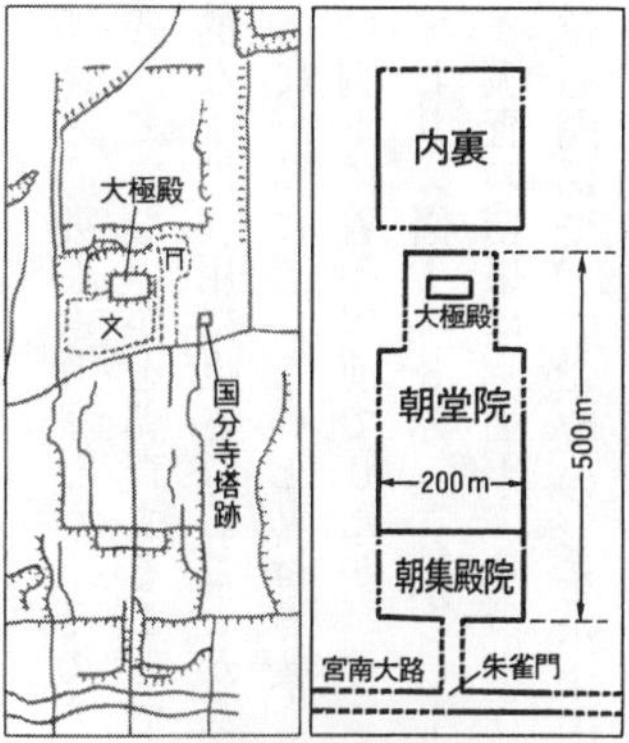

図1－4　恭仁宮朝堂院プランと畦畔

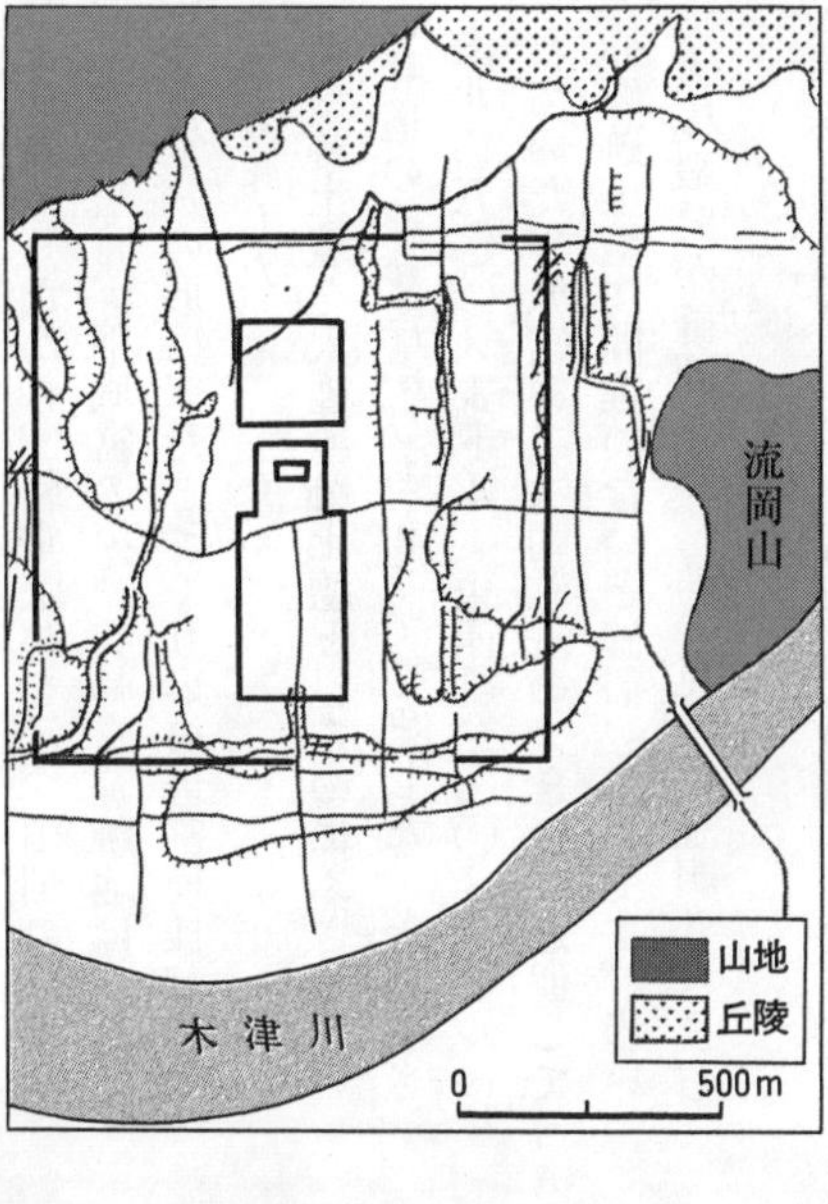

図1－5　想定恭仁宮域の内外の微地形と畦畔

て造られたものだと明記されているからです。この記事は、恭仁宮が平城宮と等しい規模のものとして構想されたはずだと考えることを促しますし、また、そう考える立場の拠り所にもなるわけです。

この考えに立って、私は大極殿跡土壇を中心とする約一キロメートル四方の恭仁宮域を想定しました。当時はまだ、平城宮が約一キロ四方の正方形であると考えられていたのです（後に、東側に東西二五〇メートル、南北七五〇メートルの張り出し部があったことが判明します）。図1－5は、恭仁宮を方一キロと想定した際の作業図ですが、北辺や西辺に沿って大路幅を暗示するような並行する畔道が認められ、南辺にも幅四〇メートル余りの浅い谷が通っていて宮城南辺大路（二条大路）にふさわしいありようと判断できたため、この想定宮域で間違いあるまいと考えたのでした。この想定宮域が図1－2の左京北端に「恭仁宮」と記した長方形区域（発掘で判明した区域）の一まわり外側の正方形です。

「賀世山西道」と「作り道」——恭仁京プランの復原

次に、恭仁京域が何故、図のように左京と右京が離れた形であったと考えられるのかについて、説明します。恭仁京遷都から九ヵ月を経た天平一三年九月になってよう

やく、

京都《みやこ》の百姓《ひやくせい》に宅地を班給す。賀世山《かせやま》西道より東を以て左京と為し、西を以て右京と為す（『続日本紀』）

ことが実施されました。その二週間前にも、「平城京の二市」すなわち東市と西市を恭仁京に移す措置がとられていますから、ようやく都市作りが軌道に乗り始めたとみえます。

賀世山が今の鹿背山集落を含む山全体の名であることは、間違いありません。地名は音《おん》で言い伝えられることが多く、用字はさまざまに変えられるのが、むしろ普通のことなのです。鹿背山の「背」の字は、地元では「脊」を用いているそうですが、読みは同じです。問題は賀世山西道がどれかということですが、これは賀世山の西麓を北北東から南南西に走る道と見るのが最も素直な解釈です。そして、史料はこれ以西が右京だというのです。

その右京に、もう一つの注目すべき道がありました。それは私が「作り道」と呼ぶことにした道です。そのありようを図1－6に示します。相楽郡木津町の市街中心部

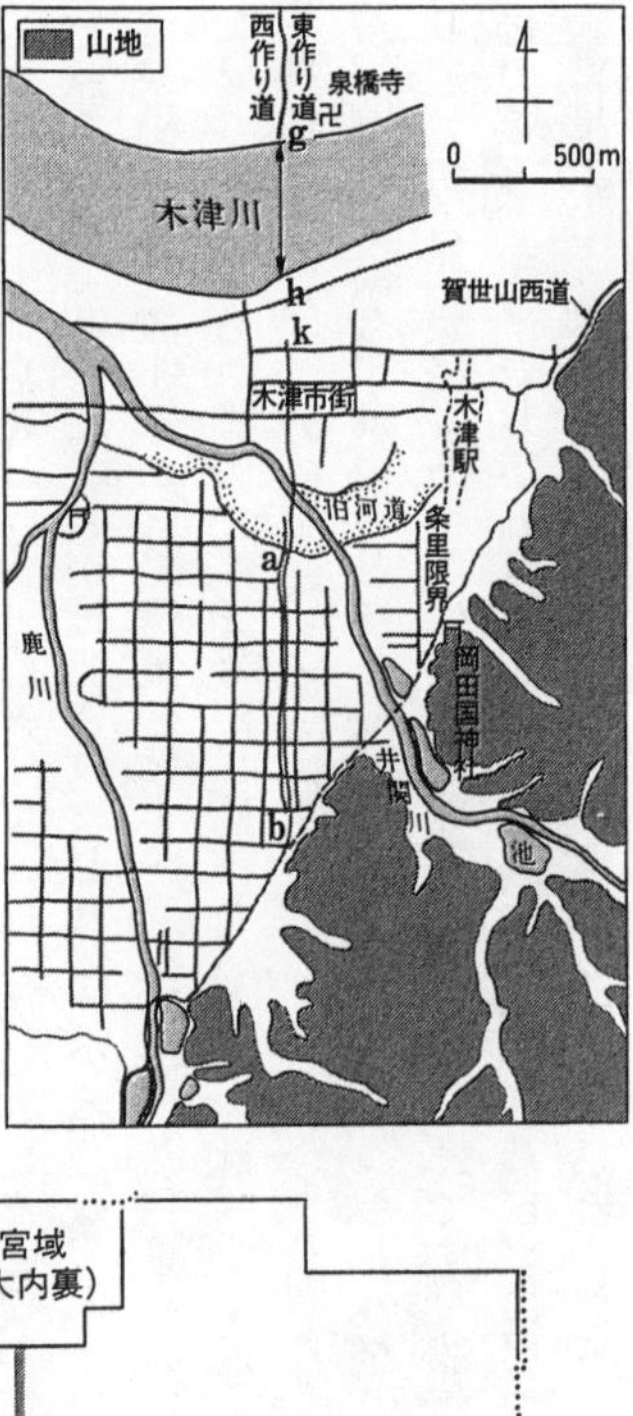

図1－6　「賀世山西道」と「作り道」

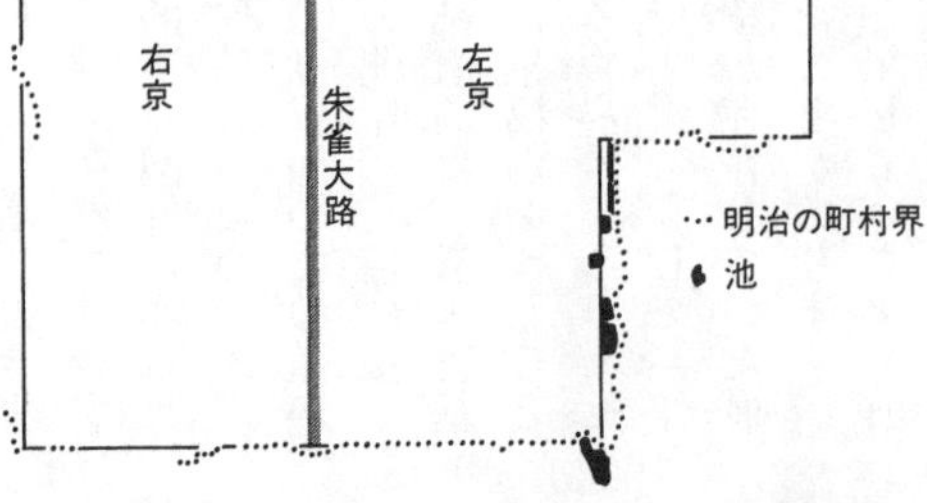

図1－7　平城京域と町村界

を貫く道からまっすぐ南へ続く農道が、今も残っています。図のk－bです。それを木津川を越して北へ延長しますと、山城町の中心市街を南北に貫く古い道に続きます。その道の東西に接して「東作り道」「西作り道」という小字《こあざ》地名が残っています。この地名は、それに接する道がいつの時代かに人の手で計画的・意図的に作られた道であることを物語っています。「作り道」と呼ぶことにしたのはこのためです。しかもa－b沿いには、幅一〇メートル内外の田が延々と続いており、かつての道が立派な大道であったことが推測されました。この推測は、木津川の北岸に、道に接して泉橋寺《せんきようじ》が位置することで傍証されます。泉橋寺は恭仁京への遷都直前に、僧・行基によって建てられました。寺号が泉橋寺ということは、すぐ近くに泉橋があったことを意味します。その位置は、この道の線上、図のg－h間と考える以外にありません。実は泉橋も、泉橋寺とほとんど同時に行基が作ったものなのです。こうして「作り道」が古代要路であったに違いないと判明したわけです。恭仁京が存在していた最後のころ、天平一七年五月ですが、聖武天皇が一度恭仁京に戻ったことがあります。『続日本紀』は、この時の様子を、「車駕、恭仁京の泉橋に到る」と記しています。前後の状況から、甲賀宮（紫香楽宮）から宇治方面を経て、北から泉橋に近づいたことが分かります。つまり、泉橋を通る道が、北は宇治から北陸方面を指し、南は平城京に至る重要な道であったということなのですが、ここで注目したいのは泉橋が「恭仁京（内）の」橋だったと分かることです。

そこで私は、「作り道」を中心軸に東西四坊＝約二一二〇メートルの広さの右京を想定しました。先都平城京と同じ大きさの右京であったという前提に立つ考えからです。結果は大変面白いことに、西京極に当たるべき想定ラインが、明治時代の旧村境にピタリと一致したのです。そのことにどういう意味があるかを説明します。都の範囲がいったん確定すると、その内側は都市としての基盤整備がなされます。少なくとも農地は荒廃してしまいます。廃都後、農地に復するには相当な時間がかかり、農村として再出発する時、そこは外側とは別の行政単位となったに違いありません。古来の村境に注目するのはこのためです。実際、平城京の外周も、図1－7のとおり、明治の旧村境とかなりよく一致するのです。

恭仁京プランの復原図（図1－2）に関する詳しい説明はここまでにします。中央に山がありますから、左京はその東の盆地に、宮域を基準として設定されたと見るほかありません。この盆地が狭かったため右京が山の西に計画されざるを得なかったと考えられます。南北も平城京と同じ九条分をとりました。その結果、南北京極想定線も旧村境の線と一致または近接することが多いのに注目されます。

狭かった恭仁宮をどう見るか

話を最初に触れた問題、つまり発掘成果のことに戻します。京都府教育委員会による恭仁京の発掘調査は、私の復原プラン発表後ほどなく始まりました。以来四半世紀、私もずっと調査委員会委員を務めてきましたが、その間に多くの知見が蓄積されました。大極殿の背後地区には、内裏《だいり》域を囲むものかと見られる逆コの字形の柵列や、二面・四面の廂《ひさし》を持つ主要建物群が検出されています。一方、大極殿前面の朝堂院地区では、残念ながら院内の建物は確認されていませんが、平城宮朝堂院より一回り小さい朝堂院・朝集殿院区画柵列と応天門相当の門跡が出土しています。しかし、それらにも増して重要なことは、宮域の四辺を画する大垣の遺構が次々と確認され、平成九年春には遂に南西コーナーの大垣遺構（図1－8のエ地点）が確かめられて、恭仁宮の四至《しいし》が確定したことでした。この結果は私の推定宮域より一回りも二回りも小さいのです（図1－1、図1－8）。

恭仁宮の四至がこのように小粒であったという結果が発表された日、私はＮＨＫやたくさんの新聞の取材を受けました。主な質問は、この小さい宮域をどう考えどう評価するかというものでした。私の答えはおおよそ次のようになります。

図1－8　推定宮域と確定した宮域　破線の範囲が足利案の恭仁宮域であり、アーイーウーエの範囲が確定した恭仁宮域である。

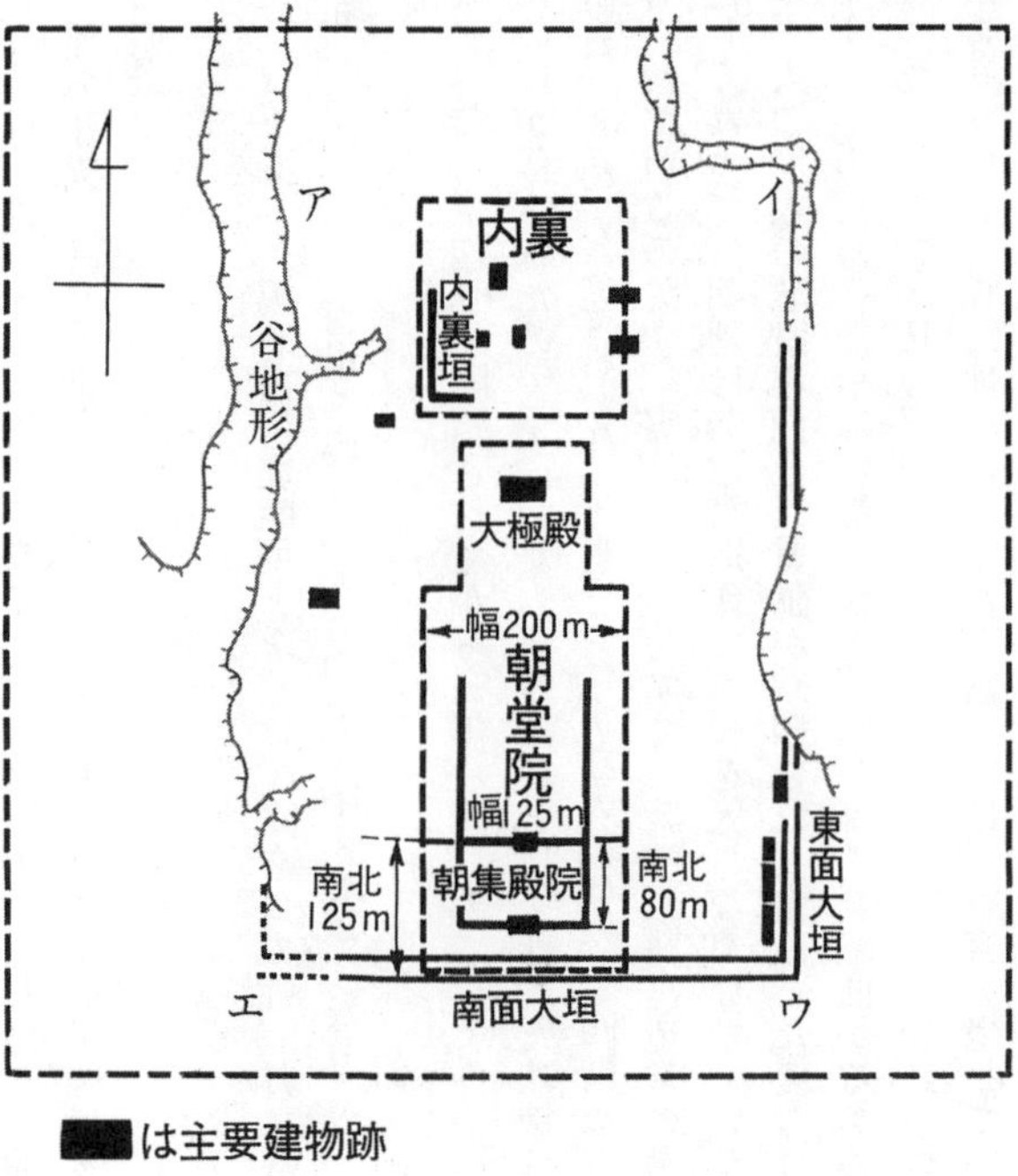

注目すべきことの一つは、大宮垣（大垣）のラインが一直線でなくしばしば曲折する事実です。この一種の杜撰《ずさん》さはどう考えたらよいかということです。『続日本紀』天平一四年八月五日の条に、

詔して造宮録《ぞうきゆうのろく》正八位下秦下嶋麻呂《はたのしもしままろ》に従四位下を授け、太秦公《うずまさのきみ》の姓《かばね》、幷に銭一百貫、絁《あしぎぬ》一百疋、布二百端、綿二百屯を賜う。大宮の垣を築くを以てなり

という記事が見えます。恭仁京作りが開始されてから一年八ヵ月後に、ようやく「大宮の垣」＝宮殿地区の垣が作られたのです。しかも奇妙なことに、作った功績は一人の造宮役人に帰せられ、この人はそれが仕事であるはずなのに位が一四階級も特進し、沢山の褒美をもらっているのです。実は、この時すでに紫香楽離宮造営の動きが出ており、財政が苦しくなって、朝廷は恭仁宮造作に本腰を入れなくなっていたと見られます。そこで、一人の役人の私財を投じた貢献が歓迎され、褒めたたえられたということらしいのです。そのため、面積は極端に狭く、垣のラインも曲がる等の粗雑さが目立つものになったというのが私の解釈です。それでもとにかく、朝廷の体面は繕われました。北からせり出した丘陵地形に乗った大宮の垣は、威容を呈していたに

違いありません。

しかし、威容は整ったかもしれませんが、これだけ狭い宮域には、各種の役所を建てる余地がほとんどありません。そこで、いったい政治・行政はどこで行なわれていたのかという新たな疑問の答えを探らねばならなくなったのです。一つの可能性としては、宮域の外部に官衙《かんが》群が建てられたと見ることですが、私は、恭仁京建設に朝廷の本腰が入っていないことを見抜いて平城京から動こうとしなかった役人ないし役所が、かなりあったのではないかと想像しています。それと、新たに紫香楽に動きかけていた役所も含んで、言わば首都機能を分担する形で急場をしのぐ結果になった。藤原武智麻呂《むちまろ》以下の四兄弟が天平九年に天然痘で相次いで死去した後も平城京に地盤を温存していた藤原氏と、新たに政権の座につき恭仁京遷都を推進した橘諸兄《もろえ》らとの綱引きがそうさせたとも考えられるのです。

第2章　平安京計画と四神の配置

鴨川はどうしてそこを流れているのか

この章では、平安京の外まわりの計画と、四神《しじん》——玄武《げんぶ》・朱雀《すざく》・青龍《しょうりゅう》・白虎《びゃっこ》という四方の守り神のことですが、この四神の配置について、私の考えを述べてみたいと思います。これも地図によってしか解けないテーマなのです。

平安京は延暦一三年（七九四）、平城京から長岡京への流れの言わば終点に位置する新都として誕生しました。つい数年前に一二〇〇年目の年を迎えたわけです。一〇世紀前半の『延喜式』による都市計画範囲は、南北五二四一メートル（一七五三丈）、東西四五〇九メートル（一五〇八丈）で、その北辺中央に、南北一四一〇メートル、東西一一四八メートルの大内裏《だいだいり》すなわち宮殿・官衙《かんが》地区が設定されていました。それはそのとおりなのですが、私は平安京の都市計画はその外まわりにも及んでいたと見るのです。

考えの発端は、鴨川がどうしてその位置を流れているのかということへの関心にありました。なぜ鴨川は平安京の東京極に接して流れていないのか、という疑問です（図2－1）。鴨川は少なくとも途中まで直線的に流れる「人工河川」です。そうである以上は、その位置に流されることになった「理由」があるはずです。その理由は何でしょう。これに関して、東京極と鴨川の間は河原だったのだから問題にはならないのではないか、と考えている人があるようです。しかし、それは誤りです。鴨川には堤防があり、京極との間には、田畑のみならず悲田院《ひでんいん》、藤原氏の崇親院《すうしんいん》、法成寺《ほうじょうじ》、法《ほう》興院《こういん》などが次第に進出することになるわけで、そこはまともな土地利用空間でした。

もっと注目すべきことは、Y字形合流点の真北約四〇〇メートルの位置に、鴨河合《かものかわい》神社が鎮座していることです。この神社は平安時代からの名社でした。近くの下鴨神社と同じ森の中にありますが、両社は別のものです。この鴨河合神社の位置こそ、鴨川南北河道が平安時代に遡ることを証する資料と言えます。

さて本題、鴨川はなぜそこを流れているかです。これに関して、私はある時ふと、平安京の中で、正中線（朱雀大路）を挟む対称位置を流れていた二本の人工河川、すなわち東堀川と西堀川の間の距離が、東堀川と鴨川の間の距離に等しいのではあるまいか？　と思ったのです。今の堀川が平安京東堀川です。西堀川は消えてしまっていますが、紙屋川とその南延長上の区界線として地図上に残っています。早速地図の上

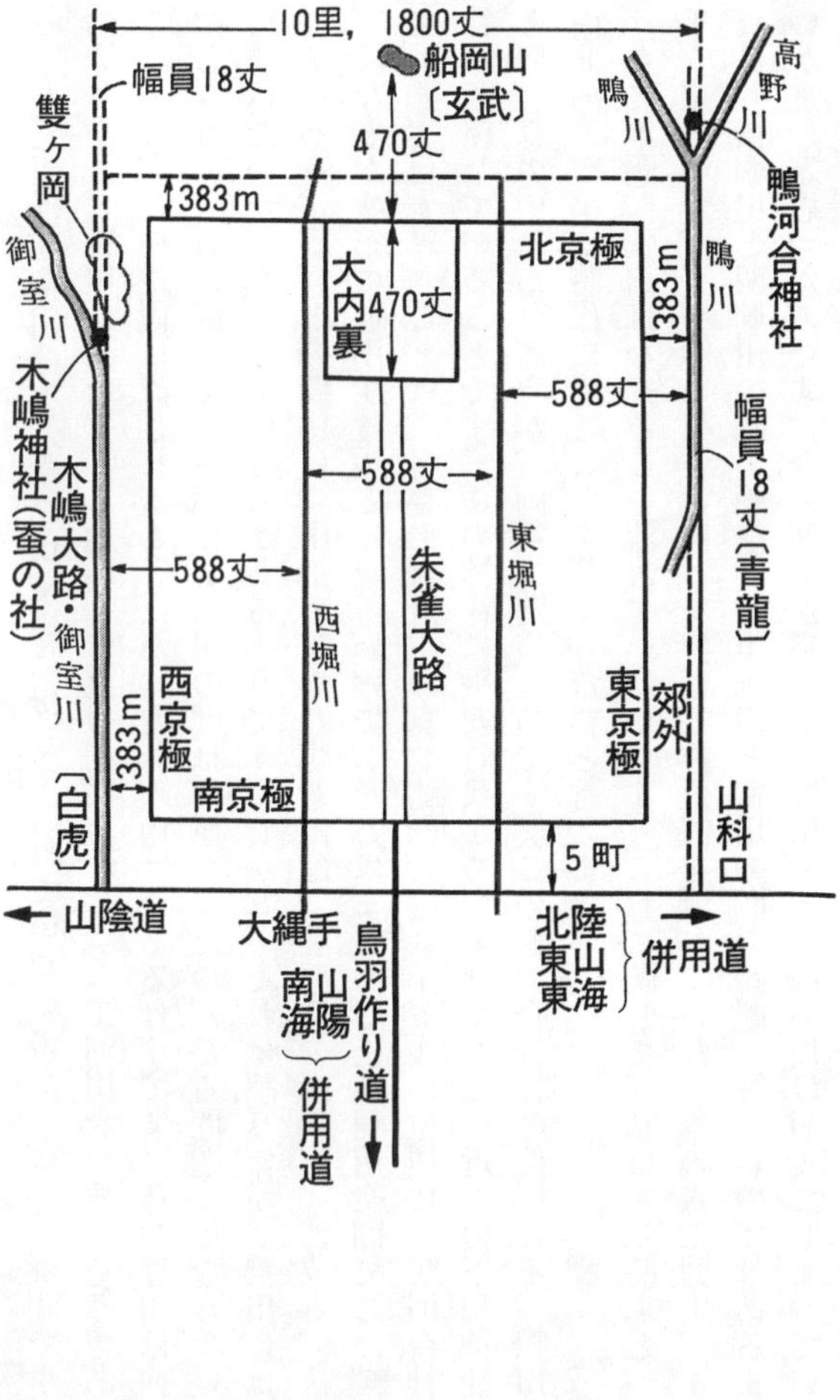

図2－1　平安京内外の計画

で測ってみたところ、予想どおりのことが確かめられました。二万五〇〇〇分ノ一図で、共に七センチ、実距離で約一七五〇メートルになります。今これをαとします。このことが分かった時、私は、鴨川がそこを流れている理由が読めたと思ったのです。それは、三つの人工河川が、同じ都市計画の下で、同時に等間隔で設定されたことを意味しているということです。

しかし、それだけのことならば平安京計画との関係が、いかにもアンバランスです。当然、西堀川の西へ同じ距離αをとったところに、もう一本人工河川があるはずだという予測が生まれます。実際には、今そこに川はありません。ところが注目に値する線と神社があるのです。図2－2でそれを説明します。

木嶋大路の位置確定

図2－2は昭和五六年（一九八一）の二五〇〇分ノ一京都市都市計画図です。西堀川から西へαの距離を測った線がA－B線です。C－D線はそれから西へ五〇メートルの線です。一メートルごとの等高線が描かれていますが、そのほとんどがA－B線やC－D線の所で北または南に曲がっていることに気が付きます。要約して言えば、北部のE付近ではこの五〇メートルの帯状地がその東や西の地面より少し低く、南部

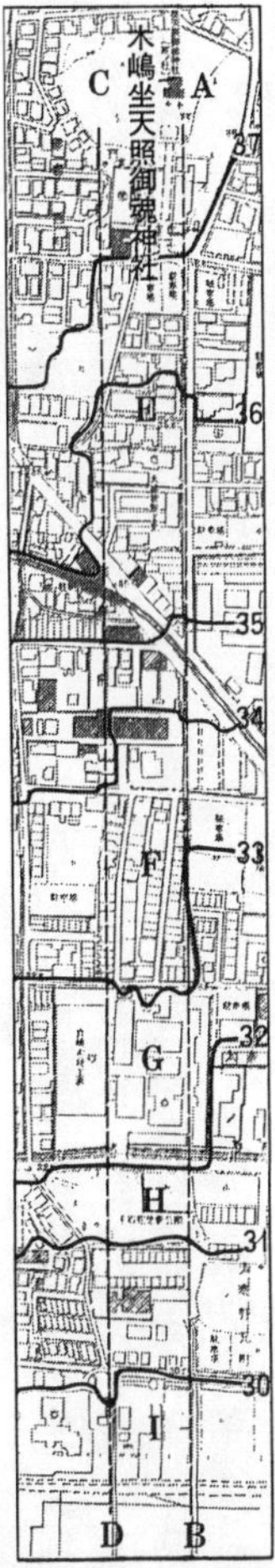

図2－2　「木嶋大路」付近の地形（ベースマップは京都市都市計画局提供）

(2500分ノ1京都市都市計画図
「山ノ内」昭和56年修正 ×0.42)

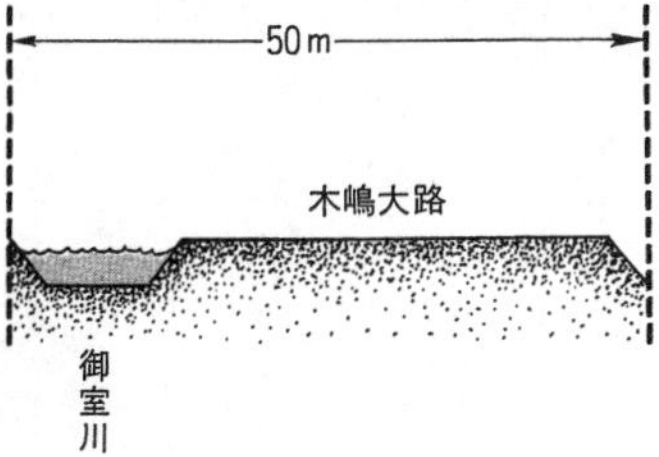

図2－3　木嶋大路と御室川の断面図

では逆に少し高くなっています。FやGの付近はそのわずか八〇センチ程高くて水はけがよいことを生かして、住宅や工場が早く進出したとみられます。Hも小高い砂地の児童公園になっています。一面まだ田んぼが拡がっていた大正一〇年ごろの三〇〇〇分ノ一地図も同様の姿を示していますが、FからHにかけては、五〇メートル幅の西端一〇メートル余りがむしろ低くなり、図２－３のような断面であったとみられます。

そして、この帯状地の北端に「木嶋坐天照御魂神社《このしまにますあまてるみむすび》」があります。難しい社名ですが、一般には「蚕《かいこ》の社《やしろ》」の名で親しまれている神社です。この神社は先程の鴨河合神社と深い関係が認められます。神社には朝廷から神位が授けられましたが、この二神は平安時代に、片方の神位が上がれば他方も上がるというふうに並び立っていました。加えて、鴨河合神社周辺を「糺《ただす》の杜《もり》」と言うのに対し、蚕の社周辺は「元糺《もとただす》」と呼ぶという関わりもあるのです。さて、問題の帯状地はいったい何だったのでしょう。

私の結論は、蚕の社前に南北走していた木嶋大路《このしまおおじ》という大道とその西に沿う御室川《おむろがわ》から成る帯であったと考えられるということです。木嶋大路の名は、「神道光景田地《しんじみつかげでんち》売券案《うりけんあん》」という宝治元年（一二四七）の出雲宍道《いずもしんじ》文書に、仁和寺本寺の湯田《ゆでん》二段の四至《しいし》至《し》の東を限るものとして見えます。土地の東を限るのですから南北大路と分かります。蚕の社は木嶋神社ですから木嶋大路は近くにあったはずです。そのうえ仁和寺は木嶋神社の真北にあって遠くないですから、同寺の湯田がこの辺にあって不思議でありません。帯状地が木嶋大路であることは、間違いないでしょう。かくして、東から鴨川、東堀川、西堀川、木嶋大路と御室川の四つが等間隔に配され、その中央に平安京が設けられたため、鴨川と東京極間に空き地が生じたのであるという理解に到達できたわけです。

東西一〇里＝一八〇〇丈の計画

いったいどうしてこんな計画が立てられ実施されたのでしょう。文献史料によれば、東西両京極外の空き地は、平安京住民の葬所とか、輸貢の徒（納税に上京した人びと）が放牧して帰途の資を得るための場（帰途の旅費を補うため、大型の家畜を育てて売ってもよいという慣行があったようです）とか、工房や悲田院の立地点とかに位置付けられていたようです。私はこれを平安京の予備空間ないし郊外と捉えていますが、ここでこの捉え方を詳しく説明することは省略します。

それよりも、問題は、鴨川・木嶋大路間を三等分するαとは何かということです。

『延喜式』「京程」条に記載の都市計画寸法によれば、東西堀川の幅は各四丈でした。その両堀川の中心線間の距離は五八八丈になります。これをαと置いたわけです。京極外の土地については文献に寸法を求めることができません。しかし、地図上の計測で東堀川と鴨川西岸の間、西堀川と木嶋大路東辺の間が同じαでしたから、各五八八丈とします。が、この五八八丈という数字の意味は説明できません。そこで、三つの五八八丈を集計します。一七六四丈です。この数字も、このままではどういう意味を持つのか説明できません。ところが、これを、

$$1764(丈) = 1800(丈) - 18(丈) \times 2$$

とすることによって、うまく説明できることに気付いたのです。まず初めに東西一八〇〇丈の範囲が設定されたとします。そこから、東西両端に一八〇〇丈の一〇〇分の一、つまり一八丈ずつの幅の鴨川と木嶋大路・御室川帯が取られました。残る一七六四丈を三等分する線に二本の堀川を開いた、と説明することができるようです。当時、一里は一八〇〇丈でした。一八〇〇丈とは、一〇里にほかならなかったのです。なお、一丈は約三メートルで、一八丈は五四メートルほどです。鴨川の幅は今六〇メートル内外ですから、一八丈という計画寸法は無理がありません。

私は、平安京の「予備空間」が、北辺にも南辺にもあったと考えています。詳しい

説明は省略せざるを得ませんが、北は今の今出川通の線までと見られます。北辺と東辺の予備空間の東北角で鴨川がY字形に合流することに注目されるのです。一方、南は「九条御領辺図《ごりょうへんず》」という九条家の領地絵図に「大縄手《おおなわて》」と記されているライン、すなわち、南京極＝九条大路から南へ約五〇〇メートルのラインまでが、その空間であったと捉えています。縄手とは、低湿地に土盛りをして道にしたものを指す語であることを、木全敬蔵《きまたけいぞう》氏が明らかにしています。それに「大」が付くのですから、「大縄手」は主要道であったと解釈できます。絵図の「大縄手」の東端には「山科口《やましなぐち》」と注記があります。平安京の正門である羅城門から出た人は、この大縄手を経て東日本（東海道・東山道・北陸道）に向かったと思われます。逆に大縄手を西へ進むのが山陰道でした。大縄手を横切って「鳥羽作り道」と呼ばれた幅二〇メートル内外の大道を南下するのが、山陽道・南海道でした。こうして総ての要路が羅城門に集中したのです。そして平安京は、周りを四〇〇〜五〇〇メートル幅の「予備空間」ないし「郊外」に囲まれて、機能を全うしていたと見られるのです。

都市計画に乗った四神配置

次に、これまで述べた都市計画が、平安京のまわりを取り巻く四神の配置とも深く関わっていたらしいことに触れたいと思います。

和銅三年（七一〇）に平城京がスタートしますが、その二年前の二月、「平城の地は四禽図《しきんず》に叶い、三山鎮《しずめ》をなす」所なので都を建てようとしている旨の詔が発せられます。都の地は、北に玄武（山）、南に朱雀（池沼）、東に青龍（川）、西に白虎（大道）があって、その外側に東・北・西と、山がめぐる地勢であることを理想とする考えが明示されています。四禽図に叶うとは、四神図に叶う、つまり四神相応と同じ意味です。四方の神はそれぞれ動物に擬《なぞら》えられているためです。この四神相応の観念は、なにも特別な観念ではありません。南に開いた豊かな土地にほかならないのです。とはいえ、そのあり方を神に託して構想したことは確かで、そこは古代たる所以と言えるでしょう。

こうした考え方の都作りが平安京に及んだ時には、どうやら四神も都市計画の中に完全に組み込まれてしまったらしいのです（図２－４）。まず青龍ですが、これは問題なく鴨川です。対する西の神「白虎」はどれでしょう。従来は山陽道とか山陰道が白虎であると言われてきました。しかしこれは正しくありません。この両道は、羅城門を出てまず「南」へ向かう道です。決して都の「西」の道ではありません。それに、鴨川とはスケールが違いすぎます。鴨川と対称的な位置にある木嶋大路が判明し

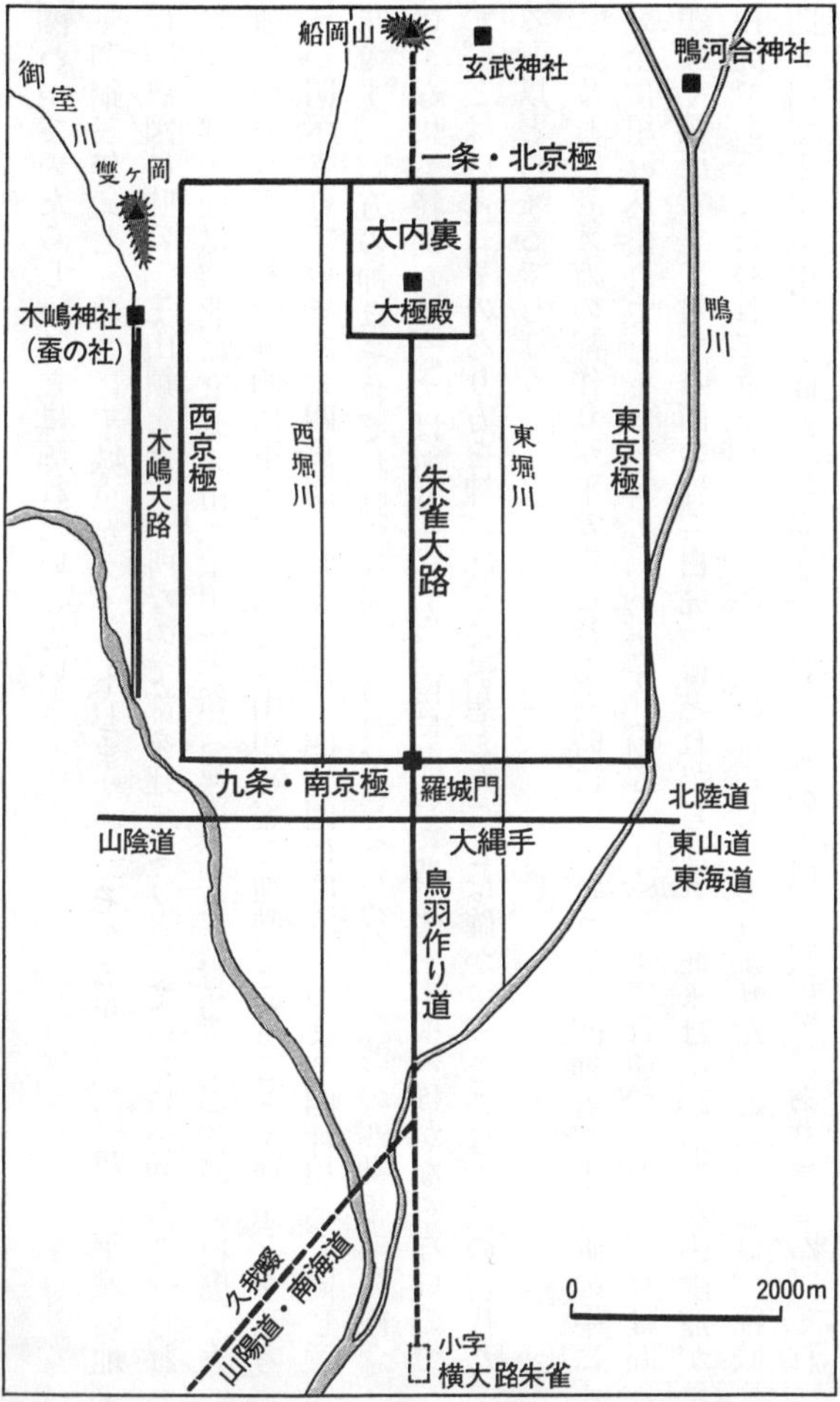
船岡山
玄武神社
鴨河合神社
御室川
雙ヶ岡
一条・北京極
大内裏
大極殿
木嶋神社
（蚕の社）
鴨川
西京極
木嶋大路
西堀川
朱雀大路
東堀川
東京極
九条・南京極
羅城門
北陸道
山陰道
大縄手
東山道
東海道
鳥羽作り道
久我畷
山陽道・南海道
0
2000m
小字
横大路朱雀

図2－4　平安京と四神

た今、これこそ白虎にふさわしい地物と捉えるべきでしょう。

玄武が船岡山《ふなおかやま》であることは、確かと言えます。玄武とは、亀と蛇がからみ合っている想像上の動物で、色は黒です。形も色も船岡山がピッタリです。平安時代の中ごろに、船岡山頂の真東数百メートルの位置に、「玄武」を名乗った神社が成立するのも、この考えを裏付けます。船岡山頂が平安京正中線に乗り、かつ船岡山頂－北京極間が、大内裏南北距離（一条と二条の間）と等しいという都市計画上の「位置」も、大変注目されます。

最後に朱雀ですが、これはしばしば伏見《ふしみ》の南に拡がっていた大池＝巨椋《おぐら》池とされてきました。ところが、有名な東寺の南五キロ余りの所に「横大路朱雀」という小字《こあざ》があるのです。しかもその小字は、平安京正中線に乗り、羅城門からちょうど一〇里（五四〇〇メートル）というびっくりするような位置に当たります。京都市街南部の一番低い所で、人工池があったと想定してなにも不都合のない地点です。私は、ここここそ都市計画に乗せて作られた「朱雀」と見るのです。

以上、この章では最後の古代都城となった平安京が、あたかも多くの都城作りの経験を集大成するかのように、周辺の四神配置まで含めて極めて整った都市計画のもとに構想された都であったと見る考えを披瀝しました。

最後に一つ付け加えておかねばならないことがあります。鴨川が四条あたりから西寄りに曲がってしまうことについてです。これは私の平安京「郊外」囲繞説の一つの破綻なのですが、この鴨川のありようを見たニュージーランド・オークランド大学のユーン（H. Yoon）という教授が、次のように言ったのです。「鴨川は青龍です。龍は真っすぐ伸びていたら死んでいる。死気を表わしている。そんな神はダメ。活気を表わすには、こう曲がっていなければならないと考えるべきでしょう」と。みなさん、如何でしょう。

第3章　古代地方行政の中心地、国府

――その平面構成はどこまで分かってきたか

研究のさきがけとなった周防国府「方八町」説

山口県防府市には、国衙《こくが》という名の集落があります。衙は、役所という意味をもつ漢字です。鳥取県倉吉市には国府《こう》という集落があり、岐阜県吉城郡には国府町《こくふちょう》があり、東京都には府中市があります。日本では古代以来、「国」と「郡」が地方行政の単位領域として長く維持されてきました。「国」は、明治時代に再編成されて府県になったことは周知のとおりです。「国」の数は、飛鳥時代から奈良時代へ、分割などで次第に増え、平安時代には六八ヵ国の安定状態が続きました。古代から中世のある時期まで「国」の行政をつかさどった役所が、国衙《こくが》・国府《こくふ》・府中《ふちゅう》、あるいは国庁《こくちょう》と呼ばれました。数種の名称の使われ方は、時期の違いや意味する内容の微妙な違いを反映しているとみられますが、ここでは、文字どおりの役所（官衙）部分を「国庁」と呼び、国庁やそれに付属する諸施設、例えば倉庫群・雑舎・工房・市場・役人居住地区・付属寺社などを含んだ都市的な機能を備えた地区全体を想定し、これを「国府」

と呼んで区別することにします。

国府は総て遺跡になってしまっていますが、かなりの数は地名となって、おおよその位置を今に伝える役割を果たしてきました。上記の防府市国衙は周防《すおう》国の、倉吉市国府は伯耆《ほうき》国の、岐阜県吉城郡国府町は飛驒国の、府中市は武蔵国の、各国府に因む地名で、その近くに国府が存在していたことを示唆する大事な資料となっているわけです。先年、三重県上野市坂之下で伊賀国庁遺構が発掘されました。そこは従来推定されていた所とはまったく違う場所で、国府の発見は予想外のことでしたが、たしか調査途中で、その地点の小字地名「国町」が「くにまち」ではなく「こくっちょ」と発音するものであることが分かったと聞きました。「こくっちょ」は、つまり「こくちょう（国庁）」。なるほどなア、という思いをしたものです。

さて、国庁がどのような平面構成のものであったのかという研究は、周防国府跡から始まりました。図3－1は、昭和八年（一九三三）という早い時点で三坂圭治氏が発表した、周防国府プランの画期的な推定復原図です（『周防国府の研究』所収）。これは「土居八町」、あるいは「国衙土居八町」という中世・近世文書の記載と、その四隅は岸津妙見社や警固町十王堂などによって限られていたとする『防長地名淵鑑』の説に拠りながら、佐波神社前の国道を北辺とする南北八町、立馬場という南北道を

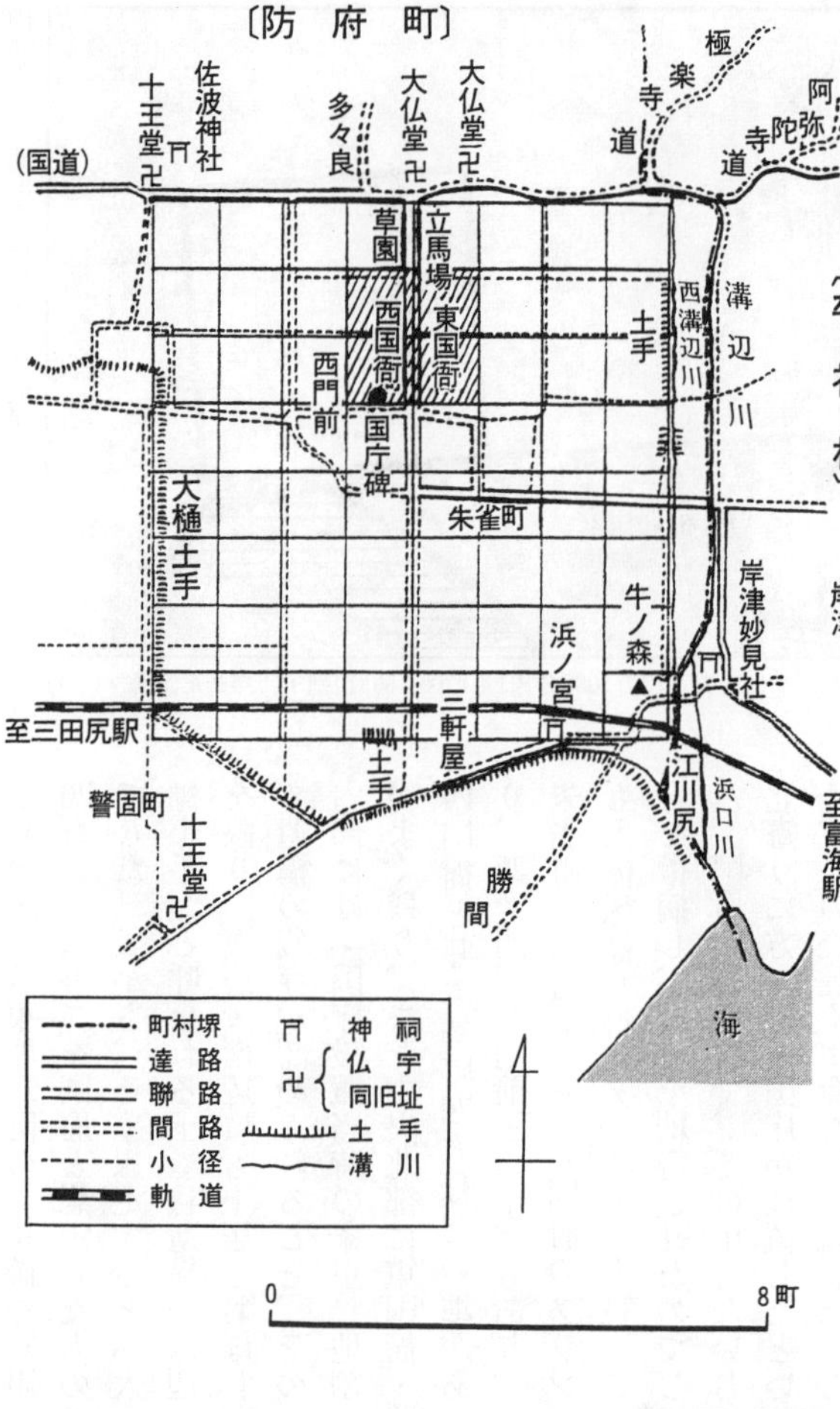

図3－1　周防国府復原図（原図・三坂圭治氏）

図3－2　地形図に示す三坂復原図

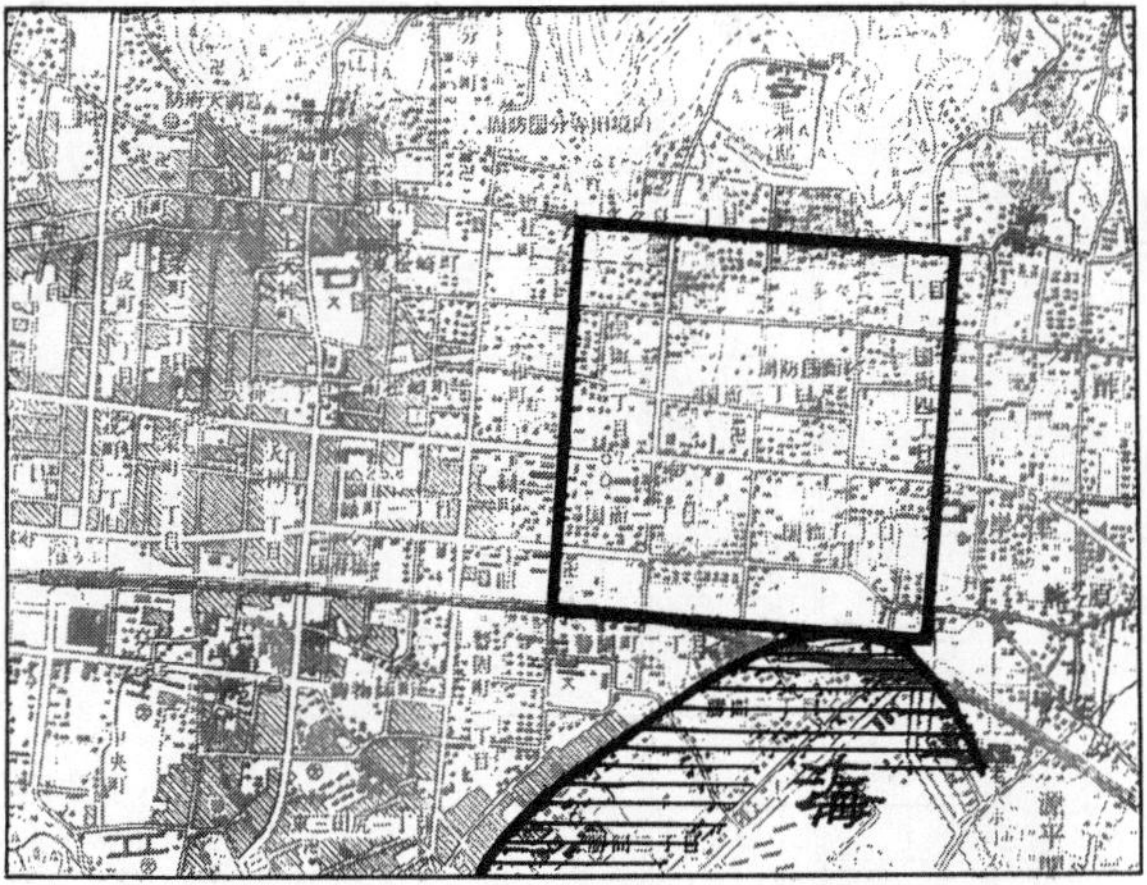

（2万5000分ノ1地形図「防府」平成6年修正測量 ×0.71）

中心線とする東西八町の、正確な八町四方（方八町）を国府と想定したものでした。しかも、そう想定すると「大樋土手」と呼ばれる土塁状遺構が西辺を限り、東辺・南辺にも土居とおぼしき遺構の残存が認められること、その内部には「国庁設置当時の条里」地割がよく残り、また中央北部に東国衙・西国衙と呼ぶ二町四方ほどの地があり、西ノ門、西門前等の小字もあり、朱雀町の名もあって、「国府のプランも大体想像し得らるゝ」（同上書）ことを指摘し、読者を納得させたのでした。国府が方八町で、その中心ないし北寄りに方二町の国庁が位置したという、その後長く生命を保つ概念は、こうしてできあがったのです。この周防国府三坂説を地形図に記入したものが、図３－2です。

近江国府の想定と、それを証する遺構の出土

周防国府研究に触発されて、わずか二年後の昭和一〇年（一九三五）に、近江国府の位置とプランについて鮮やかな新説を発表したのは、米倉二郎氏でした。平安時代の『和名抄《わみょうしょう》』に近江国府は栗太郡にあると記され、一一世紀の『雅実公記』に「着勢多駅　是国司館也」と見えることにより、今日の大津市瀬田地区に国府があったことは言えるにしても、国府や国衙といった地名は残っていないのですから、的確な位置を示すことは難題であったはずです。米倉氏は、それを初めて地図上に八町四方の範囲（図３－３に太線で囲った正方形）として推定してみせたのです（「近江国府の位置に就いて」、『考古学』六－八）。

推定の根拠の一つは、その範囲内の道が、起伏の多い地形にもかかわらず東西・南北方向に通じるものが何本かあり、地方都市として一町ごとに縦横に設けられていたであろう道路網の痕跡に見えることでした。とりわけ、勢多橋の東方から斜めに東北へ走ってきた東海道がA付近からは正東西になり、四町東進してBに達し、直角に北

折して四町進み、再び直角に東折して四町直進するありように注目したのでした。と言うのは、B点の地名が「真米《まごめ》」で、それは初め「馬籠《まごめ》」であったことを推測させ、そうであるならば馬を留め置いた駅＝勢多駅がそこにあったことが想定され、ならばさらに勢多駅が国司館であったと記録に語るのだから、B点付近が国府の中心であったと考えられることになる、という論法が成り立つからでした。そこでB点を中心に方八町を考えると、南西隅に建部神社、北西隅に若松神社、北東隅に野神神社（これは今は残っていない）があり、少なくとも三隅に神が配置された形になるわけで、これは周防国府方八町の四隅に十王堂や神社がある形と共通すると見たのです。のみならず、南東から流れてきて方八町の南辺に達し真西を向いた川（高橋川）が、国府の南西隅を明示するかのように人工的に直角に北折することも、この国府域推定の重要な根拠の一つになったのです。

それから四半世紀を経た昭和三〇年代後半、この米倉説はあざやかに実証されることになります。雇用促進事業団の住宅建設のため始まった工事で、ブルドーザーが磚《せん》すなわち瓦積みの基壇をひっかいて、図3－4のような官衙の構造を示す遺構すなわち国庁の跡が判明することになったからです。その場所は、図3－3に黒四角で示した通り、米倉説の方八町国府域の中心点から二〇〇メートルほど南に当たり、同氏の

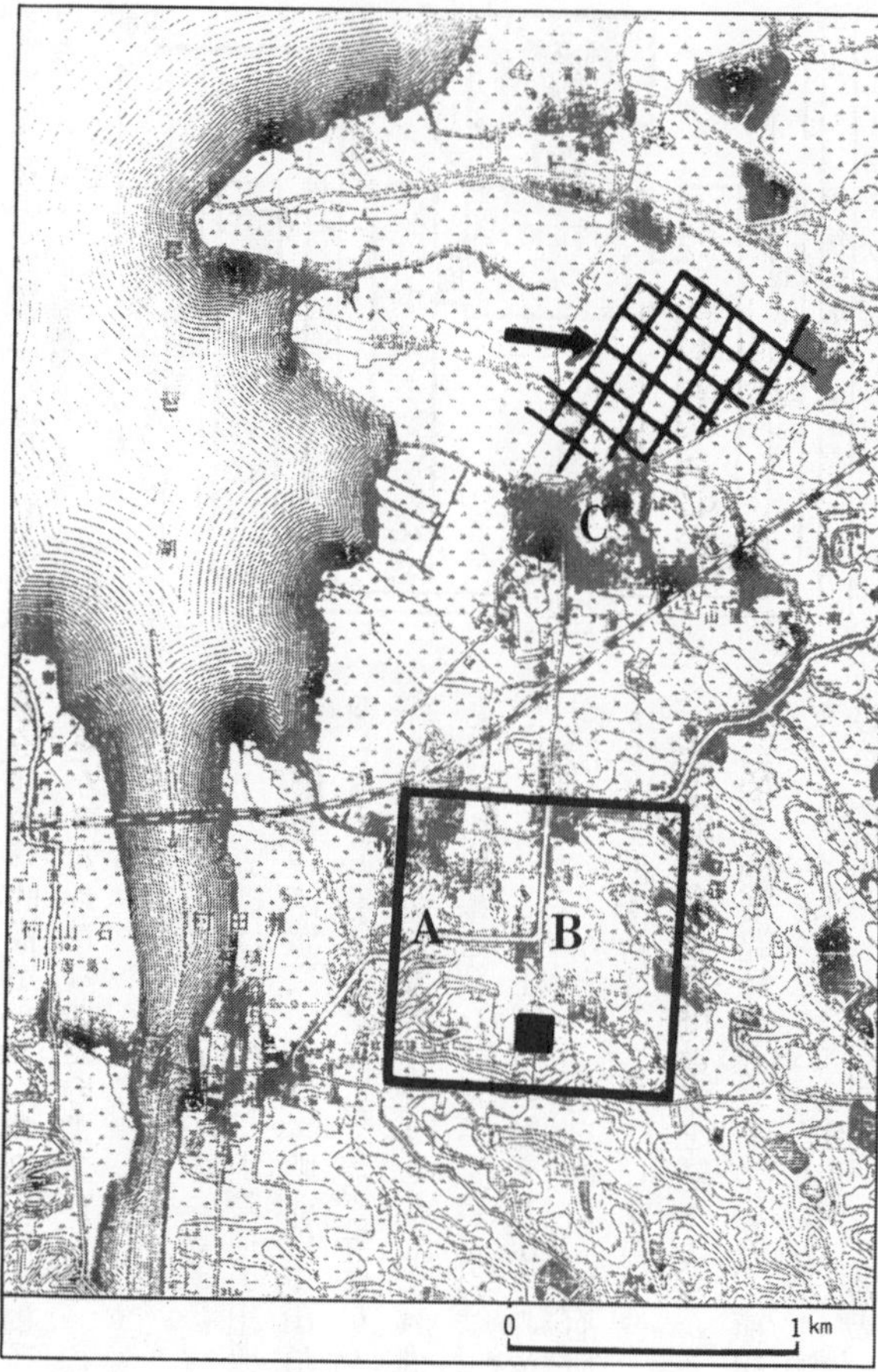

図３－３　明治二五年測図地形図に記した米倉二郎氏の国府域と周辺（一部補記）

図3－4　近江の国衙正庁の建物配置（文化財保護委員会「埋蔵文化財発掘調査の手引き」より）

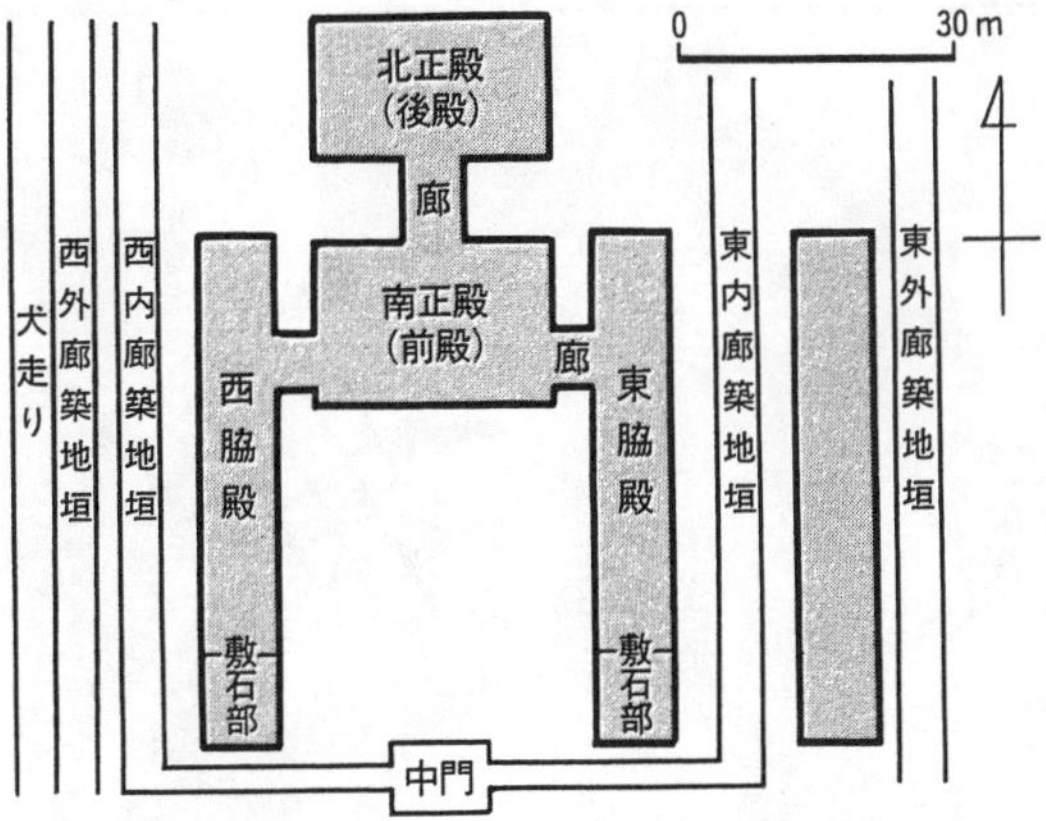

歴史地理学的推定がみごとに正鵠を射ていたことが明らかになったのです。

国府研究の新しい展開

国庁の遺構は、その後、山陰道の出雲・伯耆・因幡、西海道の筑後・肥前、東山道の出羽・下野、東海道の伊賀・伊勢ほかの国で続々と見つかってきます。しかし、残念ながら各地の成果を紹介する頁数はありませんので、ここでは近江国府の捉え方がその後どう変化していくかという話を軸に、国府研究の具体的な進展を語ることにします。

近江国庁の発見後数年を経たころから、古代の国家的要路はほとんどの場合、直線計画に従って造成されていたことが分かり始めました（第4章）。その観点からすると、推定国府域から東北に向かう「東海道」はあまりにも曲がりくねっていて、この道筋が果たして古代に遡るものだろうかという疑念が浮かびます。そこで改めて図3－3を眺めてみると、発見された国庁の裏から真直ぐ北上する旧道がCまで続いていることに今更ながら気付きます。C付近の集落（南大萱）は、琵琶湖面から五メートルくらい小高い段丘の先端に位置し、広角度に見通しがきくすぐれたポイントを占めています。そして、そこで折れて東北東に向かう旧道も直線の遺構を残し、しかも、矢印の先に直交する形の網目を補って示したとおり、その道を境に湖岸側に一町四方を単位とした条里地割が展開していたことが分かります。ですからこの道は、古代の土地開発と密接な関わりをもって作られた道、つまり古代起源の道と推定できるわけです。曲がりくねった「東海道」沿いには江戸時代の新田集落と茶屋に起源する集落しか存在しないことも、この道が新しいことを示唆していると思います。あえて言えば、この「東海道」は信長によって作られたと考えられるのです。

以上のような地図上の事実と論理によって、国庁の裏からCへ、そこから東北方向へと直線的に結ばれる古代の道筋を推定し、これを計画的に作られた東山道と考える説を提示したのは私ですが、現在の段階では大方の賛同が得られていると思います。これを東海道とは言わなかったのは、東海道が近江を通過することになるのが、七世紀後半の短い大津京時代を別にして、八世紀末の平安時代を迎えてからのことであり、奈良時代までは近江国府を通過した官の道は東山道だけであったからです。ただ、もし私の考えのとおりであったとすると、Bの北四町の地点から東に折れる官道は古代にはまだなかったわけで、ならば米倉氏がこの道の曲がりによって国府を推定したことはどうなるのかという問題が生じます。が、それは実は問題になりません。かりにそれが近世の道であったとしても、その曲折がヒントになって国府が想定され、結果として想定域内に国庁遺構が発見されるに至った学説史上の意味の大きさは少しも変わらないからです。

古代の官道を上記のように捉え得たとしても、なお分からないことが残り続けました。それは、勢多橋（瀬田唐橋）からAあるいはBまでの古代官道が、近世東海道と同じ道筋であったとすると、それは国庁の裏を通過した、あるいは国庁に裏から入らざるを得なかったと見なければならないことでした。ところが昭和六三年（一九八八）のこと、今の唐橋の南（下流）約八〇メートルの川底に、奈良時代から壬申の乱（六七二年）の時期まで遡ると見られる三つの橋脚台が見つかったのです。この発見によって、上記の問題は一気に氷解しました。図3－5は、その後ほどなくして行なわれた橋脚台をめぐるシンポジウムに向けて用意したものです。橋脚台の位置にあっ

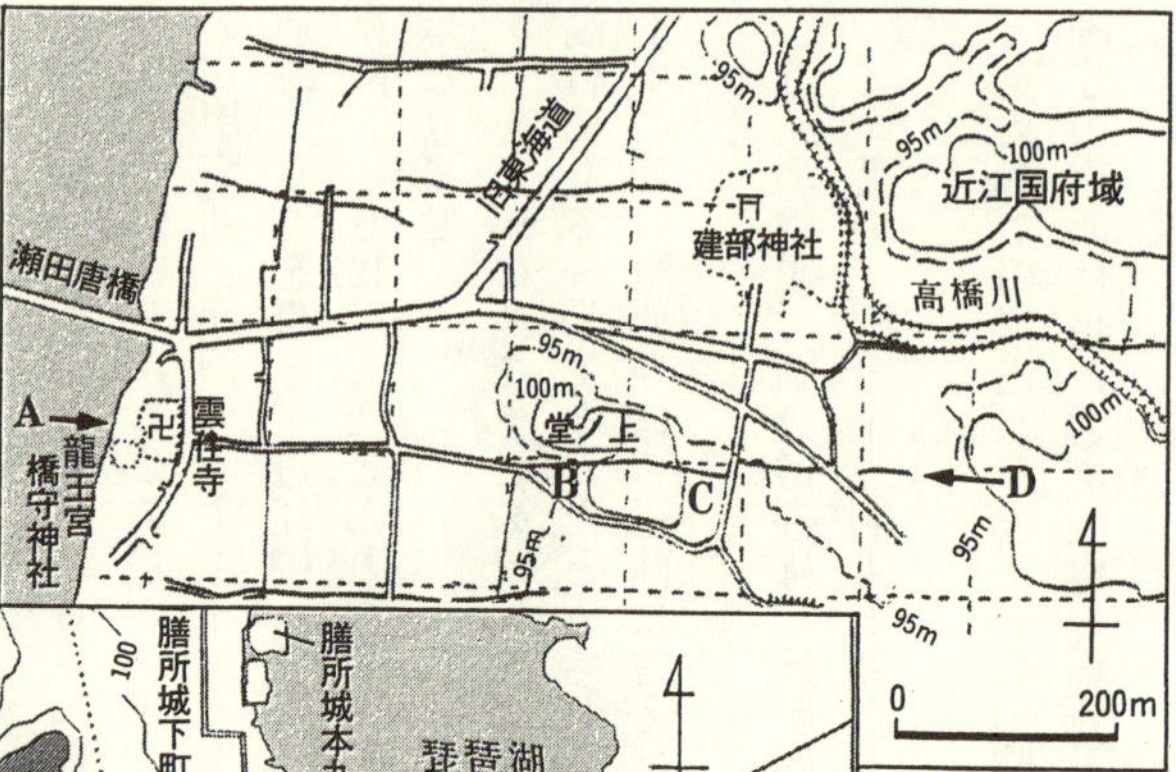

図３－５　橋脚台遺構、堂ノ上遺跡と古道　細破線は一町方格の網目。二重線・太実線は一町方格網にかかわりの深い現存道路および畦畔。Ａの矢印位置に橋脚台検出。Ａ－Ｄを結ぶ古道に注目される。

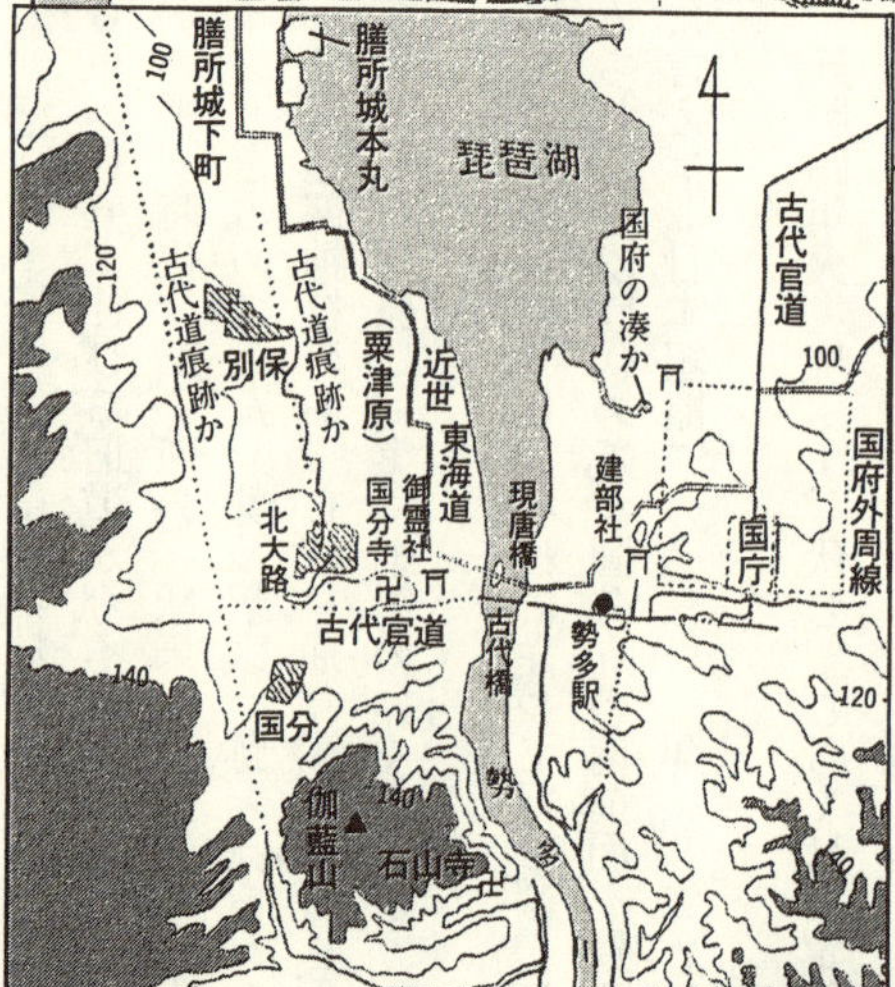

図３－６　古代勢多橋周辺の歴史地図

たはずの勢多橋（A）のたもとには、まさしく「橋守神社（龍王宮）」があり、橋の東延長には、雲住寺の裏から東へ真直ぐ伸びる旧道が今も残って使われているではありませんか。しかもこの道が、平安時代に三〇匹の「駅馬《えきま》」を擁して東海道・東山道の官用交通・通信のキーポイントを占めていた「勢《せ》多駅家《たのうまや》」跡と見られる「堂ノ上」遺跡（B）を貫き、近江国一ノ宮建部神社の前（C）を通り、国庁の正面に至ることは図3－6に示したとおりです。この関係は、実に納得のいくありようと言わなければなりません。

一方、川の西でもこのラインに乗る道があり、それに従って行けば、ほどなく少し高台になる一帯にあったとみられる平安時代の近江国分寺の南前面を通ることになります。この国分寺は、正確に言えば『日本紀略』の弘仁一一年（八二〇）の記事に、

近江国言す。国分僧寺は、延暦四年火災焼尽す。伏し望むらくは、定額国昌寺を以て、就いて国分金光明寺と為さん

と見えるものに当たります。この時焼けた国分寺つまり弘仁一一年までの国分寺は、国庁の南西に当たる瀬田廃寺遺跡と考えられています（図3－7）。近くの野畑遺跡

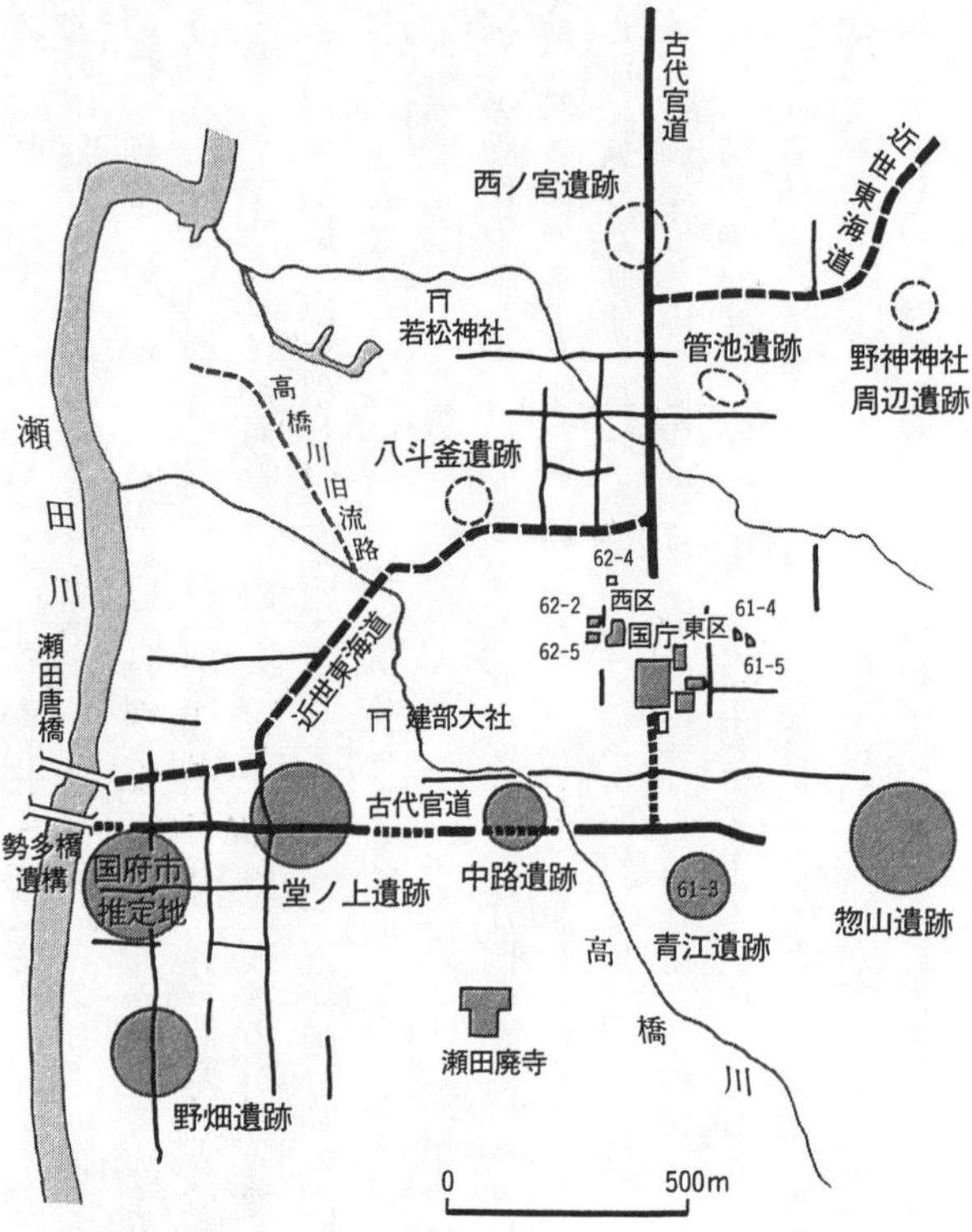

図3－7　近江国府域付近の主要遺跡と古代官道（原図・金田章裕氏）

から「国分僧寺」と書かれた墨書土器が出土したことが、その根拠です。更にそれ以前の国分寺は紫香楽にあったはずです。このように、より古い国分寺が二つもあったのに、国分という地名は最後に国分寺があった所にしか残っていません。地名とはそういうもので、『源平盛衰記』に「粟津ノ国分寺ノ毘沙門堂」と登場するように、最も遅くまで残り続けた顕著な景観がその名を地名に残すのが普通です。

話が少し横へ逸れました。本題に戻りましょう。近江国分寺の南前面を通る古道が見えてきたことは大変重要です。例えば源高明《みなもとのたかあきら》（九一四～九八二年）の著した『西宮記《さいきゅうき》』や、大江匡房《おおえのまさふさ》（一〇四一～一一一一年）の『江家次第《ごうけしだい》』には、共に伊勢神宮への勅使の通行について「会坂関を出ずれば近江国祗承し、勢多駅に到る。国分寺前、勢多橋馬を下りず」との慣例があったことを記しています。つまり、逢坂関から近江に入った勅使一行は、近江国（の役人）の特別待遇を受けつつ勢多駅に到着する。その途中、国分寺の前では、普通は皆下馬の礼をとるのだが、勅使はその必要がない。勢多橋の通過に際しても、馬に乗ったまま木製橋を通ると橋が傷むため馬を下りて通るべしと決められているが、勅使は馬に乗ったまま通過する慣例である、と書かれているわけです。このことは、勅使の通る官道が国分寺の前に通じていたことを示しているのにほかなりません。今の唐橋に通じる近世東海道では国分寺跡の前を通らないので、どうも腑に落ちなかったのですが、古橋の位置が分かり、古道が分かって、その問題が一気に解決したわけです。

以上の手続きによって判明した古代官道を通り近江国庁に立ち寄った役人達は、そのあと、国庁の横から裏へ回り、真直ぐ図3－3のC点へ北上する官道で、東海・東山の国々に向かったことでしょう。七世紀後半の壬申の乱に際して、美濃から進軍してきた大海人皇子《おおあまのみこ》方の軍勢もこの道を経、勢多古橋の西岸に待ち構えた大友皇子軍との最後の決戦に臨んだと考えられるのです。なお、西から国庁の正面に達した道は、さらに三〇〇メートル余り東進して、平成八〜九年に発見されて注目を集めた惣山遺跡、すなわち一二棟もの国府時代の倉庫建築が南北一列に、三〇〇メートルにもわたって壁のように並んでいた予想外の珍しい遺跡（図3－8）の地点にまで、続いていたと思われます。この東西道は、近江国府という都市的地域の中心街路でもあったことが読めてきたのです。研究状況が以上のように展開してくるにつれ、かつて米倉二郎氏が想定したような、国府が方八町の整形の都市的地域をなしていたという見方は、修正を要する面も出てきたかに思われます。そうした見方は、各地の国府遺跡研究現場においても、方八町の推定国府域の外側に国府関連遺構が出土するケースが多くなってきた事実を踏まえて、次第に浸透してきています。国府方八町という、長く

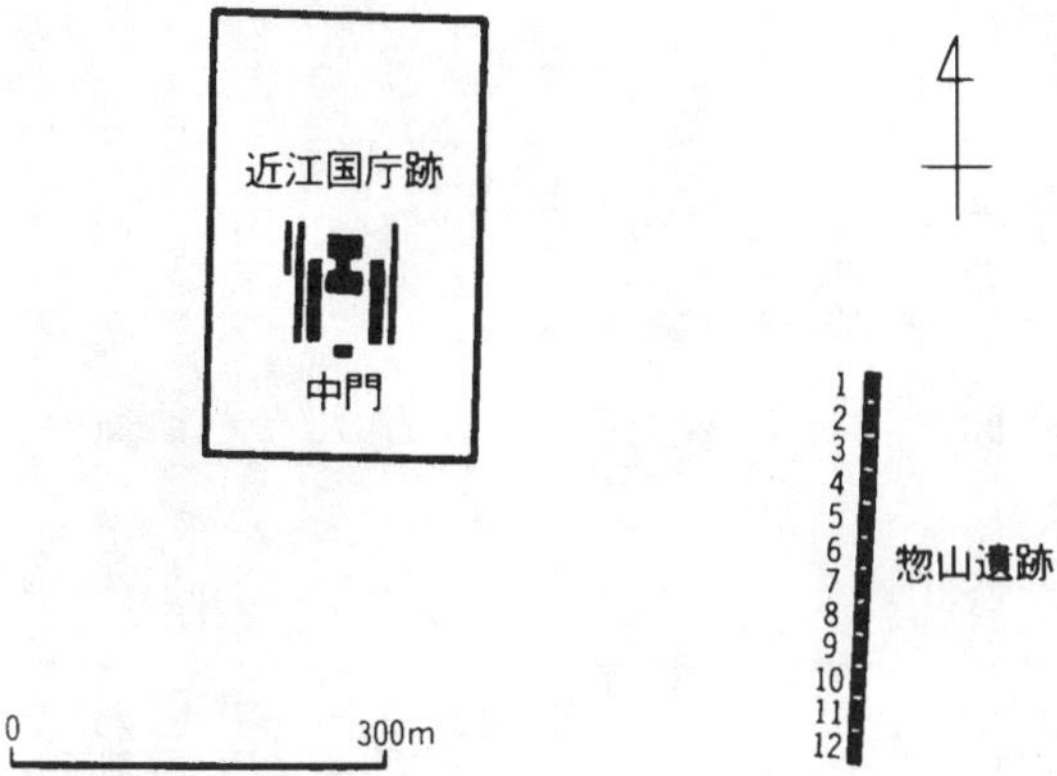

図3－8　近江国庁と惣山遺跡建物列との相互位置

研究史を支えてきた概念ないし作業仮説も、その使命を終えようとしているのかもしれません。

しかし、ならばいったい周防国府「土居八町」とは何だったのか、という問題に回帰せざるを得なくなります。昭和三〇年代後半に行なわれた周防国衙遺跡緊急学術調査、これには私も参加したのですが、この調査で、土居八町の西を限る土塁と目された大樋土手が、実は中世後期に堆積を始めた天井川にほかならなかったことが解明されてはいます（『周防の国衙』昭和四二年）。ですけれども、一二世紀末に東大寺再建のため大勧進俊乗坊重源《しゅんじょうぼうちょうげん》が周防国の国務を沙汰することになって以来の知行権が、後に大内氏の力で押し狭められたにもかかわらず、「土居八町事、守護使不入」の権は認め続けさせた歴史が一方には確かにあって、「国衙土居八町」という領域観の存在したことを簡単に消し去ることもできないのです。

図３－７は、金田章裕氏が近江国庁周辺の古代遺跡を二時期に区分して示したもので、八、九世紀の施設群が国庁前面の東西道に近接して立地し、しかもその分布は方八町（方九町と捉える説もある）近江国府推定域とは整合しないこと、また、一一世紀以降になると国庁北側への施設群の移動が見られ、この分布のほうがむしろ方八町域に近似することなどを慎重に指摘しています。この図には地形が表現されていませんが、実はこれらの諸施設は、いずれも小高い段丘面上に立地していました。まだ調査が行なわれていない所でも、ちょっとした高みにはすべて古代の遺物が散布していることが、現地を歩くと容易に把握できます。整形のプランより地形に順応する施設配置が優先した可能性も考えられるようです。各地で進む国府研究は今後ますます多くの新知見を提供してくれると思われます。ここではそれに期待して、以上の説明に止めることにします。

第4章　古代の大道は直線であった

掘り出される直線古代道路

この章では、わが国古代の道路について考えます。近年、考古学の発掘調査によって古代の道跡が見つかったというニュースが、たびたび新聞やテレビで報道されるようになってきました。早いほうでは昭和五五年（一九八〇）、大阪府松原市の大和川今池遺跡で、幅約一・二メートルの側溝を伴う一八メートル（六丈）幅の南北直線道路遺構が、一七〇メートルにわたって検出された例を思い出します。これは難波《なにわ》京の中心線に一致する七世紀の大道で、「難波大道」と命名されています（図4－9）。著名な吉野ヶ里遺跡でも、低い段丘を切り通してほぼ東西に直進する、側溝の心心《しんしん》距離で九～一七メートル幅の奈良時代西海道が、一キロメートルの間にわたって確認されました（図4－1）。

ここ数年で目立ったのは、JR東静岡駅構内で東西三〇〇メートルにわたって掘り出された東海道跡、東京都国分寺市のJR中央線西国分寺駅近くで南北三〇〇メート

図4－1　吉野ヶ里付近の駅路跡（佐賀県教育委員会編『吉野ヶ里（本文編）』吉川弘文館、1994年より）

図4－2　古代東山道（足利撮影）

ル以上が確認された東山道跡（図4－12）、滋賀県犬上郡甲良町尼子西遺跡で三〇〇メートル余りの間が確認された東山道跡（図4－6）、さらに平成九年の年明けに発表された、宇都宮市東谷町杉村遺跡で検出された約五〇〇メートルもの直線東山道跡（図4－2）など、畿内以東の調査例です。幅はいずれも一二メートル＝四丈で、平成八年、滋賀県の東山道跡検出の際に新聞のインタヴューを受けた私は、「東国の古代幹線道が原則として四丈幅であったことを確定するほどの意味を持つ」という評価を述べたのでした。以上の調査例は思いつくままに列挙しただけで、ほかにも各地で頻繁に直線古代道路の跡が見つかっているのです。

地図上で古代道路を推定する手法

昭和四〇年代の後半までは、多くの人が、「東海道や東山道といった幹線の道さえ、地形に順応した紆余曲折《うよきょくせつ》の道で、無のところに有を作り出すような大規模道路工事は、近代に至るまでほとんど例がなかったのではないか」と考えていました。

しかしほぼそのころに、わが国の古代幹線道路も、平野を通過する区間では、アッピア街道やフラミニア街道で代表される古代ローマの諸街道と同じように、測量に基づく直線の大道として建設されたのだという考えが芽生えます。学界に大きなインパクトを与えた最初の論文は、昭和四五年（一九七〇）に発表された岸俊男氏の「古道の歴史」（坪井清足・岸俊男編『古代の日本5　近畿』）でした。氏は著名な古代史学者でしたが、この論文で、『日本書紀』の壬申の乱（六七二年）の記事に見える大和の上《かみ》ツ道《みち》・中《なか》ツ道《みち》・下《しも》ツ道《みち》の三道が、当時の距離で正確に四里（一里は約五三〇メートル）の間隔を保って並行に南北走する大道として作られたものであること、大阪平野の南部を東西方向に並行走する長尾街道と竹内《たけのうち》街道も、壬申の乱の記事に見える大津道、丹比《たじひ》道に当たるもので、しかも計画性をもった直線の大道であったことなどを、初めて明確に説明したのです（図4－3）。

この論文の驥尾《きび》に付して私も同じ年に、大阪平野南部の和泉地方と滋賀県の湖東（琵琶湖東岸）平野で、計画的に作られた直線の古代南海道や東山道が推定・復原できること、そしてそれは、渡河点や丘陵の先端、あるいは行政境界など、ところどころで方位を変える「折れ線グラフ」ふうの走り方をすると一般化できることなどをまとめた研究を発表しました。図4－4に示した東山道推定ルート上のA、B、C、Dの各地点は、そうした折れ点に当たります。その内、C－D間の直線ルートがどのようにして推定できるのかを、図4－5で説明しましょう。

古代の主要道路には、原則として三〇里ごとに「駅家《うまや》」が設けられていました。古

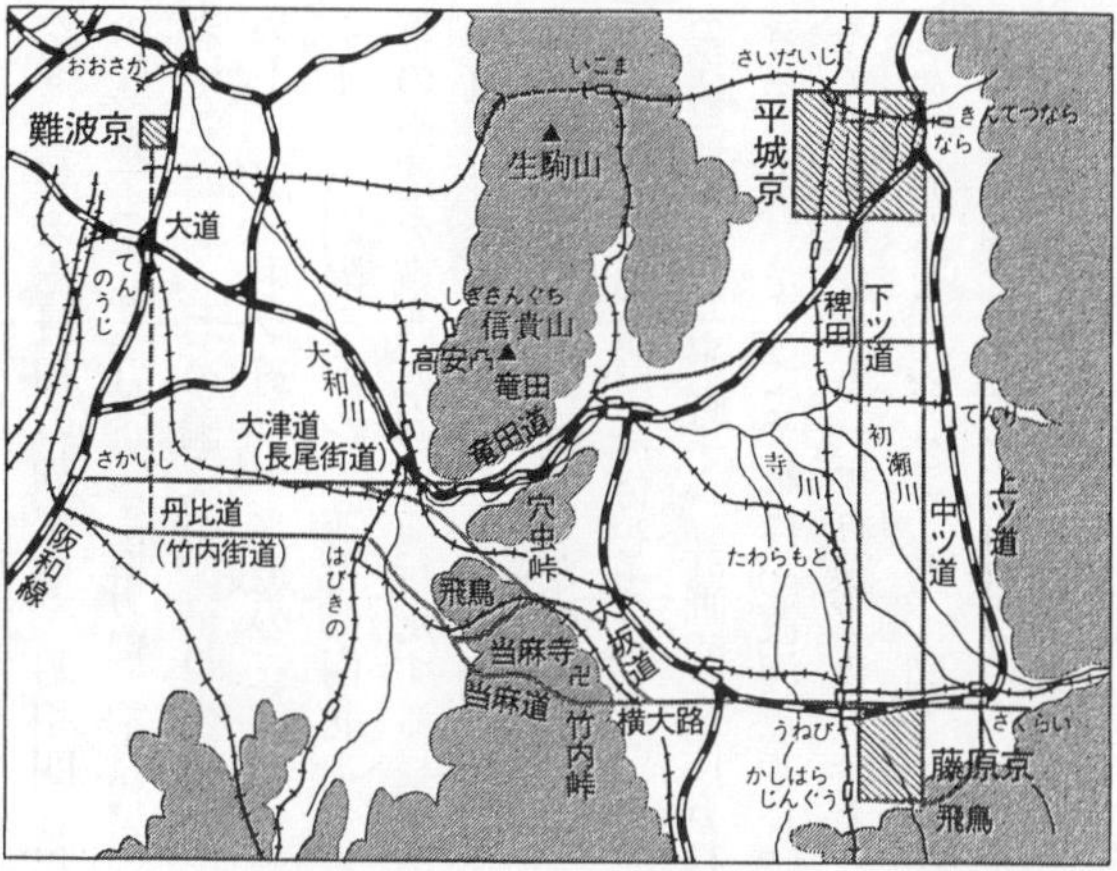

図4－3　大和・河内の古道（原図・岸俊男氏）

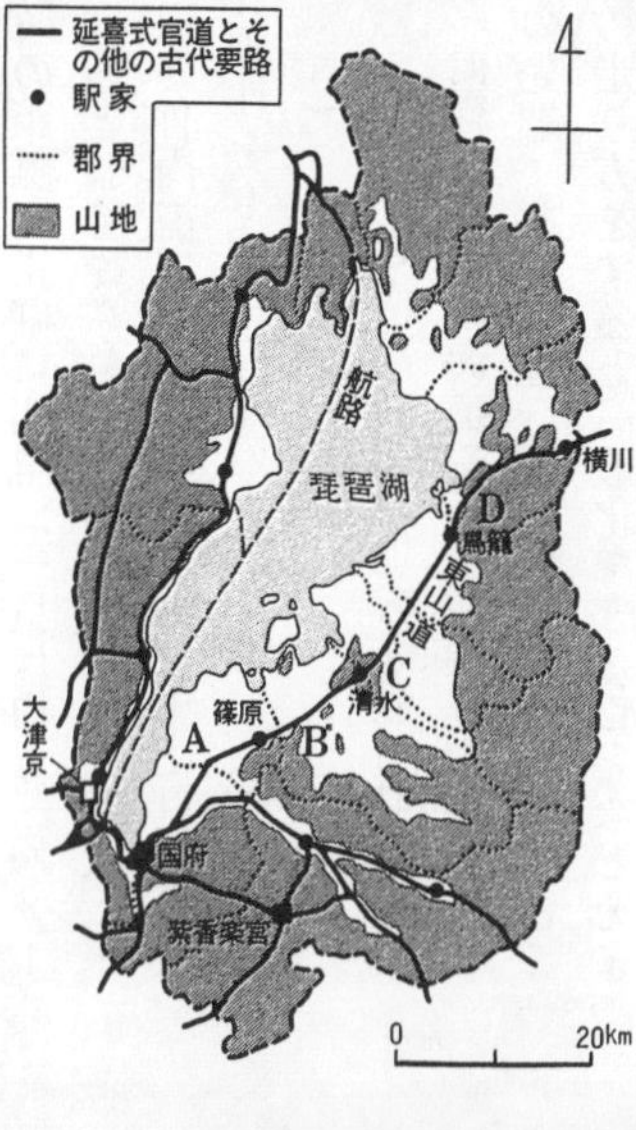

図4－4　近江の郡界・地形と古代の道

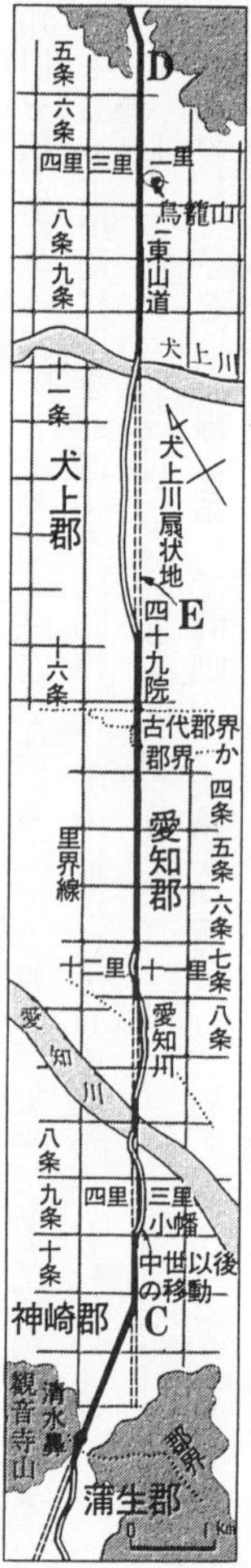

図4－5　C－D間の直線ルート

図4－6　古代東山道駅路（滋賀県教育委員会提供）

代の一里は約五三〇メートルですから、三〇里は約一六キロメートルになります。駅家は単に「駅」とも書かれますが、公務を帯びた人の通行や公用の情報伝達のために使う駅馬《えきま》が常備され、その世話をする駅子《えきし》が住み、駅長もいました。それゆえ、古代の主要道路は「駅路（うまやじ、えきろ）」とも呼ばれます。

一〇世紀前半の法令集である『延喜式』には、当時全国にあった四〇二の駅名が記されています。その中に、東山道に属する「清水」「鳥籠《とこ》」という二駅の名が見えます。図4－5の下部に記した「清水鼻」、上部に記した「鳥籠山」は、共に現在の地名ですが、古代の駅名に一致するだけでなく、その間が約一五キロメートルでもありますから、上記の二駅がそれらの地名の付近にあったことは間違いありません。また、図4－5の太線は、近世の中山道《なかせんどう》が直線的に続いている区間を示しています。しかもC－D間のいくつかの直線区間は、いずれもC－Dの一直線にみごとに乗り、愛《え》知川《ちがわ》を挟んだ「小幡《おばた》」と「愛知川」、すなわち近世の渡河点集落であり宿場町である所と、犬上川扇状地を通過する区間のみ、中山道がC－D直線から外れています。そのC－D直線から逸《そ》れる区間は白抜きの道路記号で表現してあります。以上の事実は、初めC－Dを一直線に結んで計画的に駅路が建設され、のちの中世とか近世になって、ローカルな理由で道が曲げられたことを示唆しているのです。実際、宿場町では町外れの街道から町の中の様子を探りにくいように、特に町の出入口で道が屈曲させられました。これを遠見遮断《とおみしゃだん》と言います。犬上川扇状地の区間も、犬上川を渡る所と「四十九院」宿場町の北端で道が曲げられたことがきっかけとなって、C－D直線から離れてしまったことが考えられます。このように、駅跡を伝える地名と、地図上に残された近世中山道の道筋に対する解釈に基づいて、C－Dを一直線に結ぶ古代東山道を推定したのです。以来、同様な考え方で、近畿地方や山陽道（岡山県・広島県）などを主なフィールドにして、私はいくつかの直線計画に基づく古代道路を推定・復原してきました。最初の研究報告から四半世紀を経た平成八年に至って、先に述べたとおり図4－5のE付近で幅一二メートル＝四丈の古代東山道駅路（図4－6）が確認されたことは、考え方が間違っていなかったことが証明されたという意味で、私にはたいへん嬉しいことでした。この直線東山道は、古く壬申の乱（六七二年）に際して大海人皇子《おおあまのみこ》とその軍が通過した、起源の古い駅路なのです。

図4－5に関して、二つのことを付け加えます。一つは、駅路が条里制という古代農地区画の計画・施工の基準線となったことが窺われる点です。もう一つは中山道の道幅が約七メートルで、古代東山道の道幅の半分程に狭まっていることです。七メートルの道幅は、おそらく織田信長が「三間半」幅の道を各地に作ったことと関係があ

ると思われますが、いずれにせよ、古い道のほうが直線で広く、新しい道が曲がりくねって狭いものであった事実は、人間の営為が単純に発展方向を指して展開するものでないことを教えてくれる点で意味があります。

都と有馬温泉をつなぐ直線計画道

もう一つの例を示します。図4－7は二万五〇〇〇分ノ一地形図に描かれた、兵庫県伊丹市の昆陽寺《こやでら》周辺の景観です。私はある時、この図中の、北西－南東方向の直線道路（A－B）にふと気が付き、興味をもちました。「なぜこんな所にこんなまっすぐの道があるのか」と思ったのです。結論を先に言いますと、この道は七世紀前半の飛鳥時代に作られ、八世紀末まで国家的要路として存在した道の遺構と見られることが分かってきました。

図4－8に示すとおり、A－B道路をまっすぐ南東へ伸ばすと、大阪市北区長柄《ながら》(D)に達します。長柄は、大阪城がある上町台地の西に沿って北へ伸びてきた天満《てんま》砂堆《さたい》の先端で、その砂堆が「ひしゃくの柄」のように伸びる形から生まれた地名かもしれません。淀川はもともとその「長い柄」の先を横切って海に流れ込んでいたはずです。それが中津川（今の淀川放水路）ですが、平安時代には「長柄川」と呼ばれて

図4－7　昆陽寺周辺の景観

(2万5000分ノ1地形図「伊丹」平成7年修正測量 ×0.72)

図4－8　A－B線を延長すると…

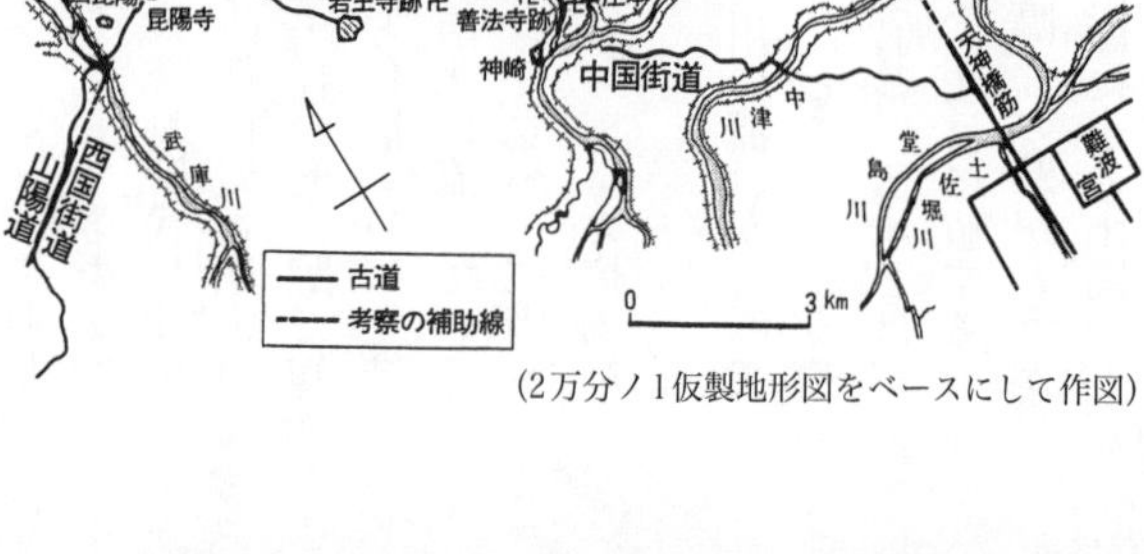

(2万分ノ1仮製地形図をベースにして作図)

いました（『文徳実録』仁寿三年（八五三）一〇月一一日「摂津国奏言」）。この長柄川の渡河点は、大阪市街を南北方向に貫いて天満砂堆上をまっすぐ北上してきた天神橋筋の終点、今も同名の長柄橋がある付近と見られますが、そこには奈良時代にすでに「長柄橋」が架けられていたのです。橋の建設者は、聖武天皇の時代に紫香楽宮《しがらきのみや》建設や大仏建立、昆陽寺建設、その付近の猪名野《いなの》の開発など、宗教的・社会的活躍で知られた僧・行基《ぎようき》でした。ところが、それぱかりでなく、A－B道路と長柄（D）を結ぶ直線上のC点にも、行基の足跡が見えるのです。C点は猪名川が南北に流れている所です。古来の郡境で、そのため今も大阪府と兵庫県の境になっていますから、猪名川本流であったと見られますが、その両岸にある二つの神社、すなわち東岸の椋橋《くらはし》神社、西岸の素盞嗚《すさのお》神社に、そろって以下の伝承が残っているのです。

それは、行基がこの地に来て板橋を猪名川に架けようとしたが、川の流れが急激であったため果たせず、そこで「当社」に参籠《さんろう》祈願して改めて着手したところ、ようやく工事を成就することができた、という伝えです（『大阪府全誌』所収）。伝承とは言え、道と無関係の所にこういう話が成立するわけがありませんから、注目に値するのです。次に、昆陽寺ですが、今の昆陽寺の位置が行基の建てた昆陽寺の跡かどうかは、分かっていません。しかしその位置は、A－B道路と北東－南西に走る山陽道とが交差する所に当たります。行旅の人の救済のため布施屋《ふせや》なども各地に設けた行基ですから、この交通の要所に何かの施設を置いたことは確かで、それが今の昆陽寺に受け継がれたと見るのが妥当です。行基は、ほかに「堀江橋」も作っています。これは今の大阪市内の天神橋の位置に当たると考えられます。

このように見てくると、A－D直線、それに接続してDから南下する天神橋筋のラインには、少なくとも四つの「行基の影」が認められます。このラインに奈良時代の要路があったと推定するのは、以上の検討に基づくのです。たぶんこの道は、難波京《なにわ》と山陽道を連結する道であったと思われます。

しかし、A－Dの道は山陽道を越え、武庫川《むこがわ》も越えて北西に進む痕跡を残していいます。このことは、この道がより古く、難波から有馬（有間）温泉を指す道として作られたものであることを示唆しています。有馬温泉は「嶋の大臣《しまのおおおみ》」すなわち蘇我馬子の生きた時代に発見されたと『摂津国風土記』逸文にあります。その後、舒明天皇が六三一年と六三八〜六三九年の計二回、孝徳天皇が一回、これは難波京における大化の改新が一段落した六四七年一〇月から三ヵ月、「左右大臣、群卿大夫《まえつぎみたち》」（政府高官）を引き連れて、有馬温泉に行幸・湯治しています。A－B道路とその延長の一直線古道は、その位置から見て、こうした天皇行幸の道として建設された可能性が極めて高いというのが、私の到達した結論なのです。この道を含めた大阪平野の古代要路ネットワークは、図4－9のように分かってきました。古代における道路建設事業は相当に活発であったことが読み取れると思います。

空中写真による検出と発掘調査による検出

過去四半世紀の間に、古代主要道路に関する研究は著しく進みました。ここまでは図上での推定・復原の事例でしたが、このほかに、「直線」という前提のもとで、空中写真の中から古代道路と推定されるラインを見つけ出す方法での研究も活発です。例えば吉野ヶ里で発掘された古代道路（図4－1）は、地図や空中写真によって、一七キロメートルも一直線に続くと推定されていたものの一区間に当たります。図4－10は、木下良氏が示した播磨（兵庫県西部）を通る古代山陽道の一区間の空中写真と、そこから必要な線を抜き出した図を並べて示したものです。近くに駅家跡の存在することを語る「駅池《まやがいけ》」という名の池の南辺に、一直線の古道跡が鮮やかに追跡できます。古大内《ふろうち》遺跡は「賀古《かこ》駅」に想定されているものです。このほか、関東地方や北九州の平野などで、たくさんの古道推定線が見いだされ報告されています。それらの図を手にして現地を歩くと、帯状に続く田畑や岡を切り通した所など、古代道路の姿

図4－9　大阪平野の古代要路ネットワーク

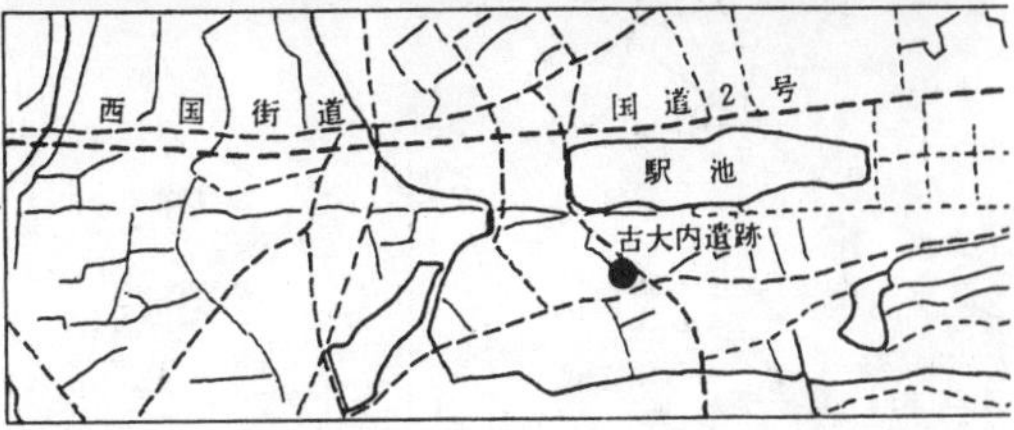

※向い合う矢印を結ぶ線が古代道路痕跡。

図4－10　播磨を通る古代山陽道（木下良「空中写真に認められる想定駅路」『びぞん』64号、一九七六年より部分）

図4－11　古代東国の道路体系

を彷彿させる遺構に出会うことが稀ではありません。それに加えて、近年、発掘調査による古道の新発見が続き、多くの資料が貯えられてきていることは、初めに触れたとおりです。その中で特に注目されるものが国分寺市で発掘された東山道遺構です。少しだけ説明を加えておきたいと思います。

武蔵国は初め行政上「東山道」に属していたので、今の府中市にあった国の役所（国府）に至る駅路は、上野国（群馬県）新田駅または下野国（栃木県）足利駅から五駅を経由して南下するのが本道でした（図4－11）。しかし、武蔵国はこれでは不便なので、宝亀二年（七七一）、行政上の所属を「東海道」に移してほしいと願い出、許可されました。このため南を通る東海道から国府に至る道が本道となり、それまでの北からの道は言わば地方道になったわけです。発掘された古道（図4－12）

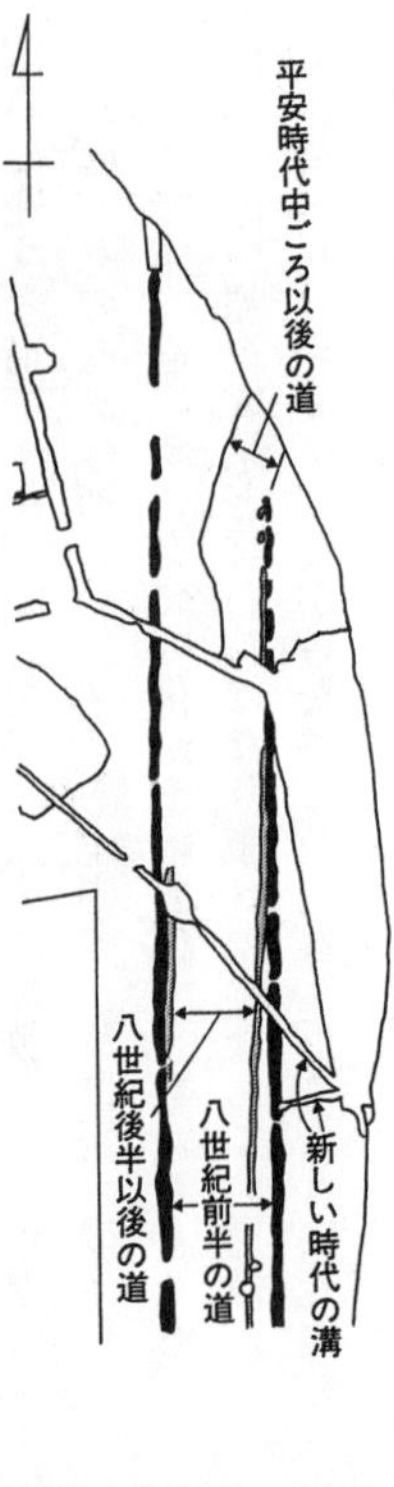

図4－12　国分寺市の古代東山道

は、この北から南下して国府に達する道ですが、調査担当者（東京都教育庁文化課の早川泉氏ほか）の教示によれば、その遺構は初め一二メートル幅で、八世紀の後半に九メートル幅に狭くなったそうです。道のランクの変化が道幅の縮小をもたらしたらしいことが窺われる、実に興味深い調査成果と言わねばなりません。なおこの道は、平安時代の中ごろさらに幅が狭まり、カーブしながらなだらかに谷へ下るように変化し、やがて消えていったことも判明しています。

古代の駅路研究には、全国ネットワークのありようとその解釈、制度とその変遷、道の盛衰過程、駅家の形態や内実ほかさまざまな側面がありますが、ここでは地図上においてどう推定するかという「考証の楽しさ」に重点を置いて述べました。

第5章　条里——地を測り地を掌握するシステム

単位としての一町の大きさ

ここでは、わが国の平野の景観、農村の景観を、奈良時代から現代まで規定してきたと言っても過言ではない「条里」という土地区画・土地制度を取り上げることにします。図5－1は縮尺二万五〇〇〇分ノ一地形図の、奈良市南方、大和郡山市《やまとこおりやま》東端の一部分です。全面にわたって、東西と南北の、道・水路・土地利用界・市町村境界などの線が目立ち、当然それらが各所で直交する様子が見えます。例えば右上隅（北東隅）の「井戸野《いどの》町」付近で、ほぼ四ミリメートル間隔で並行する縦線、横線とその直交の様子が、分かりやすいかと思います（図5－1は地形図を縮小しているので四ミリメートルにはなっていません）。地形図のため省略されている線が多いのですが、より縮尺の大きい地図によれば、正方形の網目パターンが、全域を覆っているのが確かめられます。このパターンは大変整った正方形の連続から成っており、広範囲のしっかりした計画に基づいて施工されたものであることが読み取れます。一つの正方形

図5－1　奈良盆地に残る条里遺構

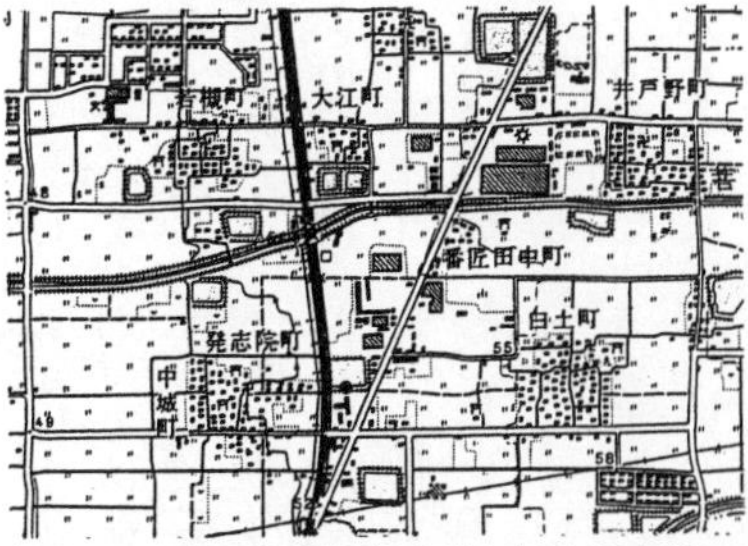

(2万5000分ノ1地形図「大和郡山」平成9年部分修正測量 ×0.57)

は、条里という制度の基本区画で、一辺の長さが一町、面積が一町歩でした。「でした」と過去形で表現したのは、豊臣秀吉の時代以降同じ面積が一町二段と数えられるようになり、今日に至っているからです。

一町の長さは六〇歩《ぶ》＝六〇間《けん》ですから、一町歩は三六〇〇歩になります。ところが秀吉は三〇〇〇歩を一町歩と読み替えました。これは独裁者にして初めて可能な年貢増収法であるわけですが、ここではその問題は追いません。「歩」という単位は、三・三平方メートルを一坪という場合のあの坪のことですが、条里の制度では一町歩の正方形を坪と表現します。三・三平方メートルの面積単位と、その一辺の長さ＝一間（約一・八メートル）は、共に「歩」と呼びます。

さて、長さ一町とは、約一・八メートル×六〇で約一〇八～一〇九メートルですから、面積一町は約一・二ヘクタール弱となり、二万五〇〇〇分ノ一図上では約四ミリメートル四方の正方形になるわけです。

条里のシステムと奈良盆地条里

面積一町の正方形の土地＝坪は、図5－2の中段に示したように、縦横六町からなる大きな単位の正方形区画に編成されました。これが「里」です。里を構成する三六個の坪には、「一ノ坪」から「三十六ノ坪」まで、図に示した二種類のいずれかの並び順＝坪並《つぼなみ》方式で番号が付けられました。左の方式を「並行式坪並」と呼び、右を「千鳥式（または連続式）坪並」と呼びます。「並行式」というのは、1から6へ、7から12へ、13から18への坪番号の進行方向が同じであることから名付けられたものです。

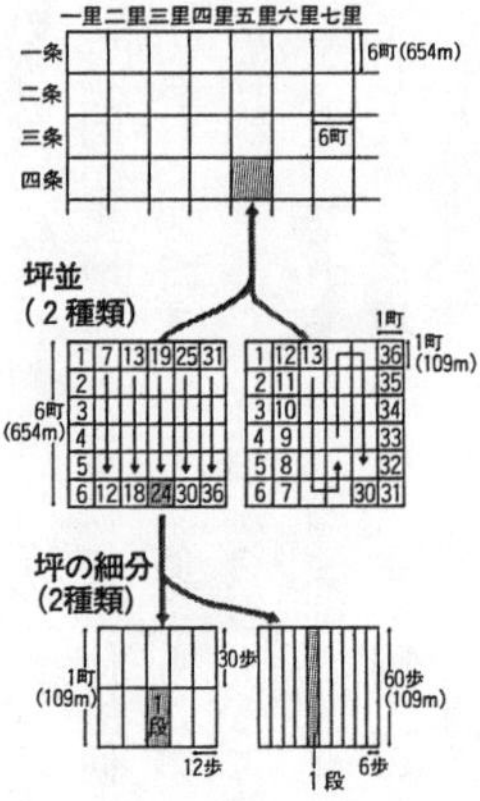

図5－2　条里制

図5－2の上段は、里が一列に並んだものを条と呼び、条および里にはそれぞれ序数を付すのが原則であったことを示しています。それ故このシステムを「条里制」と言うのです。条里制における土地の最小単位は一町を一〇等分した「一段《たん》（反とも書く）」で、そ

の等分の仕方は図5－2の下段に示したように二種類ありました。条里制は、古代に、国が土地の所在を「何条何里何坪にある」というふうに記録し管理する必要から生まれたのですが、荘園領主もこのシステムを便利に活用し、中世の後期までは確実に存続しました。荘園が衰微するに伴って、条・里・坪による土地所在表示法は無用になり、忘れられていきますが、土地に刻まれた区画は灌漑システムと結びついていましたから、現代に至るまで国土の広い範囲で生き続け、わが国特有の農村景観を作り出す役割を果たしたのです。例えば四角形の池は、一～二の坪を堤で囲って作ったものが多いのです。集落の名も荘園の時代から受け継がれてきたものが少なくありません。図5－1の「井戸野町」は一一世紀の文書に見える興福寺領「西井殿荘《にしいどのしょう》」を受け継ぎ、「若槻町《わかつき》」も興福寺大乗院領「若槻荘」を受け継ぐ集落にほかなりません。

条・里・坪等による土地所在表示システムは早くにすたれましたが、それらはしばしば地名となって現地に残りました。図5－3は、図5－1と同じ範囲に残っている条里の坪地名（小字《こあざ》）を、私も参加して作成した奈良県立橿原《かしはら》考古学研究所編『大和国条里復原図』から拾い出し、数字に置き換えて示したものです。例えば1は「一ノ坪（市ノ坪、壱ノ坪）」、36は「三十六ノ坪」を数字化したものです。左上の13は「十増」という小字ですが、「十三ノ坪」の「十三」が「じゅうそう」と呼ばれて伝承され、後に地図上に記録される必要が生じた時、その「音」によって文字が当てられたためこうなったのです。

これらの坪地名によれば、この地域の坪並は、北西隅から始まって「六ノ坪」まで南下し、折り返して「七ノ坪」から「十二ノ坪」へ北上する「千鳥式」のものであったことが分かります。条や里の並び順も、地名や文献史料に基づく研究によって、図5－3のように判明しています。図の西端に記した南北方向の二本線は、平城京の中心街路である朱雀大路から続く「下《しも》ツ道《みち》」の跡で、道幅はおよそ四〇メートルもあったことが分かっています。この「下ツ道」の道幅を除いて「坪」区画が施工されており、「里」の番号も「下ツ道」から東へ一、二、三と進む順で付けられています。「下ツ道」の西ではこれと対称的に西へ向かって「里」の番号が進むのです。これらの事実は、「下ツ道」が条里の施工と土地所在表示システムの基準線の一つであったことを示しています。

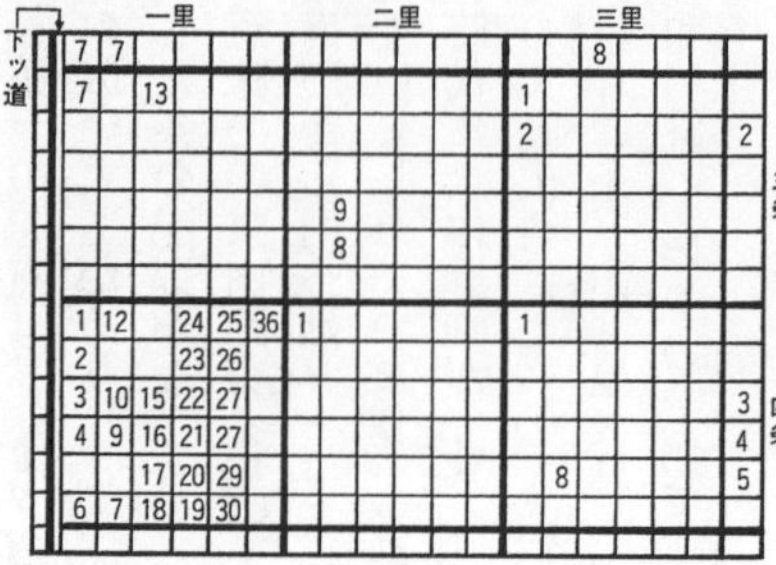

図5－3「井戸野町」付近の坪並

「条」の起点は、「下ツ道」以東の場合、平城京南京極の南四町のところにやはり幅の広い大道があり、これが起点になって奈良盆地の南端まで三〇条にもおよぶ整然とした条の配列がなされていました。この全体を、平城京の南、「下ツ道」の東という意味で「京南路東条里」と呼びます。「下ツ道」以西の「京南路西条里」も、平城京南辺から南へ延々と「条」を数え進む方式をとり、郡の境を越えて四〇条以上に達していました。つまり、平城京以南の条里は、平城京と「下ツ道」を基準にして、奈良時代に全体計画ができていたと見られるのです。金田章裕氏によれば、奈良盆地条里の文献史料は七六〇～七七〇年ころまで遡るといいます。宝亀八年（七七七）の「路《ろ》東《とう》廿二条三山部《やまべがり》里九麻生田《あそうだ》一町」と記した史料（『大日本古文書（編年）』6所収「大和国符」）はその一例です。

京都盆地の条里

図5－4は、京都市から見て南西にある旧山城国乙訓《おとくに》郡の条里に関する図です。乙訓郡では「条」は南から北への順になっていました。奈良盆地では郡の境を越えて「条」に一連番号が付けられていましたが、それは例外で、他国ではすべて郡ごとに条・里の番号が付けられました。乙訓郡では「里」に番号が使われず、図示したよう

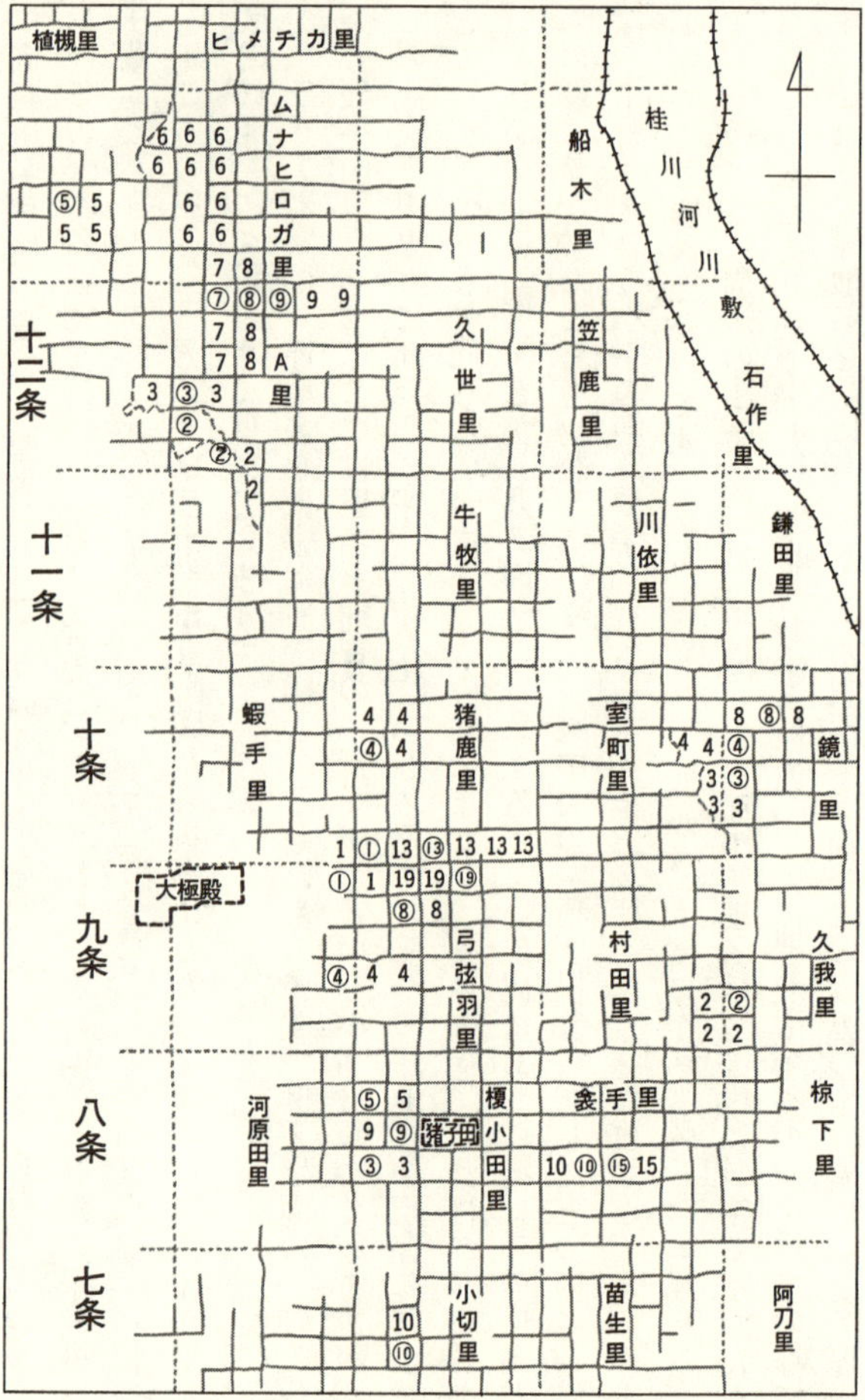

図5－4 山城国乙訓郡の条里復原図

に固有里名が用いられていました。こういう仕方もあったのです。固有里名の多くは、この一帯に荘園を持っていた久我《こが》家に伝え残された一枚の図（國學院大學図書館所蔵「乙訓郡内条里図」）などによって知ることができます。「坪」の区画線は昭和一〇年ころの三〇〇〇分ノ一京都市都市計画図から抜き出したのですが、市街化が進んだ今でも、この線はよく残っています。

アラビア数字は、坪地名を数字に置き換えて示したものです。例えば図の下方の八条「榎小田里《えのこだがり》」——ここには里名と通音の「猪子田《いのこだ》」という小字も残っていますが、この「榎小田里」には「三ノ坪」「九ノ坪」「五ノ坪」の三つの坪地名が現存します。ところが三つとも、同じ地名が東西二つの坪にまたがっています。これは二つの坪のいずれかが「三ノ坪」とか「九ノ坪」に合致する正しい位置にあり、後にその地名が隣の坪に拡がったことを物語っています。図中央の「猪鹿里《いのしかがり》」に記した五つの「13」は「十曾」という小字の範囲です。もちろん「十三ノ坪」を意味しますが、たいへん拡がってしまったわけです。正しい位置は、西から二つ目の坪であったと見られます。そのように周辺の小字を合併して拡大した坪小字地名は、図中に数字で示したとおりたくさんあります。丸で囲った数字の坪が、その地名が本来あったはずの坪です。これらの坪地名を基に復原できる乙訓郡条里の坪並は、里の南西隅に「一ノ坪」

があって、「六ノ坪」へと北上し、東へ折り返して「七ノ坪」から南へ進み、「三十六ノ坪」が里の南東隅に終わる「千鳥式」でした。そして、この坪並復原によって、条および里の境の線が、図に点線で示した位置に確定できるのです。「弓弦羽里《ゆづるはがり》」に記した「19」は、実は「上古《じょうこ》」という小字です。これはいったい何を意味する地名なのだろうと思わざるを得なかったのですが、坪並を復原してみると、何と「十九ノ坪」に当たるではありませんか。「じょうこ」は「じゅうく」の転じたものと知ったのでした。同じ「弓弦羽里」の「4」は、西隣の里内に記した④の位置が「三十四ノ坪」で、それから「三十」がとれて「四ノ坪」という小字地名になり、さらに東へ拡大したことが読めます。

図5－4左上方の「ムナヒロガ里」とその南の仮称「A里」にまたがって存在する7＝「七ノ坪」、8＝「八ノ坪」、9＝「九ノ坪」は、7、8、9と東西に数字が並ぶため紛らわしいのですが、実は⑦が「七ノ坪」、⑧が「十八ノ坪」、⑨が「十九ノ坪」に当たると読むのが正解です。同じ「A里」の南西隅で②を二つ示していますが、これは左上が「二ノ坪」、右下が「十二ノ坪」の正しい位置に当たります。「二ノ坪」という小字は、両者が合体し、川沿いに伸びて不整形の拡がりをもつことになったものと解釈できるのです。「ムナヒロガ里」とその西隣の里には、数字の6で示したよう

に「六ノ坪」（川島六ノ坪町）小字が拡がっていますが、この事例だけは6、16、26などの正しい「六ノ坪」の位置にまったく重なりません。おそらく「五ノ坪」と「七ノ坪」「八ノ坪」の間の土地だからといった解釈をする人があって、かなり後に付けられた小字なのでしょう。ともあれ、この例を除いては、図中のすべての小字が、里の南西隅を1として、6まで北上する千鳥式坪並に合致するのです。

条の進行方向は、「一ノ坪」から「六ノ坪」に進む方向と一致するケースが普通です。乙訓郡もその例外でなく、南から北へ「条」が数えられたことが、「七条苗生里（「なえおがり」または「びょうがり」）」「八条榎小田里」「九条弓弦羽里」を列記した文書（壬生家文書「主殿寮要劇田坪付注進状」『鎌倉遺文』二二三七号文書）によって分かります。その「九条」に「大極殿《だいごくでん》」という小字が残っています。ここには七八四年から七九四年まで存在した長岡京の大極殿が立っていたことが発掘調査によって判明しています。図5－4の南半分は、この大極殿を中心とする長岡京域でした。一帯に残る条里の坪区画は長岡京廃都以後に施工されて今に続いてきたものですが、発掘調査は長岡京以前にあった坪区画が、廃都以後に再施工されたことを一部で確認しており、乙訓郡の条里は奈良時代に遡ることが分かります。

条里と圃場整備

もう一つの例を示します。図5－5は二万五〇〇〇分ノ一地形図「草津」から、滋賀県草津市街北方の一部を切り取ったものです。条里の坪を区画する線は、南北方向に対して傾いています。条里は常に東西・南北方位であったわけではなく、琵琶湖の湖岸線方位に近いこの例のように、地形に合わせて施工されたケースもたくさんあります。

「十里」という集落を太い線で囲んだ六町四方の正方形は、栗太郡条里の「四条十里」そのものに当たります。そしてこの正方形の範囲が、明治の初めまでは一つの独立した村でした。今は栗東《りっとう》町の北西端に位置しており、東南側を除く三方が行政境界に囲まれています。この「十里」とか「七条」とかの集落は、条・里の並び順を知るうえで大きな意味をもってきたのです。

琵琶湖岸に近いほうの「志那町」という注記を囲む長方形は、六町×九町の広さになりますが、ここも「吉田」という名の旧村でした。栗太郡条里の6条13里と14里の東半を占め、図5－6に示したとおり、13里の「一ノ坪」から「三十六ノ坪」までと、それらと区別するため「下」の字をかぶせたとみられる14里の「下一ノ坪」から「下十八ノ坪」までの小字が、ほぼ完璧に残っていたことで有名です。坪並は大和や

図5－5　近江国の条里遺構

(2万5000分ノ1地形図「草津」平成3年修正測量 ×1.0)

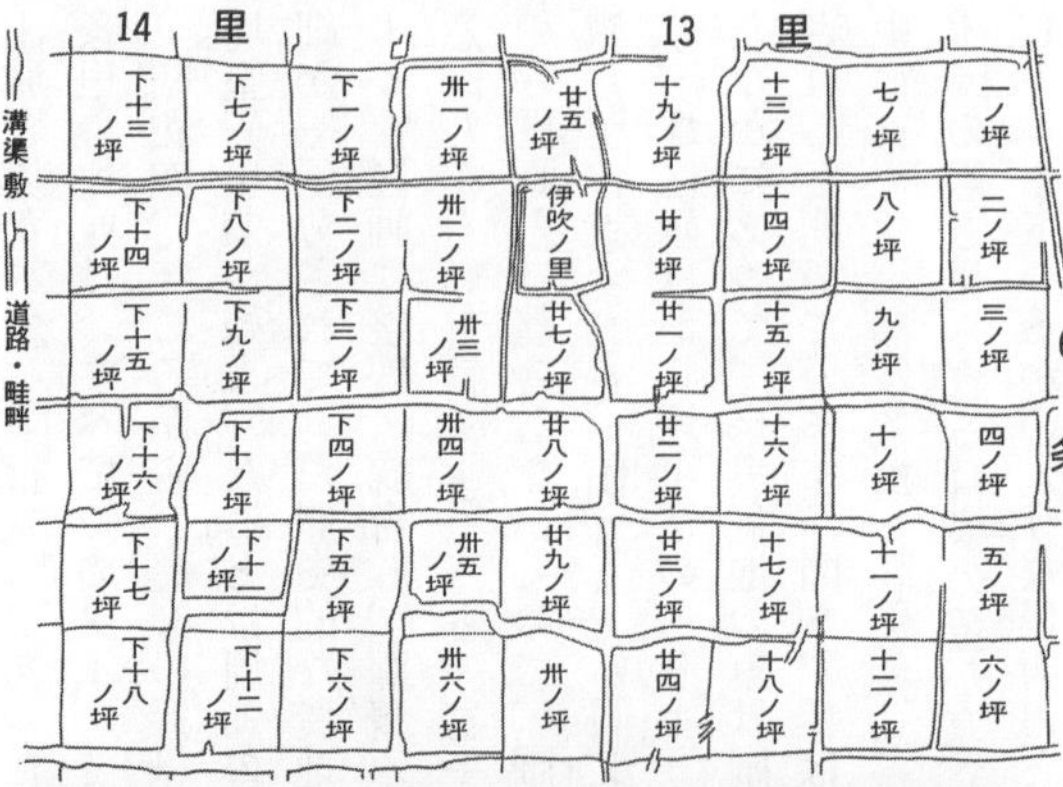

図5－6　「志那町」の小字名

図5－7　空中写真による奈良盆地の条里地割
（一九六一年、KK61－8、C8－5）

山城と異なって「並行式」であったことが分かります。近江国や美濃国（岐阜県）の条里の坪並は、すべてこのタイプでした。

昭和四〇年ころから、農業の機械化と省力化に対応する施策として、広い範囲で圃《ほ》場《じょう》整備事業が始まったことは周知のとおりです。圃場整備事業は、要約して言えば、細かく区分されていた歴史的な農地区画を一〇〇メートル×三〇メートルの「三〇アール」区画に整理・統合し、灌漑水系の整備も並行させて、営農を合理化することを意図したものと言えましょう。「三〇アール」区画は、一辺一〇八〜一〇九メートルの坪区画とは整合しないもので、圃場整備事業の進行につれて条里区画はどんどん消滅していきました。図5-5に見られるとおり「志那町」一帯でも圃場整備は終わり、坪区画は消え坪小字のありようも大幅に変わってしまったのが現状です。そうしたなかにあって、奈良盆地のみは圃場整備が行なわれず、歴史的な区画と地名が保存されると聞いています。図5-7は、奈良盆地中央部の昭和三六年（一九六一）の空中写真です。稲を乾燥させるため、刈り取った穂束を長い横木に架けていた「稲架木」の線と見られる縦横の線が際立ち、「坪」を細分する細長い歴史的土地区画をアピールしているかのような景観だと、私は思います。

東京や大阪の近郊のように、市街化が進んだところは圃場整備の対象外ですから、

図５－８　川崎市に残る条里制の遺構・坪名

(2万5000分ノ1地形図「川崎」平成7年部分修正測量 ×0.78)

意外に条里遺構が残っています。図５－８は川崎市中原区の多摩川西岸地域の二万五〇〇〇分ノ一地形図です。矢印の先の街路は、いずれも条里の坪区画線に当たります。右下隅の「市ノ坪」という地名も、一帯の区画が条里に基づくことを裏付けています。実はこの付近では、「市ノ坪」という地名が、交差点名・バス停の名・住宅団地名などとしても用いられているのです。

四角形に土地を区分するのは単純なことですから、古来、世界各地で行なわれてきました。それらのなかで日本の古代国家が生み出したのが、条里という独特のシステムでした。

第6章　荘園の範囲を確定する手順

——美濃国大井荘域が分かるまで

大井荘域を確定するためのキーポイント

岐阜県大垣市の、かつて城下町であった旧市街と周辺の一帯は、古代から中世にかけて東大寺領の大井荘《おおいのしょう》という荘園が占めていました。この荘園の四至《しいし》、すなわち四方の境界線を、今の地図上にどのように復原できるかというのが、この章の主題です。

大井荘の広がりを知るための文献史料は、二種類残っています。一つは延久三年（一〇七一）六月三〇日付のものを初めとする、一一世紀の「太政官符案」数通（『平安遺文』所収）で、それらには、四至が「限東御墓志墓、限南布志墓幷十六条南縄、限西十六条三里西縄、限北十三条北縄」と明記されています。北と西は前章で取り上げた条里制の、条境や里境の線で限られていたことが分かります。東は一つの墓が、南は墓と条境の線が荘園の限界を指示しています。

もう一つの史料は永仁三年（一二九五）に作られた「実検馬上取帳案」という文書で、東大史料編纂所と早稲田大学にほとんど同じ内容のものが所蔵されています（共に『鎌倉遺文』所収)。この文書には、大井荘独自の条里坪付で「一条一里一坪」から始まり、南は四条まで東は四里までに及ぶ多数の坪々の、田畑の種別・面積・名主や寺社など土地の実態が詳しく記録されています。「実検馬上取帳」は略して「土帳」とも呼びますから、ここでも、その呼び方にならうことにします。

以上のような史料に恵まれているため、大井荘の研究史は長く、多くの成果が積み重ねられてきました。しかし、にもかかわらず、これまで大井荘の四至を今日の地図上に正しく示し得た成果はなかったのです。そういう状況のなかで、幸い私は平成元年度に始まった大垣市教育委員会の「遺跡詳細分布調査事業」に参加する機会を与えられ、大井荘の四至について考えているうちに、ようやく「腑に落ちる」答えを見出すことができました。その道筋を、これから順を追って説明したいと思います。

まず、大井荘の荘域を二種類の史料によって模式図ふうに示すと、図6－1のようになります。右の図は「太政官符」によるもの、左の図は「土帳」によるものです。右図の二つの墓の位置は、史料だけでは分かりませんので、当面はおよその見当で記してあるということにします。それはともあれ、左右二つの図は約二百年を距てているとはいえ、「同じ所」にほかなりません。ということは、右図の十三条が左図の一条に、十六条が四条に、三里が一里に、六里が四里に、それぞれ当たるということで

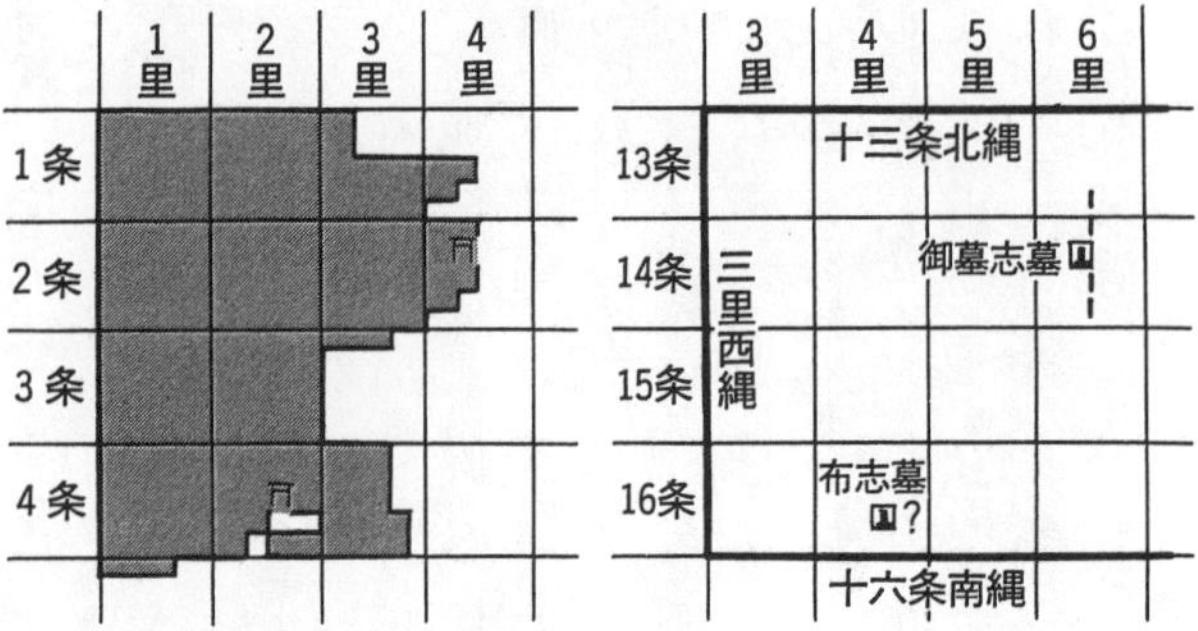

図6－1　大井荘の荘域（右・太政官符、左・土帳）

す。ここは美濃国安八郡に属し、一一世紀には郡の統一条里呼称に従って四至を表現していたのですが、一三世紀になると、領主の東大寺はそれを無視して大井荘のみの条・里の序数を付し、「土帳」を作成していたというわけです。

さて、この大井荘の模式図を今日の地図上に正しく書き入れるのは、どうすれば可能になるでしょう。もっとも大事なことは、史料上に記載されている地物で今残っているものを探し、その位置を重ね合わせて、まちがいのない「定点」を決めることです。その一つが大垣駅の北六〇〇メートル余りの所に鎮座する「荻神社」です。この神社は、「土帳」の一条二里二十三ノ坪に記載されている「大木神」にほかなりません。「おおき」という音が「おぎ」となって受け継がれてきたわけです。実は、このことは既に指摘されてきたことです。しかし、一条二里二十三ノ坪に荻神社が位置するように「大井荘域」を図示した人は、これまで誰もいないのです。図6－2は美濃条里研究の先達の一人である水野時二氏の大井荘域図ですが、荻神社は二十三ノ坪にはなく、二町南になる三十五ノ坪に入っています。批判をする形になって心苦しいのですが、この図は正解とはできないわけです。

これまで誰の図も正解に至らなかった原因は、二つあります。一つはベースになる安八郡条里の坪並《つぼなみ》復原が、従来誤っていたことです。図6－3に正・誤二つの坪並復原を示します。「二之坪」とか「三之坪」と漢字で表現したものが、小字《こあざ》名として残っていたものです。これらの遺存小字名をすべて満足させる坪並は、右の図に示すものでなければならないのですが、従来は左の図のように考えられてきました。そう考えられてきたことには多少の理由があるのですが、ともあれ結果的には間違いで、このため大木神社のあった坪と現存荻神社の位置がまず一町ずれてしまったことが、条里の坪界線がすべて正東西・南北の直線として今の地図上に描かれてしまったことが、条里誤りを増幅させます。図6－4は、一〇〇〇分ノ一の地籍図から一町間隔の線、すなわち坪界線と認められるものを抜き出し、繋ぎ合わせ、古くから変わっていないと見られる道や溝に頼りながら慎重に作成した「安八郡条里遺構図」です。図の上半部で

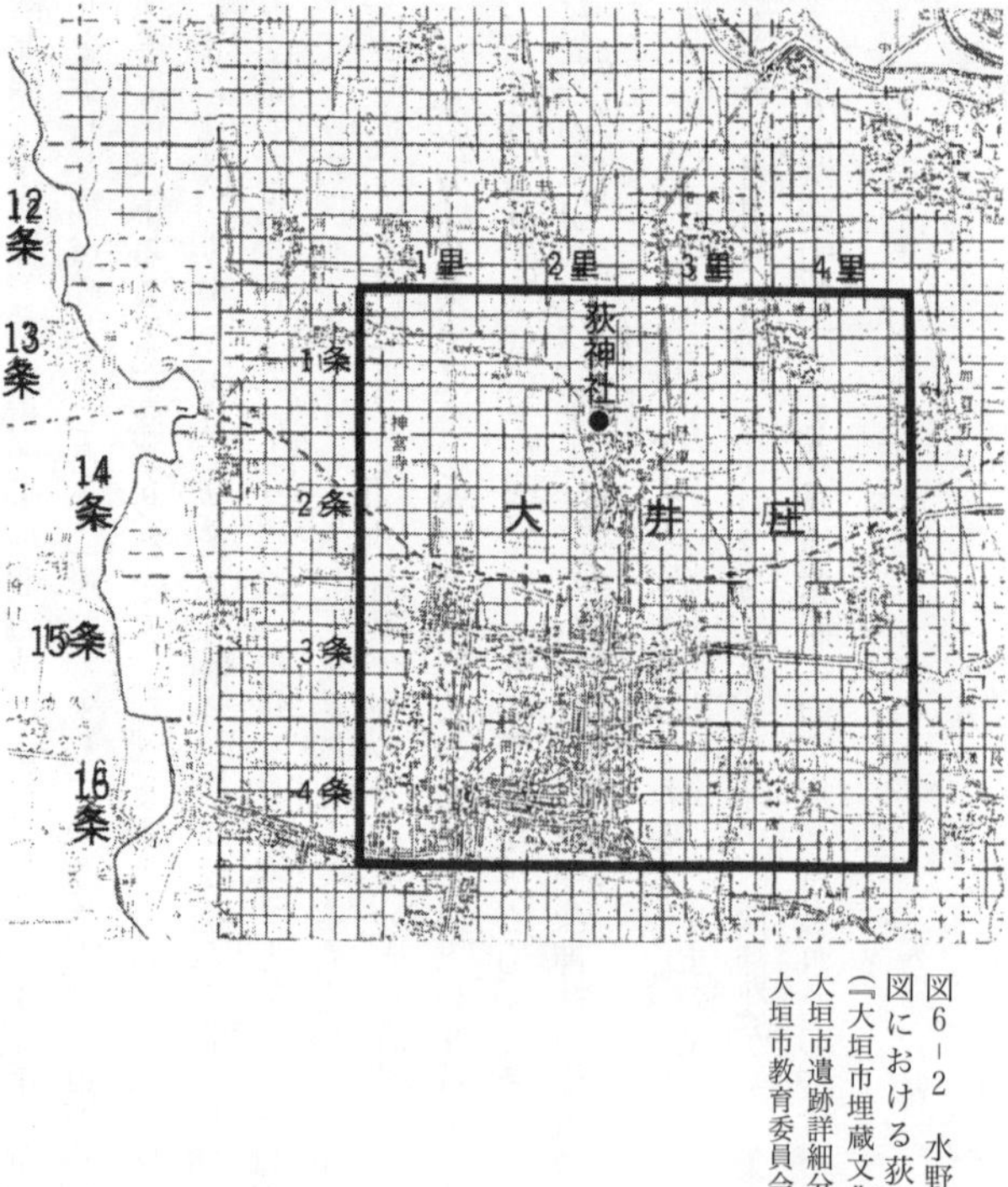

図6－2　水野時二氏の大井荘域比定図における荻神社の位置（黒丸印）（『大垣市埋蔵文化財調査報告書　第5集　大垣市遺跡詳細分布調査報告書　解説編』、大垣市教育委員会発行、一九九七年より）

は南北線、東西線とも正東西・南北方位に合っていますが、下半部では、南北線が正南北を示した細点線からしだいに離れて少しずつ西へ寄り、東西線は東へ進むにつれて次第に南へ下ることが認められます。なぜそのようにルーズな区画線になったのかは、まだよく分かりません。もともと何本もの川が流れ、自然堤防と呼ばれる砂の高まりをあちこちに作ったりしていて、土地条件は必ずしも良いとは言えず、開発に当たって、一町区画を少しずつ継ぎ足して耕地化してきたといった事情によるのかもしれませんが、いずれにせよ条里区画線が整っていないという結果が生じたことは確かです。この地域の条里区画線がそういうものだったことは平成の調査で分かったことなのですから止むを得ないことではあるのですが、ともかくその事実を取り込めなかった従来の条里図では、大木神社のあった坪と現存荻神社の位置のずれがさらに一町増すことになったわけです。

以上のことを踏まえ、正しい坪並と実際にあったままの条・里・坪区画線に従って条里図を作成すると図6－5のようになり、確かに荻神社が「一条二里廿三坪」に位置することが判明して、大井荘復原研究の定点が得られたのです。

誤

31	32	33	34	35	36
1	2	三之坪	4	五之坪	6
7	二之坪	三之坪	10	11	六之坪
13	14	15	16	17	18

正

25	26	27	28	29	30
31	32	三之坪	34	五之坪	36
1	二之坪	三之坪	4	5	六之坪
7	8	9	10	11	12

図6－3　遺存坪地名と坪の配列

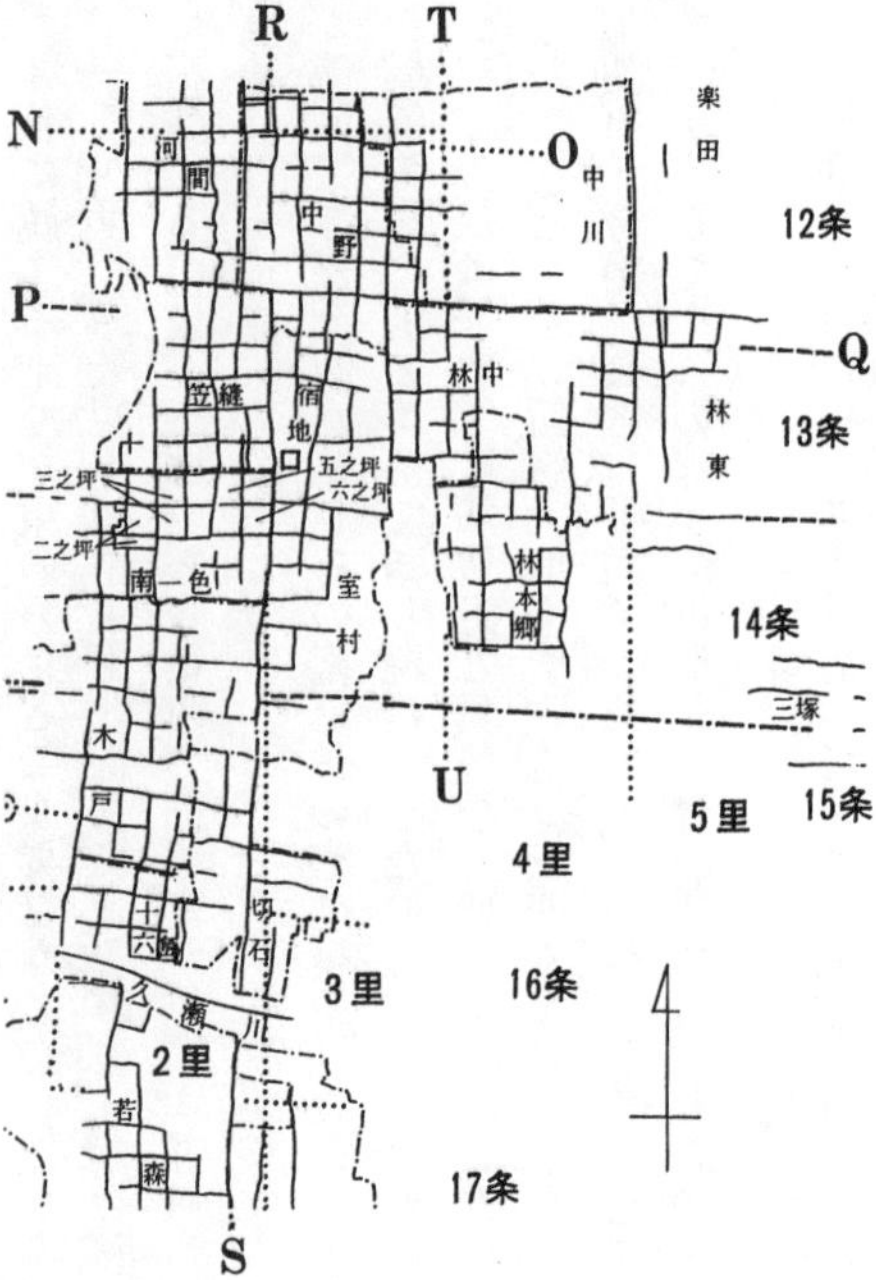

図6－4　安八郡条里遺構図

（注）N－O、P－Q、R－S、T－Uは、条や里の界線のうち4例を例示的に示したもの。

大井荘の東限を探る

復原作業を進めているうちに、大井荘の東限が少しずつ分かってきました。「土帳」の記載によって、大井荘に属する土地が東の方はどこまで拡がっていたかを見ると、図6-6のように、一条四里、二条四里の中央南北線までとなります。今日の地図で言えば、二条四里に相当するのは、三塚町と今宿町の旧集落が位置する一帯です(図6-5)。この二つの集落は、地図を見ると連続した一つづきの集落のようですが、実は、北から真直ぐ流れてきた灌漑水路とその南延長の宅地境や細長い藪地などによって截然と分けられ、別の村、別の集落であり続けてきたのです。それが図6-5に示すD-C線ですが、この線は、北では加賀野と貝曾根、南では長沢と江崎の旧村を分ける線でもありました。しかも『新修大垣市史』1(三四六~三四七頁)によると、D-C線以東の加賀野・今宿・長沢は、古くからずっと世保《よやす》(世安)荘に属し続けてきたというのです。かくして、この線が、世保荘と境を接する大井荘の東限線であったことが分かったのです。

そうなると、それまでは到底分からないだろうと思っていた「太政官符」に記す荘域東限の「御墓志墓」らしいものが見え始めてきました。注目すべきことは、図6-6に黒丸を打った坪、すなわち二条四里九ノ坪に「社立小」と「土帳」に記されてい

図6－5　明治時代2万分ノ1地形図に比定した大井荘（『大垣市埋蔵文化財調査報告書　第5集　大垣市遺跡詳細分布調査報告書　解説編』、大垣市教育委員会発行、1997年より）

図6－6　大井荘東辺の町反歩

ることです。「小」というのは一反の三分ノ一、すなわち一二〇歩の面積を示します。つまり、九ノ坪には、一二〇歩（歩は現代の「坪」と同じ）の敷地を持つ「社」があったのです。その跡はないかと現地を探し歩いたところ、何と「社」が、あるべき所に現存しているではありませんか。図6－7が、その「社」の位置を示す地籍図です。三塚村字北屋敷東辺中央付近の寺地北側に「大塚社地」があり、その一角に「塚」があることが分かります。この塚の位置を図6－5に記入すると、D－C線の途中の丸印地点になります。そこは、条里で表わすと二条四里九ノ坪の東南コーナーにかかるか、あるいは少し出外れているかというほどの位置です。ところが「土帳」によると、その坪は一町五反にも達する面積の「大坪」であったことが分かります。従って塚地点はまず間違いなしに九ノ坪に含まれていたと判

断できるのです。「社」があるべき所にあったと言うのは、こういうわけです。

塚は五メートル×一〇メートルの玉垣で囲まれ、前に「源頼朝の家臣工藤祐経の嫡子犬坊丸（もとの名、戌玉丸）の墳」とする伝承を記した説明板が立てられています。地籍図に「社」とある通り、この小墳は明治四一年まで「大塚神社」という名の神社でしたが、その年に南南西二〇〇メートルの八幡神社に合祀されたと、『新修大垣市史』の「市内各町誌」に記しています。

私は、この犬坊丸墳こそ平安時代の「太政官符」に大井荘四至東限地物とされた

図6－7　地籍図に記された犬坊丸塚　図中の黒塗り半円形が塚。（一点鎖線は旧村界、点線は小字界）

「御墓志墓」を引き継いできたものと考えます。その位置が鎌倉時代大井荘の（飛び地を除く）広がりの東端に当たること、また、「御墓志墓」が四至の牓示《ぼうじ》相当物であるからにはそれが容易に消えてしまうことのないよう神威を纏わされてきたに違いないと考えることに合うからです。その場合、これが犬坊丸墳とされたことをどう見るかです。工藤祐経は、建久四年（一一九三）に曾我兄弟に殺された人。「土帳」が作られたのは一二九五年ですから、祐経の子犬坊丸はそれまでに死去しているはずです。時は鎌倉時代。鎌倉方の武将の子をここに葬る（あるいは葬ったことにする）ことによって、「御墓志墓」と呼ばれてきた牓示の霊威を再活性化しようと領主側が目論んだことが、推測できるわけです。

平安時代以来、この東限を「線」で示してこなかったのは、これが里界ではなく里の中央線であるため、表現が難しかったこととか、このラインを南流してきた灌漑水路名を使うにはそれが途中で東折してしまうし、かつ、それが自荘の耕地を灌漑する水路ではなかったことなどによるものと推測できます。私は、以上のように大井荘東限を解釈し、納得しています。

1坪 0-8-0	2坪 1-2-大	3坪 0-5-小	4坪	5坪 1-0-半	6坪 0-1-0	1坪 1-0-大	2坪	3坪	4坪 1-0-小	5坪	6坪 0-7-300	1坪▲ 6-3-60	2坪 2-3-60	3坪 0-6-半	4坪 1-5-0	5坪	6坪
7坪 1-2-小	8坪 1-8-0	9坪 0-7-60	10坪 0-7-0	11坪 1-0-0	12坪 0-5-300	7坪 1-1-0	8坪 0-7-300	9坪 1-0-0	10坪 1-0-300	11坪 1-2-0	12坪 0-8-300	7坪 0-5-0	8坪 1-0-60	9坪 1-3-半	10坪 0-3-半	11坪	12坪
13坪 1-5-0	14坪 0-6-0	15坪 0-3-0	16坪 0-7-300	17坪 0-7-半	18坪 0-7-大	13坪 0-4-小	14坪 1-3-半	15坪 0-9-半	16坪 1-2-小	17坪 0-6-60	18坪 0-1-300	13坪 1-9-半	14坪 0-7-大	15坪 0-9-150	16坪 0-3-大	17坪	18坪
19坪 0-5-0	20坪 0-4-半	21坪 0-2-270	22坪 1-6-大	23坪 0-7-300	24坪 1-1-大	19坪 1-1-大	20坪 1-0-大	21坪 1-1-小	22坪 1-0-0 (竹・社2反)	23坪 1-2-0	24坪 2-0-300	19坪 1-1-300	20坪 1-5-230	21坪 0-7-300	22坪 1-3-30	23坪	24坪
25坪 1-4-60	26坪	27坪 1-1-100	28坪	29坪 0-1-小	30坪 0-2-半	25坪 1-0-0	26坪 1-2-210	27坪 0-5-半	28坪	29坪	30坪	25坪 1-0-60	26坪 0-6-40	27坪 0-7-大	28坪 0-8-小	29坪 0-3-0	30坪
31坪 0-1-300	32坪 1-3-小	33坪 0-4-220	34坪	35坪 1-4-大	36坪 0-1-0	31坪 1-0-小	32坪 0-5-60	33坪	34坪● 2-5-大	35坪● 1-9-0	36坪● 1-7-小	31坪 2-6-0	32坪 0-9-大	33坪 0-6-小	34坪 0-4-0	35坪 0-3-半	36坪

四条　B　H　I　J

1里　2里　3里

図6－8　大井荘の南限界（点線。延久年間）

大井荘の南限を探る

最後は、荘域南辺です。「太政官符」に記された南限は、「布志墓并十六条南縄」でした。この書き方は、大井荘の南限が一本の線ではなく、「十六条南縄」を南限とする部分と、その線を離れて、「布志墓」南辺を通る東西線を南限とする部分とがあったことを示していると考えざるを得ません。図6－8は、「土帳」の四条一里から三里の記載を整理して図化したものですが、一つ注目すべきことが見えます。それは四条二里二十二ノ坪に、竹藪と社敷地を合わせて二反の部分があり、その坪の南に二十八・二十九・三十と、大井荘に属する田畑のない「空白」坪が並ぶことです。そこで、大胆ですが図6－8にB－H－I－Jと点線で結んだラインに、大井荘四至の南限を仮定してみます。そうすると、ほぼI－J線の位置に旧村の境があり（図6－5）、その南側の禾森《のぎのもり》村・東前村が古来世保荘に属してきたという事実がかぶさってきたのです。これは、荘域東限を考える際に大事な意味を持った事実と共通します。繰り返しになりますが、荘域南限は十六条南縄のほかに「布志墓」というポイントが特記されています。ならば、「布志墓」に絡む線は、十六条南縄とは別の線でなければならない。では「布志墓」はどこかと考えた時に、「土帳」の記載と地図上の事実に依拠する限り、二里二十二ノ坪の「社」以外にない、と言わざるを得ない。私は、先の仮定線を、かなり可能性の大きい推定線にまで「格上げ」したいと思っているのです。ただ残念なことに、犬坊丸墳と違ってこの大事なランドマークは、遺構のみならず地籍図にも残っていません。途中段階で、いずれかの神社に合祀されたためかもしれませんし、霊威を再活性化する機会がなかったためかもしれません。

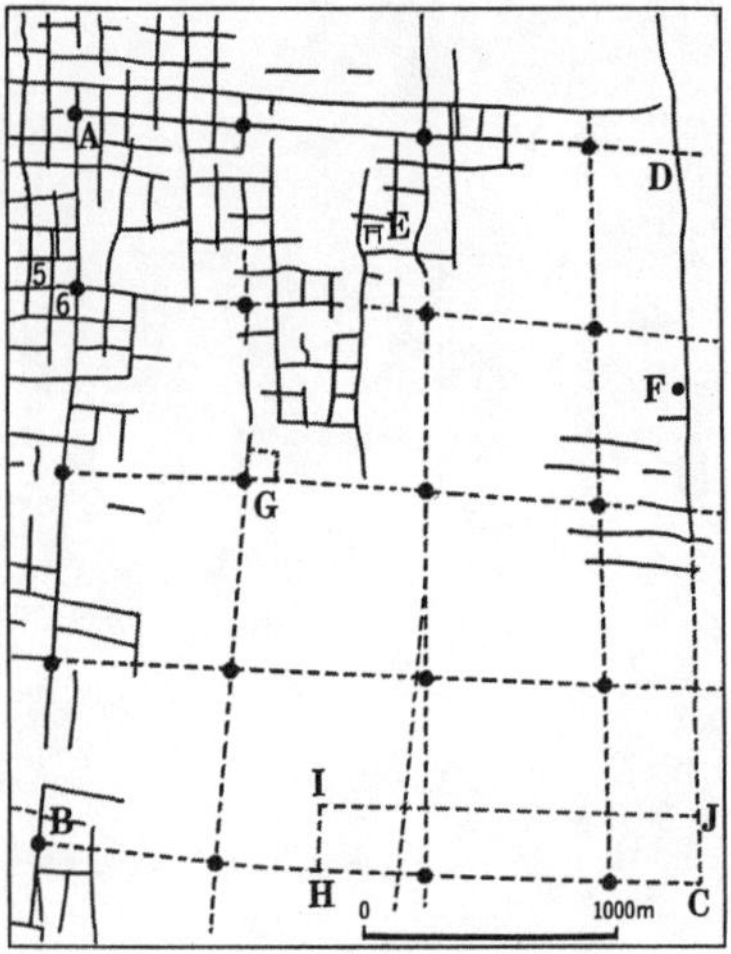

図6－9　大井荘域復原図　G点の坪は政所が所在したと考えられる坪。

図6－8で、H－I－J線を南に越えた部分に多くの田畑が拡がっていることは、各名主《みょうしゅ》が世保荘に耕地を得た飛び地という解釈で問題ないと考えます。これに対して大井荘東側では、荘域内であったはずの部分に空白坪が拡がっていた事実もあるからです。荘域と耕作権の拡がりとは、時間の経過に伴ってずれが生じて不思議でないからです。以上をまとめて大井荘域を明瞭な形に整理したものが、図6－9のA－B－H－I－J－D－Aの範囲とい

うことになります。

II　近世編

第7章　織田信長の城地選定構想を読む

城跡と地名に聴く方法

この章では織田信長を取り上げ、彼が濃尾地方の覇者となり、次いで天下を掌握する過程で、覇業の本拠地になぜ岐阜を選び安土を選んだのか、なぜ岐阜でなければならず安土でなければならなかったのかを、地図によって解いてみようと試みます。戦国時代に限らず、大名が城を作るに際して、その地を選んだ理由を書き残したりするわけがありません。それは「戦略上の秘密」に類しますから、記録してはいけなかったはずです。したがってこのテーマは、歴史学の方法では解きにくいのです。

ところが、城の跡地は残ります。地名も残ります。これらが極めて有用な資料として情報を発信し、城を営んだその人の「意図」を洩らしてくれることがあります。そこを読んでみようというわけです。

信長はなぜ岐阜を求めたのか

織田信長が岐阜を攻め落としたのは、もちろんそこに尾張と美濃一円を手中にするための難敵・斎藤氏（その時の主は斎藤道三の孫・龍興《たつおき》）が立ちはだかっていたからです。しかし永禄一〇年（一五六七）八月、龍興を追い落とした信長が、尾張・美濃一帯を制する拠点として、ほかならぬその山――今の名は金華山《きんかざん》ですが、もともとは稲葉山《いなばやま》（因幡山）と呼ばれていたこの城山を選んだ正しい理由は、まだ必ずしも明らかにされていないのではないかと思うのです。そう言う私も、この問題についてはまだ十分に考えを煮詰めるまでに至ってはいないのですが、これから信長・秀吉・家康の「それぞれの首都」選地理由を探ってみようとする試みのほんの序章として、地理的な観点から言える二つのことを指摘してみたいと思います。

第一は、この金華山の「目立ち方」です。三二九メートルに過ぎない高さですが、例えば晴れた日に東海道新幹線の車窓からぼんやり眺めていたりする時でも、際立った形で目に入ってくるのです。実はその理由が、地図を見ていて読めたのです。図7－1がそれで、この独立峰は濃尾平野の北を限る低い山並みから一歩南へ踏み出した位置を占めています。このため濃尾平野のどこからでも際立って見え、逆に山頂に立てば広大な平野全体を睥睨《へいげい》する感じになる。これが天下を狙う野心家の心を捉えたということではないかと思うのです。

第二は、沢彦《たくげん》和尚がすかさずこの地を岐阜と改める、あるいは山を岐山《ぎざん》、町を岐阜と呼び改めることにしたとも伝えられるアイデアを出したことです。実は「ぎふ」という地名は古くからあったのです。『美濃国風土記』残編に、「義婦山」の名とそれに因む地名説話、すなわち早くに夫を亡くした美しい婦人があり、周囲からしきりに再嫁を勧められても節を守って肯《がえ》んじず、遂に山中に身を隠して再びあらわれることがなかった出来事によりこの地名が生まれたとする物語が伝えられています。沢彦和尚はこの物語を受けて岐阜地名を考案しました。「阜」は「丘」ですから、中国陝西《せんせい》省「岐山」の故事、すなわちその山の南麓に古《こ》公亶父《こうたんぽ》が豳《ひん》から移り住み、周王室の本拠とした所と伝える故事に結びつけたということになるようです。これは戦国の雄にとって十分満足のいく地名の読み替えで、信長を喜ばせたことは想像に難くありません。武将が地名にこだわったことは、留意すべき視点だと思います。

安土の位置

信長が次に安土を選んだのはなぜかという問題に進みます。信長が安土山に壮大な城郭を構えたのは確かな事実ですが、どうして安土山を選んだのかという問いに対する従来の答えは、あまり納得できるものでありません。信長領国の中心に近い位置、

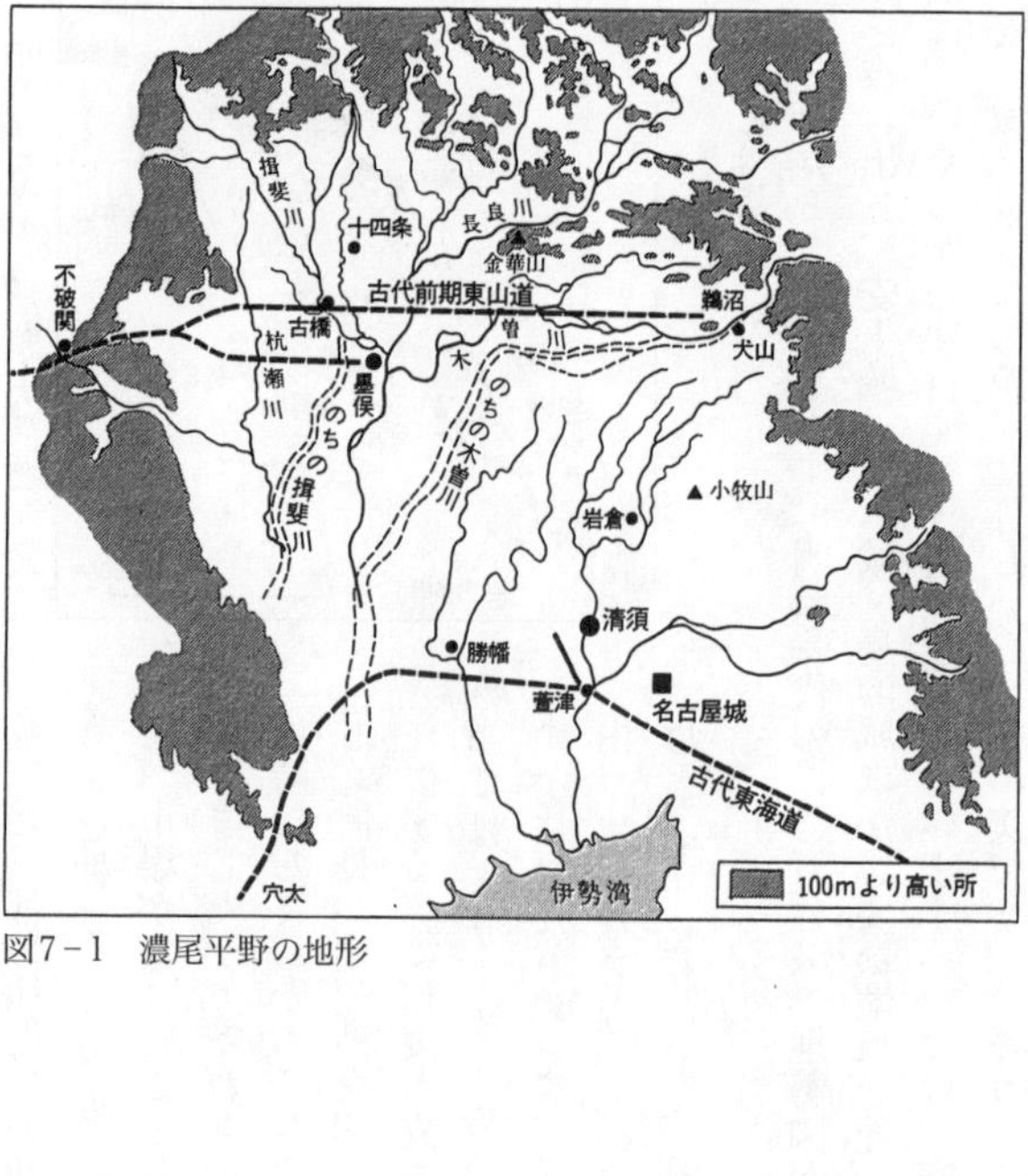
揖斐川
十四条
長良川
金華山
不破関
古代前期東山道
古橋
鵜沼
犬山
杭瀬川
墨俣
木曽川
のちの揖斐川
のちの木曽川
小牧山
岩倉
清須
勝幡
萱津
名古屋城
古代東海道
穴太
伊勢湾
100mより高い所

図7－1　濃尾平野の地形

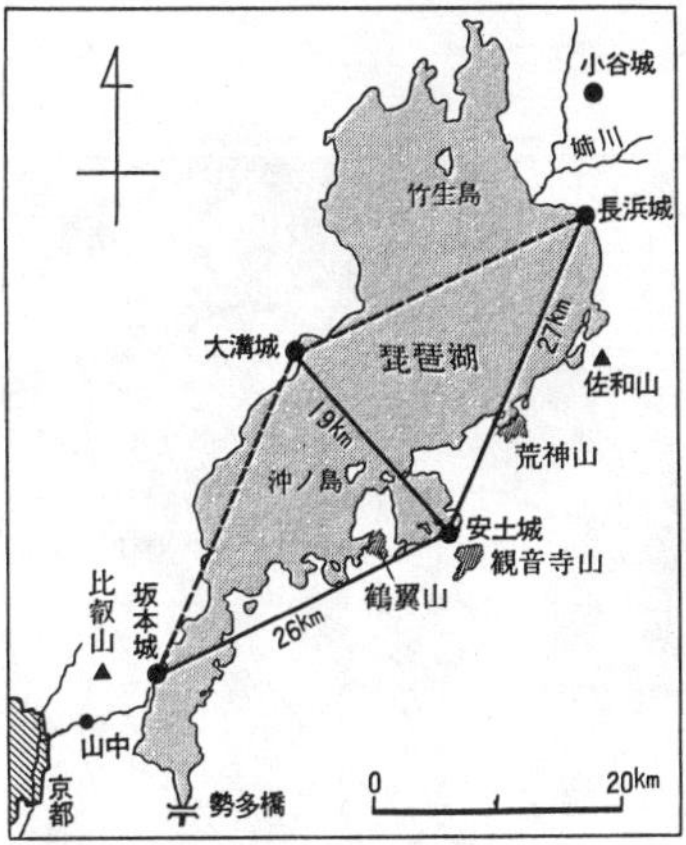

図7－2　安土城と坂本・長浜・大溝城の位置

岐阜と京都の往復に便利な所、北国ののどもとを押さえる必要、琵琶湖を制する位置、市場があったこと等の理由が列挙されてきましたが、それらの理由ならば安土山に隣接してしかもそれより高い観音寺山でも、信長が琵琶湖を利用して岐阜と京都を往復する際に何度も立ち寄った佐和山でも当てはまりますから、「近江を選んだ理由」にはなり得ても「安土に特定した理由」にはならないのです。ではどうすれば、「安土に特定した理由」を見出すことができるでしょう。

図7－2を見ることにします。明治時代の二〇万分ノ一地勢図から、当時の琵琶湖湖岸線を抜き出し、安土城・坂本城・長浜城ほか必要な地点を記入したものです。この地図は、いくつかの注目すべき事実を語っています。一つは、安土城と坂本城の距離が、安土城と長浜城の距離に等しいという事実です（一キロメートルの違いは、誤

差の範囲と言えます）。もう一つは、鶴翼山《かくよくざん》（八幡山）にさえぎられることなく安土城から坂本城が見通せ、同様に荒神山にさえぎられずに安土城から長浜城が見通せるということです。私はこのことを、三つの城跡に立って肉眼で確かめました。要するに、安土城は、坂本城を左翼に、長浜城を右翼に配する布石の要として、その中央に、琵琶湖に君臨する位置を占めて在るのです。この構図は、数年にわたる戦闘の経過の中で練り上げられたものと思われます。そこで次にその経過を簡単に追跡してみます。

坂本、長浜、安土三連星《さんれんせい》布石への過程

話の出発点は、永禄一三年（元亀元年、一五七〇）四月です。信長は北陸の雄・朝倉氏を攻めます。ところが敦賀《つるが》から木《き》ノ芽《め》峠を越えて越前国の中枢部に進攻しようとした矢先に、「浅井叛旗」の報が入ります。浅井長政は信長の妹・お市をめとって信長と同盟を結んでいました。信長にとっては、信じられないことが起こったわけです。信長はかろうじて虎口を脱して湖西を京都へ引き、岐阜にもどりました。態勢をたてなおして、六月には浅井・朝倉軍との姉川合戦をくり広げますが、この時は結着がつかずに終わりました。息つく間もなく摂津《せっつ》で「三好三人衆蜂起」の報が入り出

陣、九月には大坂の石山本願寺も反信長戦線に加わり、これらに呼応して朝倉・浅井連合軍は三万の大軍をもって湖西を南下するのです。急ぎ大坂方面からとって返した信長軍は、大津市の近江神宮西裏の宇佐山に布陣、その北の壺笠山《つぼかさやま》から比叡山に展開した朝倉・浅井軍とにらみ合うのです。一二月、形ばかりの和議を結びますが、九ヵ月後（元亀二年九月）、山門、すなわち比叡山の焼き打ちが行なわれます。そして、この作戦の指揮をまかされた明智光秀は、志賀郡を与えられ、下阪本の湖岸に城を構えます。

山門焼き打ちは悪評をもって語り継がれてきましたが、信長としては朝倉・浅井連合軍という最大の難敵に与した比叡山を潰滅させることは必要な手続きだったといえます。そして、確固とした政権基盤の一つをその麓の湖岸に置いたのです。坂本城の位置は、山中峠越の道で京都に通じる要衝でもあり、京都をにらむ信長体制の先鋒でもあったわけです。

浅井・朝倉への攻撃も休みなく続けられました。詳しい経過は省略しますが、浅井氏の領する湖北地方を次第に攻略し、最後は、元亀四年（天正元年、一五七三）八月、越前への通路を掌握して越前府中（武生市《たけふ》）に進出します。そして朝倉義景を切腹に追い込み、ひき返して、浅井の拠る小谷城《おだにじょう》の目の前、つまり虎御前山《とらごぜやま》に陣を構えます。そしてまず、秀吉が二七日夜中、小谷城京極丸を攻めて浅井久政を、翌二八日には信長自身が攻め上って長政を、共に切腹させて、歴史に名高い小谷城落城の時を迎えるのです。

湖北の現地司令官をつとめた秀吉は、その軍功によって遂に一城の主となることが許されます。初めは小谷城に入りますが、早くも翌天正二年（一五七四）には琵琶湖岸の今浜に城地を求め、信長の一字をもらって長浜と改称し、築城に着手します。こうして、光秀の坂本城と「対」をなすかのように、朝倉・浅井勢の復活を押さえる役割をもった「近江における信長軍団二番目の水城」が作られたのです。坂本築城の三年後でした。

そして、それから二年後の天正四年（一五七六）、信長は、両城の中間点の安土山に、岐阜から経略の中心を移すのです。坂本と長浜に「布石」を打っておいて自身の本拠を移したという時間経過の中に、その本拠地が両城の真ん中の安土山でなければならなかった必然が読めると言ってもよいでしょう。

一つ問題が残ります。坂本と長浜の中間点ということならば、安土山の東背後の観音寺山（繖山《きぬがさやま》）も同じ条件です。しかも、安土山の三倍も高い要害の山です。にもかかわらず信長は観音寺山を選ばず、安土山を選びました。それはなぜか、という問題です。推定される答えの一つは、観音寺山からは長浜が見えず、肉眼や狼火《のろし》での連絡ができないことです。もう一つの答えは、観音寺山は、まわりから一斉に火をかけられると退路を失う危険な山だということです。これに対して安土山は、湖に突き出した半島ですから一斉放火される危険は少なく、火をつけられても脱出しやすい好条件をもっています。城攻めに際してしばしば放火の作戦をとった信長のことですから、そこまで考えていたと推量するのが正しいでしょう。安土城は軍団三つ目の「水城」だったのです。そして、軍団四つ目の水城・大溝城は、安土築城の二年後に、信長の甥の信澄が城主となって築かれ、琵琶湖を包む平行四辺形の水城配置が完成します。

安土城の意味を解く

以上のように考えてきますと、信長にとって安土とは何だったのかという問いに突き当たらざるを得なくなります。結論を先に言いますと、彼は安土を都と位置づけて作った、あるいは「世界の中心」と位置づけようとしたとさえ推定できるのです。なぜそんな推定ができるのかを、簡単に説明します。

まず、安土という地名です。信長時代の第一級の史料『細川家記』に、「天正四年

図７－３　安土という地名は二キロ移動した丙子正月、信長江州目賀田山《めかたやま》を安土と改む」とあります。今の安土山をそう呼ぶことにしたのは信長だったことが分かります。これよりずっと古い一三一三年の「豊浦御《とゆらのみ》庄《しょう》検注目銀（ママ）」という文書が残っています。今の安土町一帯にあった興福寺大乗院領豊浦庄の土地の記録です。その中に、八幡・新宮・若宮・桑実鎮守《くわのみちんじゅ》・観音寺・加賀寺・安土寺などの寺社名が見えます。図７－３は今の安土町の大字と一部の小字、それに寺社の位置を示したものです。右の一四世紀初頭の文書にあった寺社や関係地名がたくさん残っていることが分かります。東辻子《ひがしづし》・西辻子という小字も、同文書に「図師」が二町歩の土地を与えられていたとあるその土地に残った地名と考えられます。豊浦も常楽寺も安土も、みんな縁起のよい地名です。信長は、稲葉山とその城下町・井ノ口を岐阜と改め、今浜を長浜と改めることを喜んだほど、好い地名にこだわる人でした。ですから

好字地名の集まる豊浦一帯が大いに気に入ったことと推測できるのですが、中でも安土が最も意にかなった地名であったに違いありません。「土を安んず」、すなわち国土を平定・支配した、というふうに読める地名だからです。その地点は浄土宗と日蓮宗の宗論で有名な浄厳院《じょうごんいん》（地図中の大字「慈恩寺」）のあるところですが、信長は、安土寺廃絶以後そこに残っていた安土の地名を、一キロメートル離れた目賀田山に移し、安土城の造営を始めたと考えるのが、私の推定です。

築城に着手したのは天正四年の正月でした。前年五月に甲州の武田軍に潰滅的打撃を加え、加賀・美濃・駿河から摂津・河内・伊勢・丹波にわたる日本国の枢要部をほぼ制し、一一月には「権大納言兼右大将」つまり将軍相当の地位を得、家督を息子の秋田城介《あきたじようのすけ》信忠に譲った直後のことでした。つまり、功成り名を遂げた時点での選地・築城というわけです。しかも信長は、城内摠見寺《そうけんじ》に「盆山《ぼんさん》」と呼ばれる石を置いて（『信長公記』は、天主の二重目に置いていたことを記す）、自分の誕生日に領内のあらゆる住人たちに拝みに来るよう命じたとフロイスが伝えています。城の中心を「天主」と称し「天守」と書かせなかったのも意味深長です。その七重天主の内装は、ありとあらゆる世界、例えば中国古代の三皇・五帝図や釈迦説法の図、仙人、賢人や風景画ほかをミックスして描かせています。信長は決して京都に本拠を作ろうとせず

（そのため本能寺で命を落とすという運命をたどるのですが）、逆に『信長公記』は、城をめぐる景観描写の末尾に「花洛《からく》」つまり花の都を移したとまで記しています。安土は信長が構想し実現した「都」ないし「世界の中心」であったという私の推測は、以上のような諸事実を総合して構築した考えです。

以上が、琵琶湖をめぐる城の位置関係図と城に関わる地名の捉え方をベースにして考えることによって、安土城の意味についての理解が一層深まるという話の大筋です。

第8章　天下の大道と隠れ道の並走
——古山陰道と唐櫃越を舞台にした二つの物語

古山陰道とは何か

図8－1は、この章で取り扱う二つの物語の「舞台」を簡略に示したものです。本当は地形図そのものを用いて説明したいテーマなのですが、範囲が広すぎるため、五万分ノ一地形図（大正一一年修正測図、昭和六〜七年部分修正測図）をベースにして、必要最小限の内容を盛った図を作り、それを大幅に縮小するというふうにせざるを得ませんでした。所は京都盆地の西部から国境《くにざかい》の老《おい》ノ坂《さか》峠を越えて、丹波国の亀岡盆地に入ったあたりまでを含みます。

改めて言うまでもないようなことですが、都からスタートして山陰地方の国々を貫く官道が山陰道です。それ故、都が移り変わることによって、都に近い部分の道筋は必然的に変わらざるを得なくなります。都が奈良盆地にあった時代、それは奈良時代とか、もっと前の飛鳥・藤原京の時代ですが、その時代には、山陰道は南から北へ京都盆地を通り抜けざるを得なかったわけです。ところが七八四年、京都盆地北部に長

図8－1　山城・丹波国の山陰道

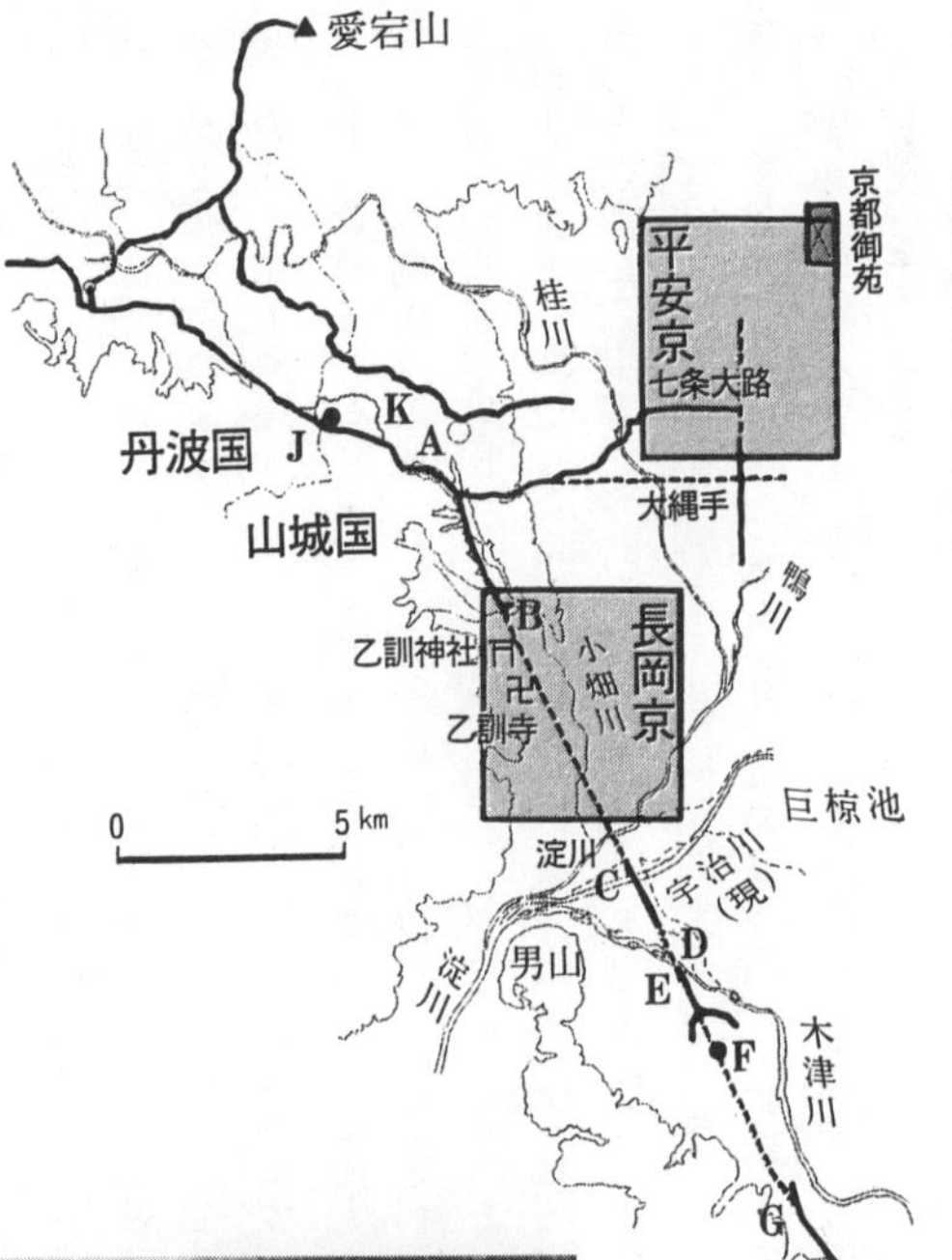

図8－2　洛西ニュータウンの古山陰道（足利撮影）

岡京が成立すると、長岡京から五キロ余りでもう老ノ坂に達することになりましたから、その道はうんと短くなってしまったわけです。一〇年後、平安京の時代になると、当然また新しい道筋に変わりました。それは初め平安京の正門である羅城門から南へ出て、大縄手《おおなわて》という名の直線道を西へ向かったと私は考えています。そのことは先の第2章で触れましたので、繰り返しません。しかしこの道はやがてすたれ、図に示したように七条通から出入りする道が山陰道になります。これは、平安京の中で右京地区（西半部）が次第に衰微し、左京の北部を中心とした都市になってゆくにつれて、そこへ向かう近道として七条通に取り付くこの道を利用する人が多くなった結果を示しています。

以上のように変遷した京都盆地の山陰道は、要約すれば、盆地を南北に貫いていたものと京都から出て西へ向かっていたものとに大別できます。この前者は後者より古いものですから、私はこれを「古山陰道」と呼び、後者と区別することにしているのです。では古山陰道はどこを通り、またどういう道だったのでしょう。

古山陰道を考証する

だいぶ以前のことですが、私は地形図を見ていて、一本のおもしろいラインに気が付きました。それは図8－1中央部のAとBを結ぶ道が、南南東に六キロほど離れたC－Dの道、さらにその続きのE－Fの道路と一直線につながるという事実です。その直線を、図に点線で描いたようにさらに伸ばしてゆくと、はるか南の奈良方面から丘陵と平野の境を折れ線グラフふうに北上してきたI－H、H－Gの直線道路と、G付近でたいへんスムーズに接続することが分かりました。A－Bの道は、南流する小《お》畑川《ばたがわ》が丘陵を侵食して作った幅数百メートルの狭い谷平野の西辺を、崖沿いに通じる狭い里道に過ぎなかったのですが（図8－2。ただし、今は住宅団地建設等で旧状を留めません）、でも、この道がもっともスムーズに老ノ坂峠に登る道に繋がっていくところが注目点です。老ノ坂峠越えの旧道は図8－1のJで、山城・丹波国境の黒点は、説話で著名な「酒呑童子《しゆてんどうじ》の首塚」と称する小丘です。この道は、明治時代になって開かれた谷筋を登るKの新道（国道九号）に比べて、地形的に理にかなったルートを辿っており、古代に遡る旧道であることは間違いありません。これらのことに基づいて私は、奈良時代ないしそれ以前にAとG付近を一直線に結ぶ道が山陰道として計画的に作られ機能していた可能性を考えるに至ったのです。

もう少し補足しますと、途中のC－Dの道、これは木津川旧河道の左岸堤防上の道にほかなりません。木津川は明治初年まで永くこの河道を保って、淀から南西方向に流れ始めたばかりの淀川にほとんど直角に合流していたのです。この合流の仕方といい、またC－D沿いの直線河道といい、共にいかにも不自然です。当然これには何らかの意図による人工が加えられていたと考えざるを得ないではありませんか。その意図とは、盆地の低い所を通過するに当たって何本も川を渡るのでは、橋を作るのも大変ですし、洪水で橋が流されて難儀する頻度も大ですから、なるべく諸河川を一本に寄せ集めて一箇所で渡河するようにしたいということではなかったかと推察できるのです。そういうルートを確保し続けるためには、C－Dの堤防は補強して維持し続けなければなりません。かくしてC－Dの「不自然」な道が残り続けた、というのが私の見方です。しかしおそらくこの「無理」故に、明治初年にD点の少し南東で洪水のため破堤し、男山丘陵の北を指す今の河道に変わってしまったのです。興味深いことに、C－Dの道は現河道を越えてなおE－Fの道に真直ぐ続きます。F点まで南下した道は、今は東と南に分かれてしまいますが、F点には「上奈良」、その北西隣には「下奈良」という集落が立地しています。奈良、つまり平城京と同じ名の集落であることに先ず注目されますが、『延喜式』内膳司式には「奈良園」と称する六町八段三二〇歩の「供御雑菜」園地があったことが記されており、おそらく奈良時代まで遡ってここは宮廷と深い関わりがあったことが推定されます。つまり、想定した点線ルートで平城京に直結していたとして不思議でない位置と、私には見えました。「そんなことを言ったって、BとC、FとGの間が長い区間途切れているのだから、怪しい話だねえ」という声が、どこかから聞こえてきそうです。でも私は、「そこが途切れているからこそ、かえってこの道の古さが垣間見える」と言いたいのです。

先ずB－C区間です。ここはちょうど長岡京の範囲に入ります。すなわちここには大路小路が東西・南北に設定され、都市建設が行なわれたのです。であれば当然斜め方向の道は馴染まず不要、従って消されてしまったのだと考えなければなりません。そう考えることによって、B－C間に道の痕跡がないことが、かえってそれ以前、つまり奈良時代以前の古道があったことを物語っていると受けとめることができるのです。

それればかりではありません。BとCを結んだ点線に沿って、七〇〇年ごろには存在が確認される乙訓《おとくに》神社と乙訓寺があることが、この古道の存在を裏付ける証拠になります。これには、『日本書紀』と『古事記』の垂仁天皇条に記載された以下の説話が絡みます。

丹波の豪族みちのうし王（道主王）には、五人（『日本書紀』）または四人（『古事記』）の、美しいことで知られた娘たちがありました。垂仁天皇の皇后は初め狭穂媛《さほひめ》でしたが、兄の狭穂彦にそそのかされて抱いた謀反の心が発覚して自殺します。死に際して、自分の代わりに丹波の美女たちをお呼びなさいと言い残した狭穂媛の遺言に従って、垂仁天皇は一〇年後に彼女等を後宮に召すのです。長女の「ひばす媛」はやがてめでたく皇后になるのですが……、『古事記』によれば、妹たちの内二人（『日本書紀』は一人）は噂と違っていたということで、不幸な運命を辿ります。すなわち、

弟王《おとみこ》二柱は、甚《いと》凶醜《みにく》かりしに因りて、本土《もとつくに》に返し送りたまひき

という残酷な措置がとられ、

是に円野比売《まとぬひめ》（『日本書紀』は竹野媛）、同じき兄弟《はらから》の中に、姿醜《かおみにく》きによりて還さゆること、隣里《ちかきさと》に聞えむ。甚と慚《はづか》しと言ひて、山代国《やましろ》の相楽《さがらか》に到りませる時に、樹の枝に取り懸《さが》りて、死なむとぞしたまひける。故《かれ》其地の号《な》を、懸木《さがりき》と謂《い》ひしを、今は相楽と言ふなり。又弟国《おとくに》に到りませる時に、遂に峻き淵《ふか》に堕《お》ちいりてぞ、死《う》せたまひぬる。故其地の号を、堕国《おちくに》と謂ひしを、今は弟国と言ふ也

との、悲惨な結末を迎えるのです。この説話は地名起源説話でもあるのですが、私は説話内容の真偽を問題にしようと考えてはいません。大事なことは、「相楽」と「乙訓」が共に奈良盆地と丹波を結ぶ道すなわち古山陰道沿いにあるのが事実であったからこそ、この説話は記紀に取り入れられたと考えられることです。何故なら、これが事実でなければ、この説話は「作り話」としてさえ成り立たず、記紀に収められるはずがなかったに違いないからです。では、相楽とか乙訓はどこであったと見るべきでしょう。この場合、記紀は決して相楽郡とか乙訓郡とは言っていないことに注意すべきです。郡という「拡大した領域」を対象とした話ではなしに、これは相楽とか乙訓の地名が生まれたピンポイント地点の地名起源説話として収録されているのです。とすればそこは、一つは奈良盆地から北へひと山越えた所にある相楽神社の近辺、もう一つは図の乙訓神社・乙訓寺近辺と特定する以外にありません。そして前者は確かに推定古山陰道に沿っています。後者の乙訓神社と乙訓寺のある乙訓の原点も、古山陰道沿いでなければ説話は成立しないのです。かくしてこの寺社の位置は、現存古道と長岡京の関係から推定した古代要路が古山陰道であったことを裏付ける有力な材料の一つになるのです。

ＦとＧの間に斜め方位の道が残らないのも、長岡京域について述べたことと同類の説明が可能です。すなわちここは東西・南北方位の条里地割が見られます。この古代農地区画にとって斜めの道は相容れません。従って、山陰道がここを通らなくなり、この道が平城古京と平安京を結ぶ道としての意味さえも小さくなった平安時代後半のある時期に、条里地割によって消し去られたと考えることができるのです。

実は、幸い一九九七年になって、F点付近の丸印の位置（内里八丁遺跡）で、京都府埋蔵文化財調査研究センターの調査により、図8－3に示す斜め古道が検出されました。側溝間の心心距離が一二メートルで、まさに古代の大道の幅員ですし、八世紀後半から九世紀初めまでの遺構ということで、古山陰道の遺構と見て間違いないと思います。嬉しい発見でした。方位は、私の推定線が北二六度西であるのに対し、遺構が北一六～一二度西と若干異なりますが、少しは曲折しながら北北西に向かっていたのでしょう。問題ありません。

唐櫃越の名称と存在理由を考える

続いて、山陰道が老ノ坂峠を越える区間に並行して存在した唐櫃越《からとごえ》の道を取り上げ、その役割などについて大胆な考えを記してみたいと思います。

図8－4は、京都（平安京）や山陰道（老ノ坂越）と唐櫃越の位置関係を示したも

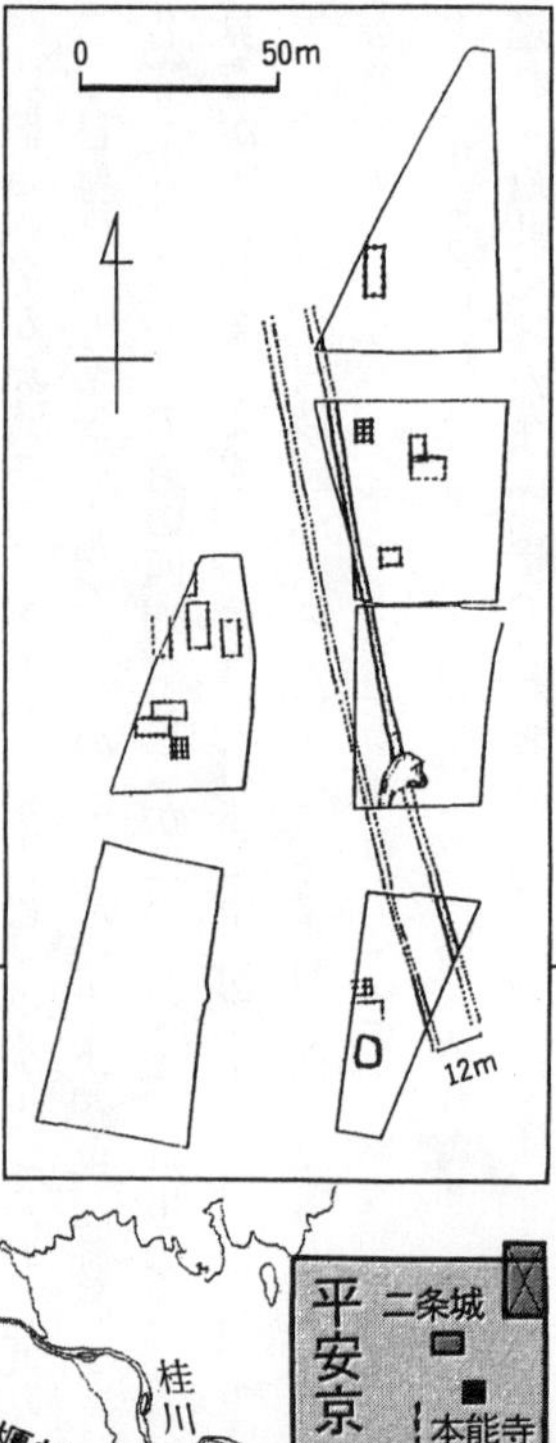

図８－３　発掘された古山陰道遺構（『現地説明会資料』より）

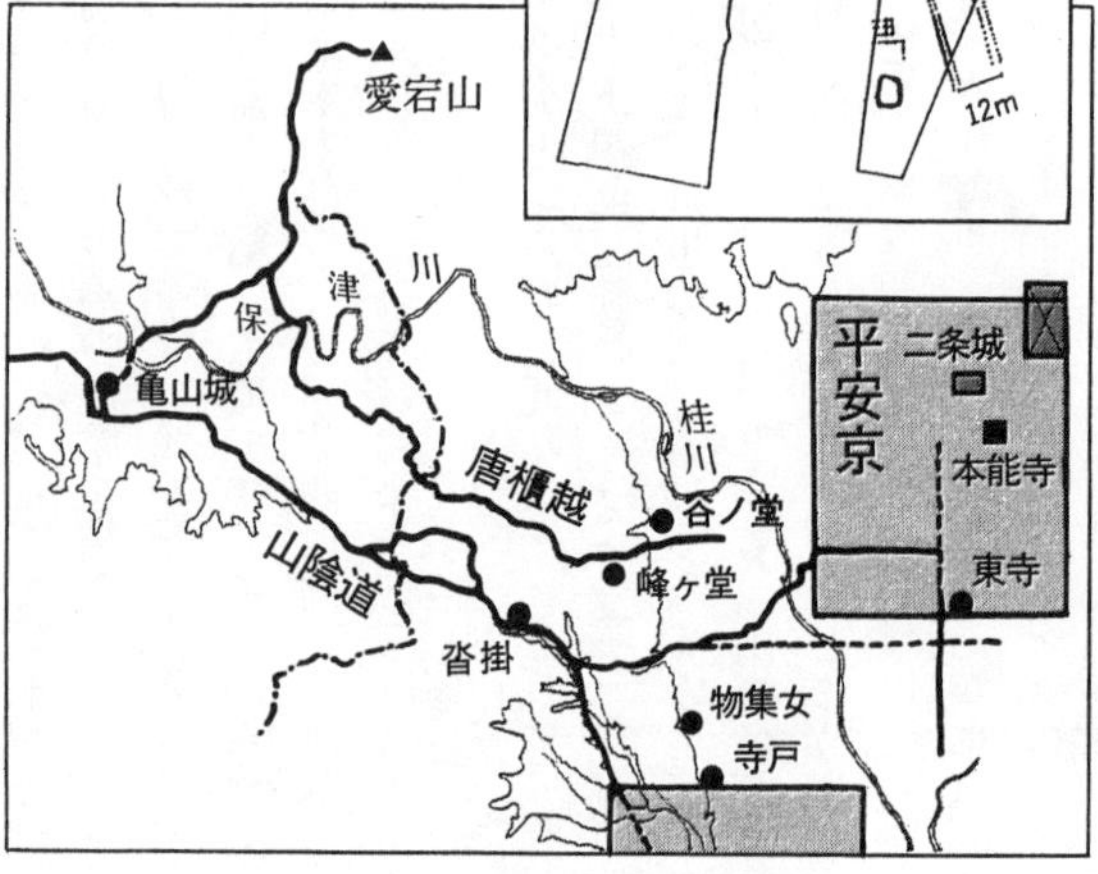

図８－４　山陰道と唐櫃越の位置関係

のです。しかし、これでは唐櫃越がどういう道か分かりません。そこで唐櫃越と地形の関係が読める図8－5を作りました。西端の馬堀と東端の樫原《かたぎはら》を結ぶ破線が山陰道で、浅い谷筋を無理なく登りつめ、「酒呑童子の首塚」の横を通る峠の標高は二六〇メートル、もっともスムーズに京都盆地と亀岡盆地を結ぶ大道です。これに対して唐櫃越は、京都盆地の松尾（図の東端A）からすぐ山に登って西北西に向かう点線のルートで、ほとんどの区間が標高三〇〇メートル以上、最高点はおよそ四三〇メートルに達する尾根道です。

唐櫃越の名が見えるもっとも古い史料は、今のところ暦仁元年（一二三八）一二月二七日付け「九条道家施入状」の乙訓郡物集庄《もずめのしょう》四至記載のようです（『京都府の地名』、平凡社）。この道の西端がどこかについては、近世の地誌書に少なくとも二つの見方が示されています。一つは「丹州（中略）皇子村ニ出ル」とする『山城名跡巡行志』の見方で、丹波国へ入ると早々に王子村（図8－5のB）へ下りてしまうというものです。もう一つは『京羽二重織留』に「老ノ坂の北より丹波保津村に出る所なり。（中略）いにしへ普広院義教公（室町幕府六代将軍——引用者）ひそかに京師を遁れ、丹波に趣たまふ道なり」と述べるように、王子へ下らずに稜線をそのまま辿り、山本集落に下るか、或いは保津峡のC点に下って川を渡り、再び山に上って、後

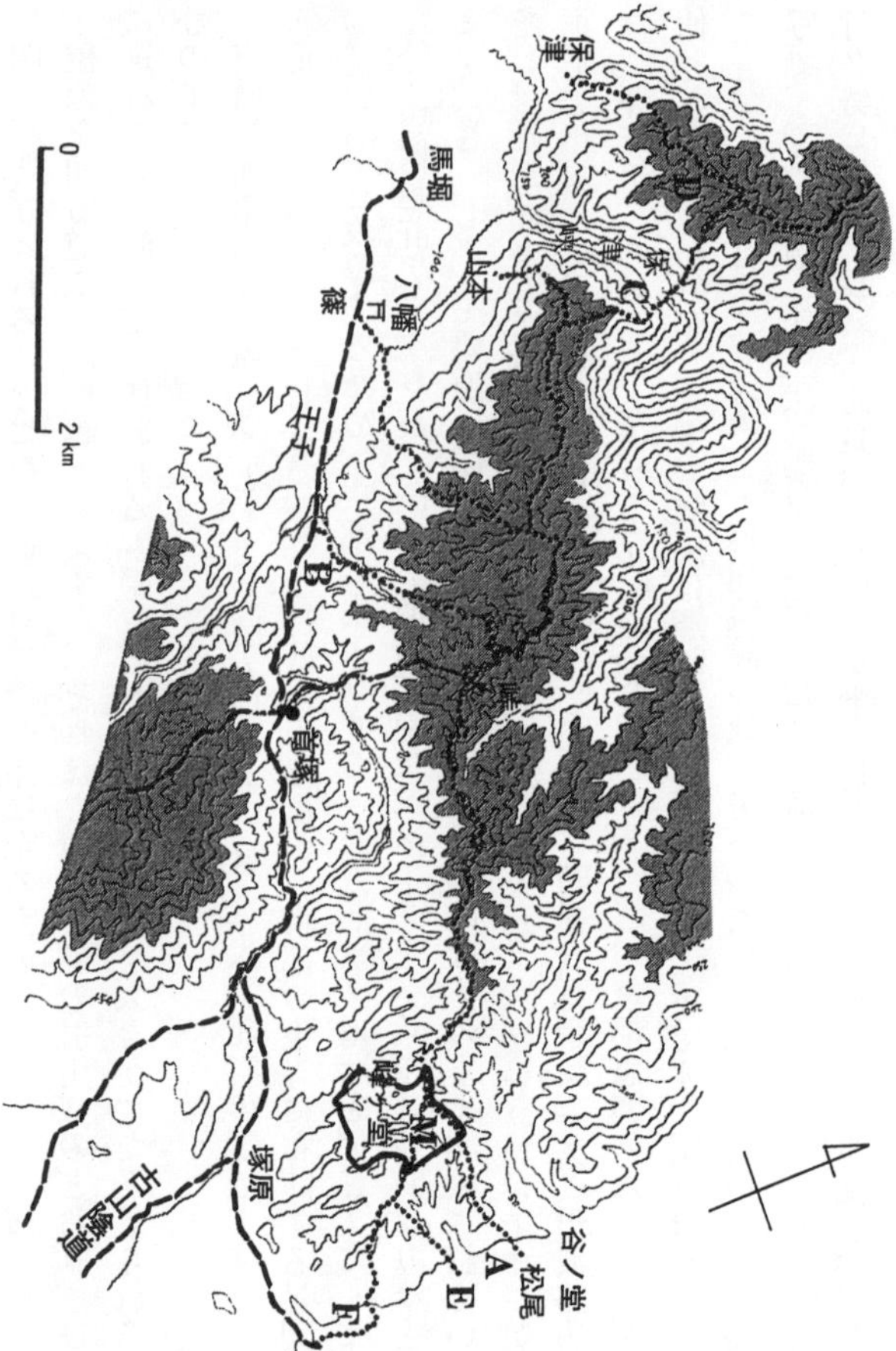

図8-5　古山陰道・唐櫃越と地形

に明智越と呼ばれることになる道（D）で保津に至るものでした。私は後者の、ずっと稜線を辿る道こそ唐櫃越と見ますが、それはこの道が上の引用文のとおり、ひそかに逃れていく時などに使われる「隠れ道」としての意味が大きかったと見られるからなのです。

唐櫃越利用の様子がもっともよく読み取れるのは、『太平記』の記述です。一つは延元元年（一三三六）七月で、この時は新田義貞が、京都の東寺に布陣する足利高氏（尊氏）軍を攻撃するため、京都に出入りする「四方七ツノ道」を押さえてしまい、「纔《わづか》ニ唐櫃越許《ばかり》アキタレバ、国々ノ運送道絶テ、洛中ノ士卒兵粮ニ疲レタリ」とあります（巻一七）。主要道は閉鎖されたのに、唐櫃越だけはそのまま開放されていた。それは運送路としては使えない狭く険しい山道だったから、というわけです。第二は正平七年（一三五二）閏二月のことで、「千種少将顕経五百余騎ニテ、丹波路唐櫃越ヨリ押寄テ、西ノ七条ニ火ヲ上ル」と記され（巻三〇）、京都急襲のために唐櫃越が使われたことが分かります。騎馬は通れたということが大事です。第三は正平一五年（一三六〇）七月、尊氏の子・足利義詮の執事であった仁木義長が攻められた時の描写で、「夜モ漸《やうやう》深行《ふけゆけ》バ、鵙目《もずめ》・寺戸ノ辺ニ、続松《たいまつ》二三万燃《とぼ》シ連《つらね》テ、次第ニ寄手ノ近付ク勢ヒ見ヘケレバ、義長角《かく》テハ叶ハジトヤ思ヒケン、舎弟弾正ノ少弼ヲバ、長坂ヲ経テ丹後へ落ス。猶子中務ノ少輔ヲバ、唐櫃越ヲ経テ丹後へ落ス」とあります（巻三五）。この時は、夜陰にまぎれての敗走路として使われたことが分かります。

このように『太平記』は、唐櫃越が敗走・奇襲のため密かに移動するのに好都合な「隠れ道」であったこと、車類は通れないが騎馬ならば通れることなどのありようを、みごとに伝えてくれています。このことから私は、次の二つのことを考えるようになりました。

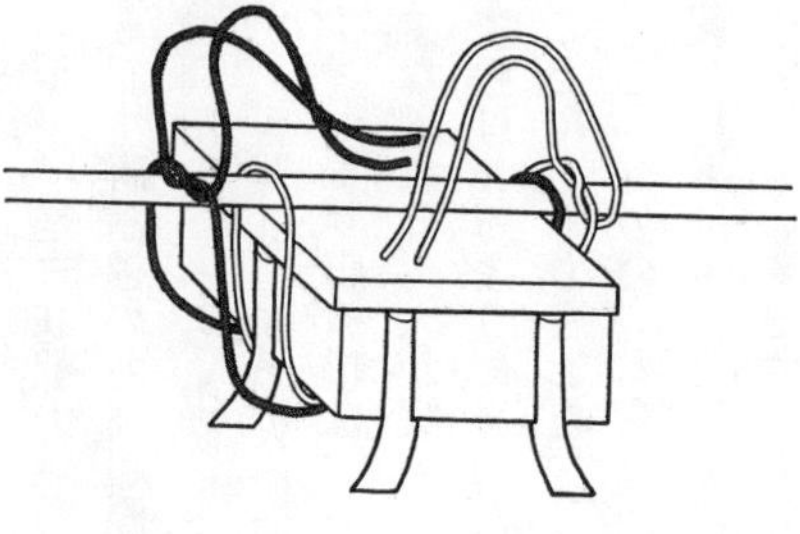

図8-6　唐櫃

一つは、唐櫃越はどうして唐櫃越と呼ばれることになったのか、という問題です。先ず発音ですが、もちろん初めは文字どおり「からひつごえ」でした。ところが一三三六年の史料に「賀羅富津越《からふつごえ》」と見えるので、これを中間段階として、「からふとごえ」になり、「ふ」が飛んで「からとごえ」になった過程が推測されます。次に用字です。従来地名辞典などに、「付近の古墳から出土する唐櫃型石棺が多かったから」などという腑に落ちない説明が流布していましたが、これは誤りです。この説明では、例えば比叡山に登るもう一つの唐櫃越、『東北歴覧之記』に「一乗寺村ニ至ル。是ヨリ叡山無動寺へ直ニ越ル道アリ。至テ嶮隘ナリ。コレヲ唐櫃越ト云フ」と記す唐櫃越の名称起源をまったく説明できないからです。実は、唐櫃越の名は、道の利用実態から素直に生まれた名に過ぎないのです。唐櫃の形は図8－6に示します。唐櫃は上面中央に通した棒で吊り下げ、前後の二人が棒を担いで運ぶ荷物箱です。つまり唐櫃越は、一人ずつ縦列でなければ通れない狭い痩せ尾根道、馬によるのでなければ、人が縦列で唐櫃を運ぶ以外に有効な運送手段を使えない道、という意味で呼ばれるようになったのです。これは、実際に唐櫃越を歩いてみてつくづく感じたことでもありました。

もう一つの、本章最後の問題は、天正一〇年（一五八二）明智光秀が織田信長を急襲し打ち破ることに成功したのは、唐櫃越を使ったからではないかという私の年来の思いについてです。もちろん私は、『信長公記』が光秀軍の動きを、

六月朔日夜に入り、老の山へ上り、右へ行く道は山崎天神馬場、摂津国皆道《かいどう》なり。左へ下れば京へ出る道なり。爰《ここ》を左へ下り、桂川打越し、漸く夜も明方《あけがた》にまかりなり候

と記していること、また、『川角太閤記』が、亀山（今の亀岡市）を出た光秀軍について、

駒をはやめ、老の坂へかゝり、谷のとう（谷の堂）、峰のとう（峰の堂）を打ちすぎて、くつかけ（沓掛）の在所にて、各兵粮をつかひ申すべく候。暫し馬に息をつがせ候

と記していることを、知らないわけではありません。これらは数少ない貴重な記事に相違ありませんが、しかし、問題点や混乱を含んでいることも確かです。『川角太閤記』に、谷の堂、峰の堂（峰ヶ堂）を打ちすぎてから沓掛で兵粮を使うというのは順序が逆ですし、仮に順序を正したところで、谷の堂・峰の堂は沓掛を経る老ノ坂道の延長上にはなく、明らかに唐櫃越の道に沿ってあるのですから（図8－4）、結局この記事は史料にならないのです。信頼度が高いのは『信長公記』のほうですが、それに「老の坂を越えた」とは記されずに、「老の山へ上り」と記されていることに私は注目しています。何故なら、この辺りの山全体が「大枝の山」つまり「老の山」であるからです。すなわち、「老の山に上った」という表現からは、山に上って唐櫃越を

使ったとする解釈を引き出すことも十分可能で、この一節から老ノ坂を越えたと特定することは不可能なのです。従来の通説はその辺の解釈に甘さがあり、安易に老ノ坂経由説に傾きすぎていると言わざるを得ません。いま仮に光秀軍が唐櫃越を経てきて「峰の堂（峰ヶ堂）」（図8－4、5）に集結したとします。そこは中世に栄え、しかし中世末の兵火によって廃れた法華山寺の跡で、東の京都も、南下する山崎への道も眼下に収める高台です。「左へ下れば京へ出る道なり、敵は本能寺なり」などと光秀が決意の号令を放ったシチュエーションとして申し分なく、『信長公記』の文章とも少しも抵触しないのです。

こう述べておきながら、私は実は『信長公記』さえ、本能寺の変に関しては史料にならないと考えているのです。生き残りの光秀軍兵士を含めて、光秀軍の行動を知っていた人は少なくなかったと思います。しかし、秀吉の政権下で誰がそんなことを口外したでしょう。光秀側に立つ立場にいたとして捕らえられかねないそんな危険を冒して、誰がしゃべったりしたでしょう。こう考えると、『信長公記』の記事も『川角太閤記』の記事も、噂か推測によって書かれたものとして納めておくのが適切であるように思われるのです。

私は、この問題は、可能なかぎり隠密行動をとることによって初めて「謀反」は成就し得るという常識と、それを可能にした地形条件、それに地元に密かに伝わる伝承によってこそ解ける問題と捉えたいのです。

結論を急ぎましょう。亀山城を出た光秀軍は、すぐ西を指して中国方面へ向かうのでなければ、山に入って行方を晦ます以外に方法はなかったと考えます。どんな理由をつけても、命じられた方向と正反対に、しかも天下の大道たる老ノ坂を越えて東へ向かうなどという行軍が、例えば信長の隠密ほかに怪しまれないで進行し得たとは考えられません。光秀軍は城を出るとすぐに大堰川の対岸の愛宕山へ上る峰道に入っていって、姿を晦ましたのです。その道にはいま「明智越」という呼び名が残っています。もちろん、謀反の少し前に光秀が愛宕山に参詣し、連歌師里村紹巴《さとむらじょうは》らと百韻の興行をしたという話は承知しています。これは何を意味しているのでしょう。この間に、光秀本人ではないにしても、軍団の誰かが山道の探索をしていなかったとしたら、話はおめでた過ぎます。私は、その時の山道の調査結果と手配に基づいて、保津から山に入り、図8－5のCに一旦下り、保津川を渡って、再び峰道に上り「峰ヶ堂」に至って集結し、そこから忽然と湧きだすように大軍が京都盆地に姿をあらわしたと解するのが、もっとも理にかなっていると考えるのです。一万三〇〇〇の大軍であったとしても、峰道は音が上空に発散しますから、ざわめきは下界に届きません。

図8－7　元本能寺町（信長時代の本能寺）と江戸時代の二条城

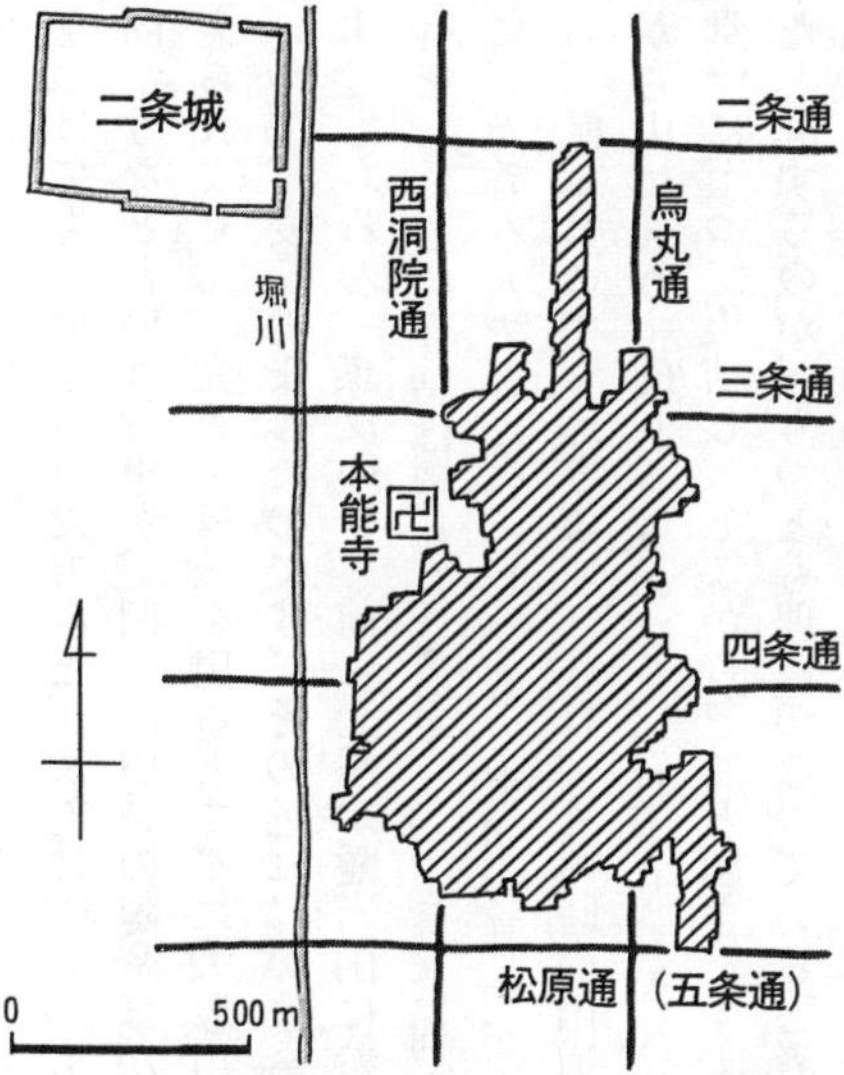

斜線部が下京の町の拡がりで、『京都の歴史』第4巻109頁所収図ほかに基づく。二条城は後の江戸時代の城であるが、位置関係の参考のために加えた。

その点、老ノ坂越とは比較にならない好条件を備えています。唐櫃越が馬の通れる道であったことは上述のとおりです。私の踏査経験から言えば、万余の大軍が一列に進んだとしても、明け方に峰ヶ堂に集結することは可能です。加えて、唐櫃越が京都盆地に出る松尾のあたりでは、この道を「明智越」と言っていたと聞きます。すべてつじつまが合うのです。

峰ヶ堂で光秀の檄を受け、松尾付近に湧きだした大軍は、一気呵成に本能寺を目指し、これを囲みました。通説は鞭声粛々《べんせいしゆくしゆく》と桂川を渡ったと解釈しますが、私はこれも納得しません。音がこだまして企みが漏れることがないように鞭声粛々と渡らねばならなかった川は、谷底に下りて保津川を渡ったC点であって、軍勢が表に出た後の、しかも夜明け時の桂川で粛々と渡河する必要はもはやなかったでしょう。なお、当時の本能寺は今の二条城の南南東六〇〇メートルの「元本能寺町」にありました（図8－7）。そこは中世京都の西の町外れで、西からはいたって接近しやすい裸の宿所でした。そういう所に宿っていたことが、信長の決定的な油断・失策だったのです。

第9章　豊臣秀吉の「首都」作り①——聚楽第プラン

問題の設定

この章では、豊臣秀吉が京都に営んだ聚楽第《じゅらくてい》とその「城下町」を囲んだ城壁のプランについて考えます。聚楽第は、秀吉が時の首都・京都に作り上げた壮大な城郭でした。しかしその実態については分からないことが、まだたくさんあります。聚楽第が、どのような拡がりをもっていたかも、その一つです。そこで、現在の段階で聚楽第プランをどう復原できるか示し、彼が何を考えてこの城塞を構えたかを解く試みをします。

天正一〇年（一五八二）に信長が本能寺で斃《たお》れます。中国路から大急ぎでとって返し天下を継いだ秀吉は、天正一一年に、大坂築城を開始します。ところが同じ天正一一年九月に早くも秀吉は、京都で妙顕寺城《みょうけんじじょう》を造りはじめています。妙顕寺城は図9−1の中央部のM印のところ、今の二条城のすぐ東南です。しかし、これはほんの腰掛けで、それから三年後の、天正一四年二月にいよいよ聚楽第が着工されます。これ

図9－1　聚楽第推定位置

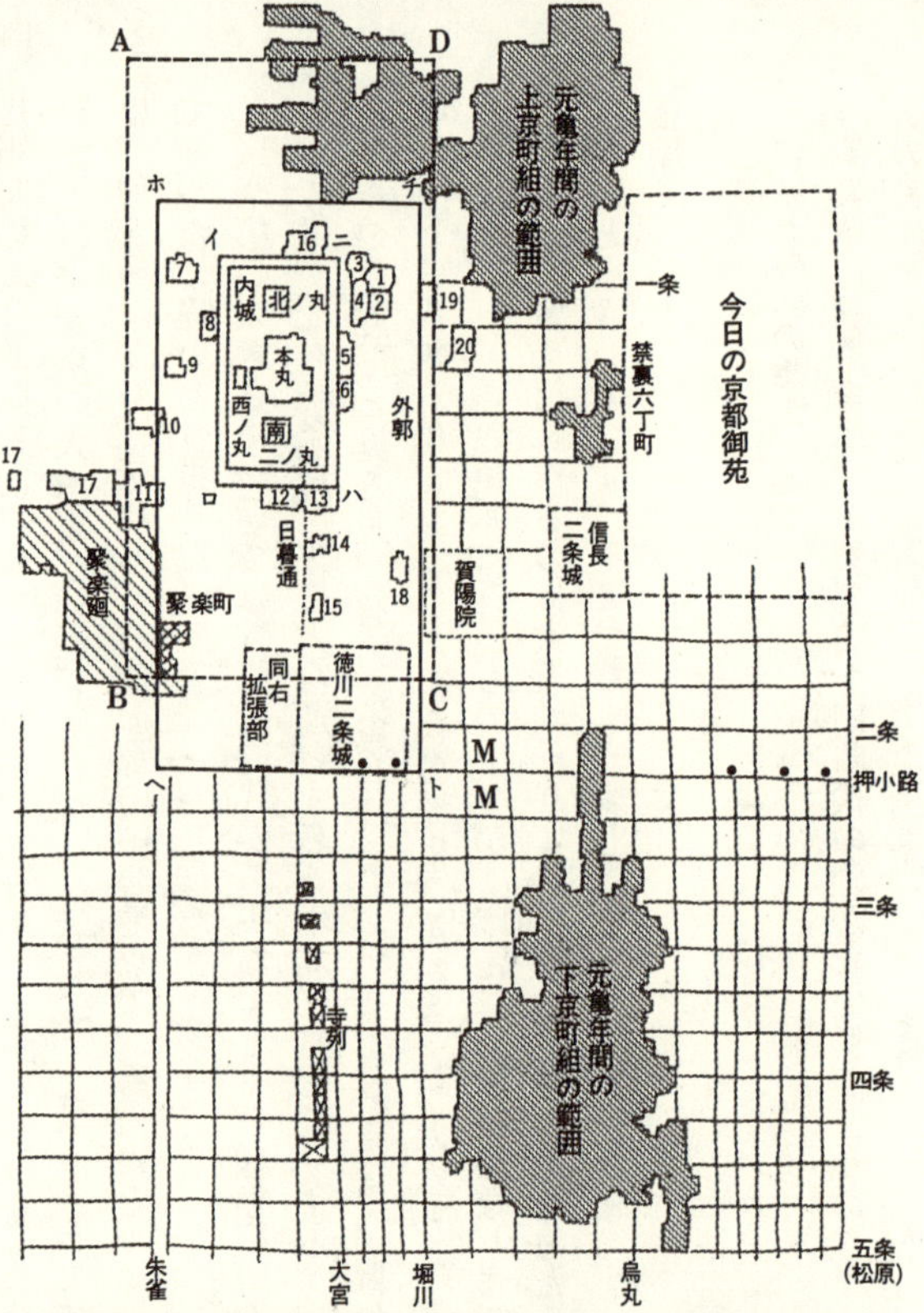

番号	町　名	武　将　名	番号	町　名	武　将　名
1	如水町	黒田(小寺)如水	11	稲葉町	稲葉入道一鉄
2	小寺町	黒田(小寺)如水	12	中村町	中村式部少輔
3	弾正町	上杉弾正大弼景勝	13	浮田町	宇喜多中納言秀家
4	飛騨殿町	蒲生飛騨守氏郷	14	中書町	脇坂中務大輔(中書)安治
5	常陸町	木村常陸介重茲	15	左馬松町	加藤左馬助嘉明
6	藤五郎町	長谷川藤五郎則秀	16	栄町(阿波殿町)	阿波杢之助
7	伊勢殿構町	伊勢兵部少輔	17	長門町	木村長門守重高
8	加賀屋町	前田加賀守直茂	18	直家町	中納言宇喜多直家
9	信濃町	鍋島信濃守勝茂	19	主計町	加藤主計頭清正
10	福島町	福島左衛門大夫正則	20	甲斐守町	黒田甲斐守長政

▲町名からの武将屋敷推定表

は当時の『多聞院《たもんいん》日記』に「内野御構普請《うちのおんかまえふしん》」と記されていますので、確かです。「内野」とは平安京の大内裏が荒廃して「野」になっていたところです。しかし、そこは、何といっても、伝統ある古代の都の中心地点で、秀吉にとってはあこがれの場所であったに違いありません。

聚楽第の大きさについては、江戸時代から少なくとも数種類の説がありました。その中では、北を一条通、東を大宮通とする、南北約六〇〇メートル、東西約三五〇メートルの長方形と見る説が有力に思われました（名倉希言の「豊公築所聚楽城趾形勝」図 一八四三年、および『京都の歴史』第四巻 一九六九年）。それは図9－1のイ－ロ－ハ－ニの範囲に近いものですが、厳密には少し異なります。ところがこの形ですと、聚楽第を作るのに大坂城作りに負けない労働力を要したという話とは合わないほど小さいのです。そこで、もう少し考えてみる必要があるというのが私の問題意識でした。

内城と外郭の想定

聚楽第の構造を示す、聚楽第と同時代の確かな史料が三つあります。その一つが秀吉のお伽衆・大村由己の著作、『聚楽行幸記』で、それには、「四方三千歩《ぶ》の石のついがき、山のごとし。楼門のかためは、鉄《くろがね》のはしら、鉄の扉、瑶閣《ようかく》星を摘んでたかく、瓊殿《けいでん》天に連なりてそびえたり。甍《いらか》のかざり、瓦の縫めには、玉虎《ぎょっこ》風にうそぶき、金龍《きんりゅう》雲に吟ず」と記されています。大袈裟すぎるような表現ですが、おそらく華麗を極めたものであったと思われます。歩《ぶ》は間《けん》と同じで、要するに周囲三〇〇〇間、五四〇〇メートルの石の築垣がありました。その表現は『太閤記』にも受け継がれます。

それに対し、第二の史料は、神祇大副・吉田兼見の日記『兼見《かねみ》卿記《きょうき》』です。これには「中四方千間」と記しています。「中」という字が入っているのが注目されます。これに二つの史料から、中四方千間と四方三千間、つまり二重の囲《い》郭《かく》があったと見られるわけです。これに関して私は、城郭という言葉が「内城と外郭」を縮めた表現であることを思い出します。まさに聚楽第は、内城とその三倍の長さの外郭から成っていたという解釈が生まれ得る、ということです。

第三の史料が豊臣秀次の右筆・駒井重勝の日記『駒井日記』で、「聚楽柵木通間《じゅらくさくぼくとおしけん》数《すう》」が示されています。これは聚楽第内城の大きさを非常に明確に語ってくれます。すなわち門が三つあって、南二ノ丸門（南ノ門）から北ノ門まで四五〇間、北ノ門から西ノ門まで三五五間、西ノ門から南ノ門まで二二二間と記されています。門は南と北と西にあったことになり、各門の間の距離を合計すると、一〇二七間、これに門の広さを加えると約一〇三〇間で『兼見卿記』の記載に近い大きさを示しています。これが図9－1のイ－ロ－ハ－ニで、恐らく内城というべきものであったと考えられます。これに対して外郭というべきものは四方三〇〇〇歩ですから、これの三倍でなくてはならない。三倍の長さということは、イ－ロを南北に三倍にし、イ－ニを東西に三倍にすれば得られます。そのようにして機械的に三倍の長さの外郭線を求めたのがA－B－C－Dを繋ぐ点線です。

ところが、そういう形で外郭があったと考えるには無理が多すぎます。一つは、堀川を越えて東の方へ拡がることです。堀川は平安京以来の大きい運河ですから、堀川を東に越える外郭線を想定するのは、問題があります。それで、堀川の西までこれを後退させました。

一方、西のA－B線は、千本通（朱雀大路）を西に越えてしまいます。これも問題です。理由は、千本通をずっと北へ行きますと長坂口《ながさかぐち》、すなわち当時の京都市街全体をとりまくように作られた土塁＝「お土居《どい》」に開かれた七口の一つに至ります。南の方へ行きますと丹波口という、山陰道の出入口になります（図9－2）。それらの出入り口を南北に繋ぐ道路が千本通ですから、外郭がその西に越えてしまうと具合が悪い。そこで、外郭を千本通の東側まで後退させますと、ほぼ堀川の線と対称的になります。

北には、「元亀年間（一五七〇～七三）の上京町組の範囲」（町と町組の拡がりについては、木下政雄氏の研究による）が拡がっています。この拡がりは、聚楽第以前の元亀年間の町名が今も残っている事実によって判明するのです。ということは、そこが秀吉によっても町が壊されたり、移されたりしなかった部分であることを物語っています。つまりそこは聚楽第外郭の中ではなかった。そこで、北辺をＡ－Ｄ線からホ－チ線まで南へ下げます。以上のように三方を内側へ引いて、その後に全体で三〇〇〇間になるようにすると、南辺がヘ－ト線まで拡がります。このようにして全長三〇〇〇間の外郭線を推定したのです。まとめますと、東辺は堀川、西辺は千本通、北辺は元誓願寺通、南辺は押小路、これら四本の道や堀で囲まれる範囲が、聚楽第外郭であったと見られるのです（図９－１）。

この推定はいくつかの点で合理的です。例えば秀吉が、京都の正方形の町区画中央を割る南北方向の道路（図９－３）を開いたということがありますが、それが押小路以南においてであったという事実と合います。秀吉が開いたこの南北方向街路を、後世の人はしばしば拡大解釈して、正方形の中央を割る南北街路がほとんどみな秀吉の手になるかのように語りますが、それは誤りです。実際は「京極以西、高倉以東、又堀川西、押小路以南之類、皆半町ごとに南北街路あり」と『小田原記』にあるように、図9－1に黒点を北端に付して示した五本だけだったのです。元亀年間に下京の町々が拡がっていた範囲には、町を壊すようなそんな工事はしておりません。堀川以西は文書に西限が記されていませんが、西側寺列（図9－1の南北に並ぶ寺院列、図9－4）のありようから見て、大宮通までであったと考えるのが妥当です。

ともあれ、こうして外郭を想定しますと、ホ－ヘ線の西側に「聚楽廻」という今日の学区が拡がっているのに注目されます。しかもホ－ヘ線の東（内）側には、まさしく「聚楽町」がある。このありようは、聚楽第の外郭想定線とたいへんうまく合致するわけです。かくして、私は聚楽第外郭を推定することができたと考えています。この中は、大大名の屋敷地区で、それらを囲んだ郭が内城に対する外郭であったと思われます。例えば図9－5は、江戸時代に作られたとみられる聚楽第構成の考証図の一つですが、黒太線で囲まれた「内城」の外まわりに、家康邸や宇喜田《ママ》秀家邸などが描かれています。外郭のありようをイメージするのに有用な図であると思います。

外郭とお土居の関係

もちろん、外郭のさらに外からも、たくさん大名屋敷の瓦などが出ており、もっと

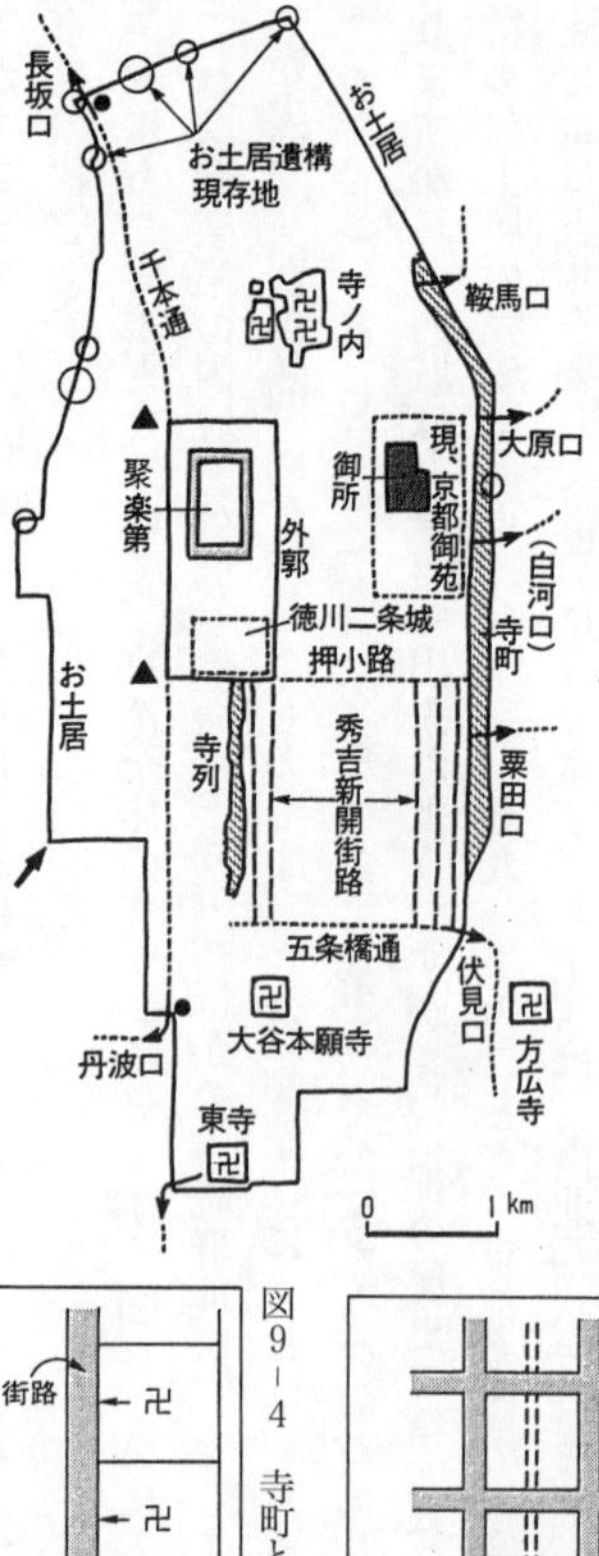

図9－2　聚楽第の内城・外郭とお土居

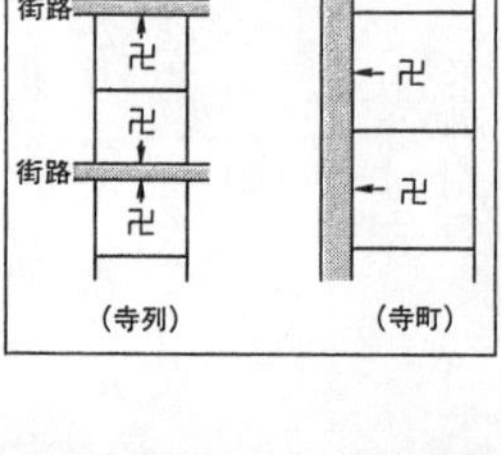

図9－4　寺町と寺列　矢印は寺の正面。

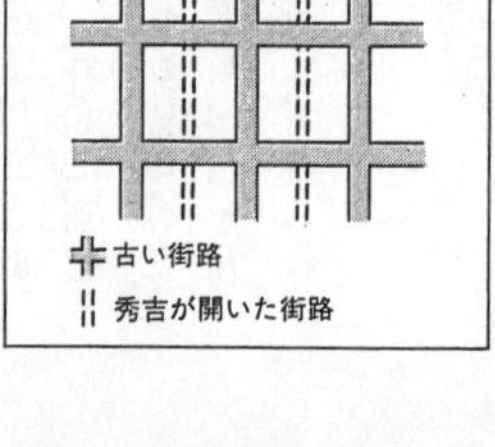

図9－3　秀吉が南北方向に開いた街路

広い範囲にも多くの大名屋敷があったようです。図9－6は京都府埋蔵文化財調査研究センターの森島康雄氏が作成したもので、金箔瓦出土地の拡がりが分かります。聚楽第外郭の東辺と御所の間を埋めるように大名屋敷が立ち並んでいた姿を思い描くことができます。そういうことが考古学的にも、どんどん明らかになりつつあるのが、京都の状態です。

次にもっと視野を拡げて、京都全体のプランを見ます。図9－2にもどりますが、これは聚楽第の内城と外郭、御所、「寺町」ほかの寺院群地区、そして一番外側の、「お土居」の相互関係を示したものです。『兼見卿記』によれば、秀吉は天正一五年（一五八七）二月七日に「内野の新第（聚楽第）」で公家たちの歳首《さいしゅ》の礼を受けたとありますから、内城は丸一年で出来たようですが（『京都の歴史』第四巻）、外面に堀を持つお土居の完成は天正一九年（一五九一）のことで、京都全体の城塞化が完成するまでには五年を要した計算になります。お土居は、南北約八・五キロ、東西約三・五キロ、全長約二二キロ（五里二六町）の長大な土塁で、外面には堀も並行して掘られていました。

私の大きな関心は、お土居がどうしてこの平面プランで設定されたのかという点にあります。このような土木事業を行なった以上は、そこに設定する理由が必ずあった

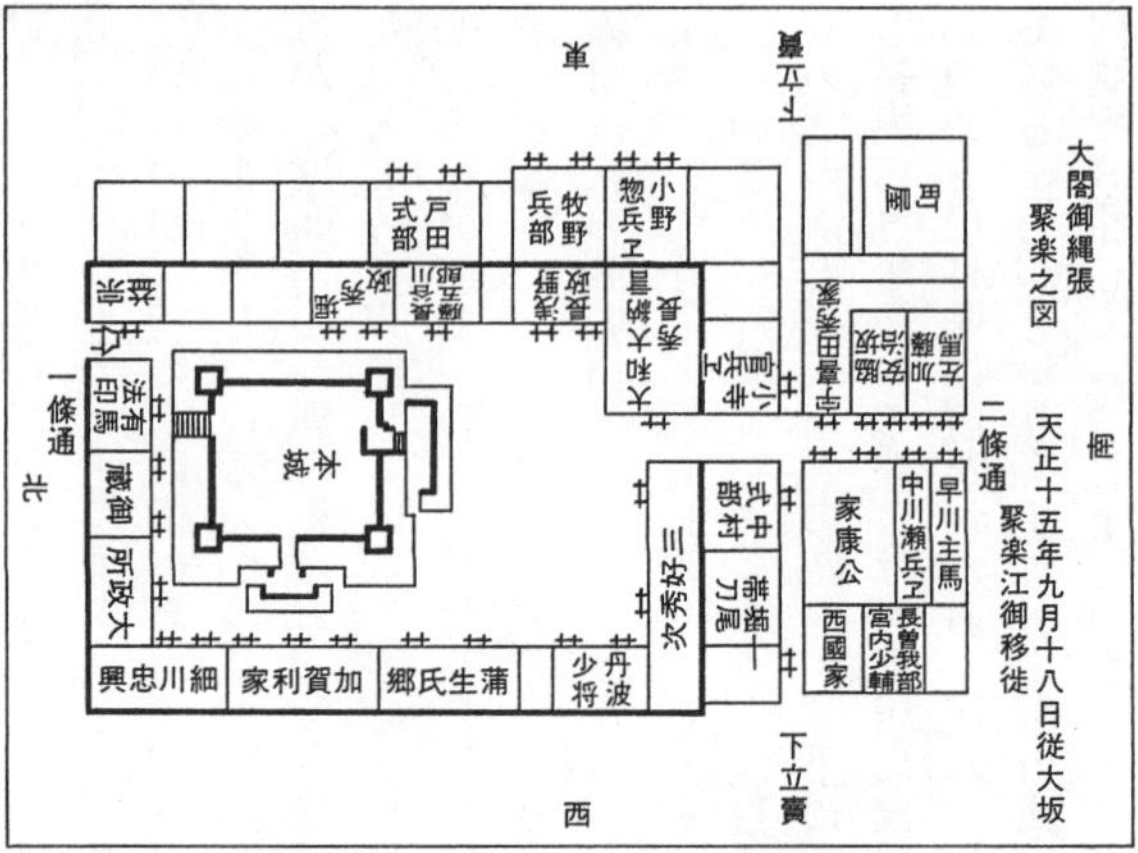

図9－5　大（太）閤御縄張聚楽之図（原図・京都大学文学部蔵）

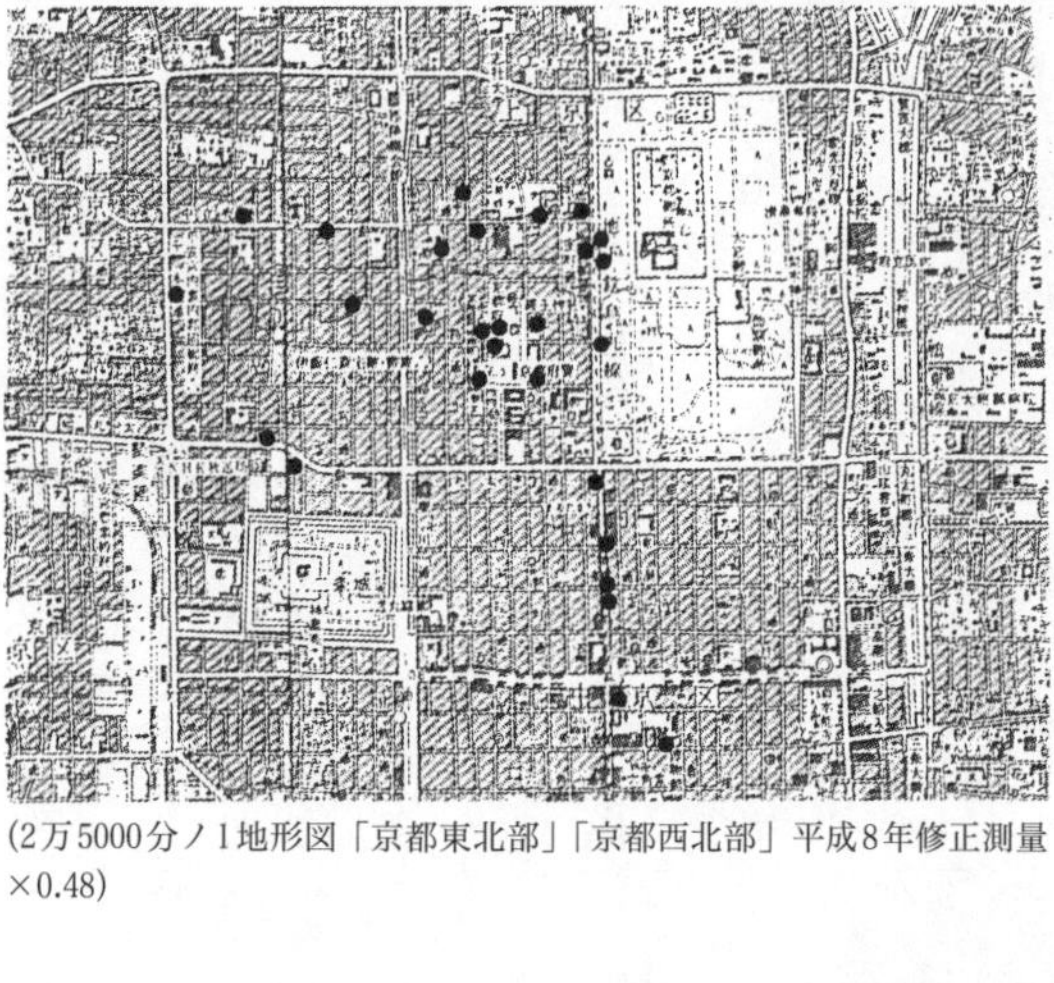

図9－6　聚楽第周辺の金箔瓦出土地点
（原図・森島康雄氏）
(2万5000分ノ1地形図「京都東北部」「京都西北部」平成8年修正測量×0.48)

はずで、その理由は何かというわけです。東側の土塁はほとんど鴨川に面する線にあり、説明する必要がありません。それに対して、西側がなぜそういうラインで設定されているのか、特に、西側の真ん中辺りに西へ張り出しているところがあります。これがなぜ張り出しているのか素朴な疑問を持っていましたが、解けませんでした。ところが、聚楽第の外郭を先ほどのように推定しますと、面白いことに、外郭の真西にあたるところで突出していることになりますから、ひょっとするとこれは、外郭に近いところを選んで西の方の見張りをしやすくするために突出させたのではあるまいかと考えるようになったのです。その張り出しているところを別にすると、南北の線は平安京以来の西堀川に沿う線ですから、そこに土塁がある理由は説明ができます。出っ張っているところだけ西堀川の西へ越えますから、どうしても説明が必要なのです。

そのことに加えて、次の事実も注目されます。図9－2の上の三角印、すなわち外郭の北西隅と長坂口との距離が、下の三角印と丹波口との距離と等しいのです。しかも長坂口と丹波口の間にはお土居に出入り口が開いていません。つまり、聚楽第の外郭のさらに外側に置かれたお土居は、西の方に対する非常に慎重な守りの形態をとっていることが分かります。お土居の西への張り出し部からは、北の長坂口までの少し内側に湾曲しているお土居の線もすべて視野に入ります。張り出し部から南下した矢印の角も、外郭南西隅（下の三角印）の角と対応し、お土居が外郭との間に常に一定以上の距離をとっていたことも読めます。これは、明智光秀が西から本能寺に迫った事実を教訓とする作りであったことを示しているのではないでしょうか。

内城の構成

最後に、内城内部の構成に関する最近の私見を述べたいと思います。図9－7は京都市の二五〇〇分ノ一の地図上に推定内城のラインを記入したものです。東寄りのAという部分で先年京都府埋蔵文化財調査研究センターによる発掘調査が行なわれ、堀幅三〇～四〇メートルの巨大な堀が出てきました。そこから金箔瓦が多量に出土したことで、聚楽第の堀であったことが分かります。その北のF地点でも京都市埋蔵文化財研究所が発掘し、これも大きな堀でした。ですからAと南北につながる堀があったわけです。

そのFの右隣のGの黒点部からは建物跡が出てきましたので、そこは堀ではなかったことが分かります。Aの南のCは、東堀町という町名です。Dの黒点は「梅雨の井」と言う、聚楽第の屏風図にでている井戸跡で現在も残っています。これは城内に入ります（この東堀町という町は二つの町を合併してできた町の名前で、現東堀町の東半分が本来の東堀町であったことが『京町鑑《きょうまちかがみ》』などにみえていますから、間違いなく堀の幅がずっとF、A、Cと続いています）。

北辺では、JとKを結ぶ線に大きな段差があり、幅三〇メートルほどの堀が推定可能です。一方、南辺には、松林寺というお寺があります。これは、大正八年に発表された『京都府史蹟勝地調査會報告第一集』の時からすでに注目されていますが、南北五〇メートルある松林寺の敷地が大きく窪んだ堀状低地の中にあります。この形状は今でも現地で認めることができますが、さらにそれは東隣りの昌福寺地にも続きます。図の左辺では、Sの町名が長谷町《ながたに》で、堀の跡であったという伝承があります。それらを全部つなぎますと、図のような内城の堀が想定されるのです。その堀の内側には当然土塁状の高まりがあり、その上に柵木が並んでいた。その想定線がN－O－P－Qの四点を結んだ点線で、みごとに一八〇〇メートル＝一〇〇〇間の長さになります。つまり、文献に見える聚楽第内城の周囲距離と一致するのです。

さらにその内城の中の構成に触れます。一つは、須浜町とか、山里町とか、聚楽第の「丸」の名称に相当する町の範囲をくくりますと、それがちょうど、聚楽第本丸の大きさにほとんど匹敵します。多分その北西隅に天守があったと考えられます。その北に本丸町という正方形の町がかつてあったのですが、その部分が北ノ丸に相当しま

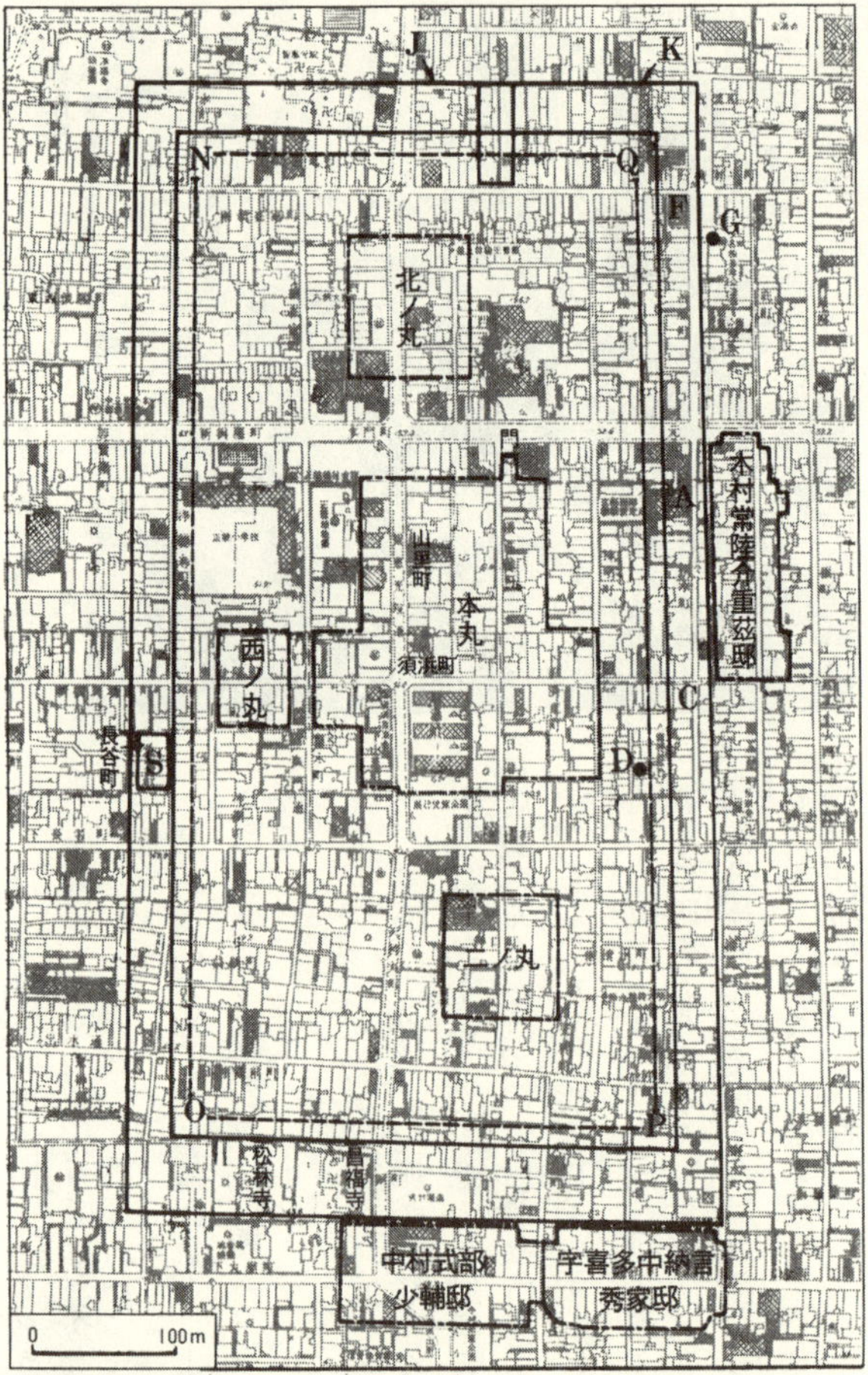

図9-7　聚楽第内城考定作業図

(2500分ノ1京都市都市計画図「聚楽廻」昭和61年測図 ×0.35)

図9－8　今も残るお土居（足利撮影）　北野神社北方に整備保存されているお土居。

す。北ノ丸の所に本丸町という名が残ったのは、聚楽第を譲り受けた秀次がそこを本丸としたこと、つまり、そこが最終段階で本丸であったことによると考えられますので、問題ありません。

以上のように考えてきますと、本丸があってその外側に内城があり、その外側に外郭があって、その外側にお土居があるという、同心円的な四重構造が明らかになり、秀吉はその中心に座っていたことになります。要するに聚楽第は町をとりかこんだお土居まで含めた全体像として捉えなければならないということです。これが秀吉の構想した首都だったのであります。

第10章　豊臣秀吉の「首都」作り②——伏見城プラン

宇治川河道延長の謎

この章では、豊臣秀吉が最後に京都の南の伏見（京都市伏見区）に城を構え城下町を作ったのはなぜか、という問題を解いてみることにします。伏見城は秀吉が隠居城として作ったものという見方が、意外に広く伝わっています。それは、当時の記録に「隠居城」と表現されているものがあること、天正一九年（一五九一）一二月に甥の秀次に関白の地位を譲り、聚楽第も彼に与えて伏見に移ったことなどに基づいているらしいのですが、私からみれば、それは表面的な捉え方と言わざるを得ません。実はそうではないのです。秀吉はたいへんな野心を抱いて、伏見に聚楽第よりはるかに「意味」の大きい「新首都」を作ったと考えられるのです。どうしてそんな考えが成り立つのかを、順次説明してゆきたいと思います。

秀吉が本格的に伏見城の建設を始めたのは、文禄三年（一五九四）正月のことでした。その年の年末には城下町も作り始められます。さらに同じ年に、伏見の周辺でいくつかの事業が実施されます。

伏見城が築かれた丘陵（桃山丘陵）の南には、広大な巨椋池《おぐらいけ》が拡がっていました。図10－1には、この池の干拓が始まる前の、明治時代の姿が描かれています。秀吉の時代、琵琶湖から流れ下ってきた宇治川は、宇治で谷口を出たあと、三本の矢印で示したように枝分かれはするものの、最短距離でこの巨椋池に流れ込んで終わっていました。ところが秀吉は、文禄三年一〇月、前田利家に命じて図10－1のAからBまで「槇島堤」を築かせ、宇治川の流路を巨椋池の東に沿うように迂回させて桃山丘陵の南まで導いたのです。

何のためにこの工事を行なったのかについて、従来は、（1）伏見城下に湊（C）を作り水運の便をよくするため、（2）伏見城や城下の外堀とするため、などと解釈されてきました。はたしてそうでしょうか。延長された宇治川はB点で終わり、その水は巨椋池にはき出されるのですから、D付近は砂が溜まり、三角州形成が進むことになります。実際、D付近の砂はそうして明治までの間に溜まったものです。秀吉は一流の土木事業家ですから、作ろうとしている湊の前面に砂が溜まる結果になるような工事を湊作り工事の一環として行なうわけがありません。また、城と城下町の南外堀のためならば、巨椋池から水を引いて堀を構築すればよいわけで、わざわざ宇治か

図1－1　明治時代の伏見付近の地形

(2万分ノ1地形図「伏見」「淀」「宇治」「醍醐村」×0.42)

ら川を伸ばしてくる必要はありません。それに、図10－1に見るとおり、宇治川は城下町の南辺までは達していないのです。要するに、宇治川延長の理由は、従来の説では明らかにならないのです。そこで別の理由を考えることが必要になります。

「タテ筋ヨコ町型城下町」としての伏見

伏見城下町の大きな特色は、以下に説明するように、「タテ筋ヨコ町型の城下町」であったことです。伏見城の城郭は、狭く見積っても図10－2のA－B－C－Dの範囲、つまり東西二キロ、南北二キロにも及ぶ広大なものでした。その規模は、先に秀吉が築いた大坂城に並びます。その伏見城の西辺B－Cの西側に沿って、京町通と両替町通という二本の街路が、南北に長く通されました。特に京町通は、京都に通じるメインストリートを意味する繁華街で、大店《おおだな》が街路に面して軒を接して立ち並び、たいへんなにぎわいであったと想像されます。このような、「商店街」をなす道を「町通り」と呼びます。一方、これに直交する東西方向の道は、店や家の横壁の間に通じていた道で、これを「筋」と呼びます（詳しくは第17章を見て下さい）。伏見では、城の正門＝大手門に通じる道さえ、大手筋と呼ばれる「筋」に過ぎませんでした（図10－3）。このように、城の正門から伸びる道が「筋」で、それに直交して城の正面

図10－2　伏見城郭の範囲

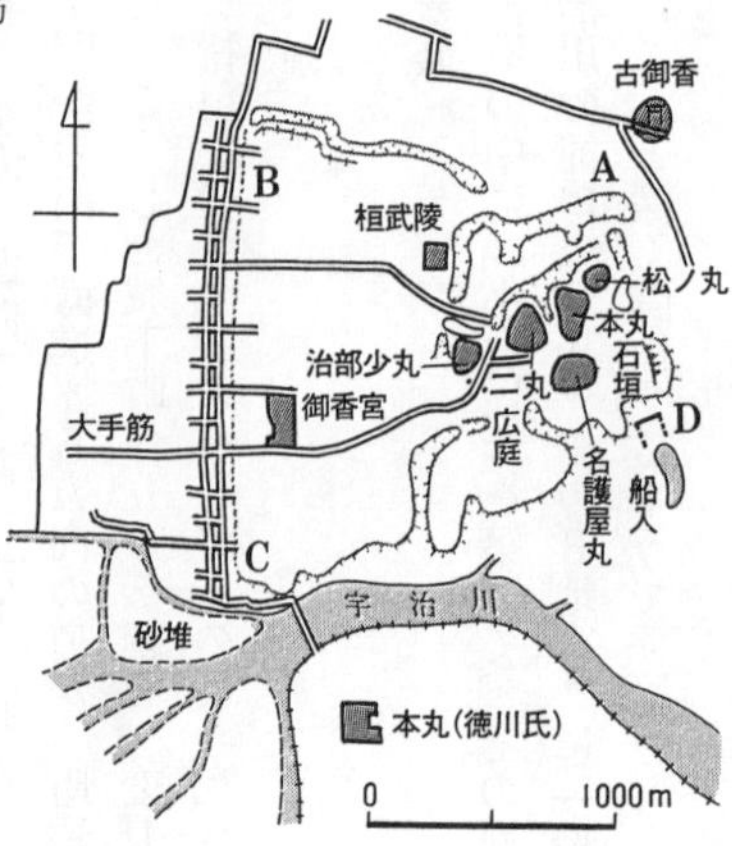
古御香
A
B
C
D
桓武陵
松ノ丸
本丸
石垣
治部少丸
二丸
御香宮
大手筋
広庭
名護屋丸
船入
宇治川
砂堆
本丸(徳川氏)
0
1000m

図10－3　伏見城下の町と筋

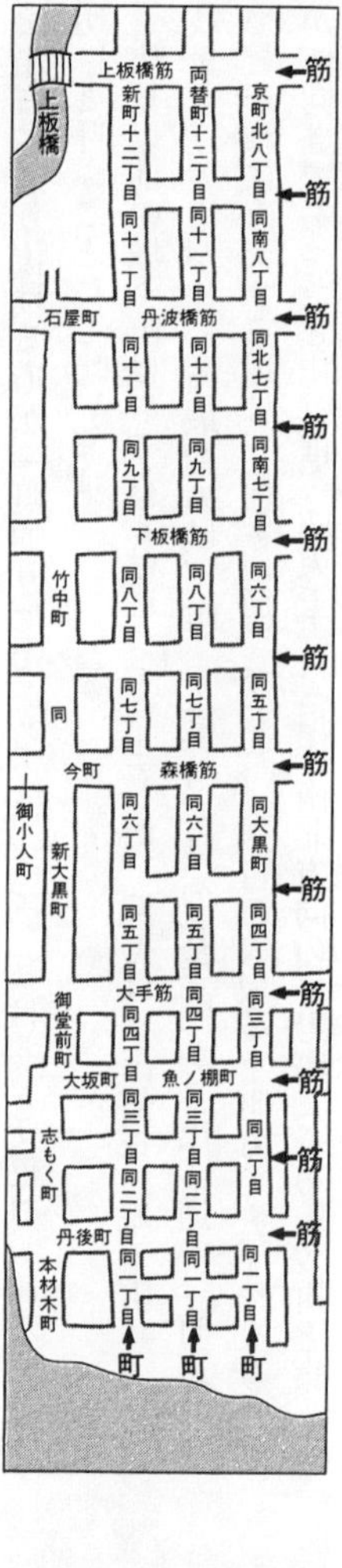
上板橋
上板橋筋
新町十二丁目
両替町十二丁目
京町北八丁目
同十一丁目
同十一丁目
同南八丁目
石屋町
丹波橋筋
同十丁目
同十丁目
同北七丁目
同九丁目
同九丁目
同南七丁目
下板橋筋
竹中町
同八丁目
同八丁目
同六丁目
同
同七丁目
同七丁目
同五丁目
今町
森橋筋
御小人町
新大黒町
同六丁目
同六丁目
同大黒町
同五丁目
同五丁目
同四丁目
御堂前町
大手筋
同四丁目
同四丁目
同三丁目
大坂町
魚ノ棚町
同三丁目
同三丁目
同二丁目
志もく町
同二丁目
同二丁目
丹後町
本材木町
同一丁目
同一丁目
同一丁目
筋
町

を左右に通り抜ける道が「町通り」であるタイプを、私は「タテ筋ヨコ町型の城下町」と呼ぶことにしています。

伏見以前の城下町は、これとは違っていました。例えば織田信長の城下町であった岐阜も、秀吉が作った最初の城下町・長浜も、城の大手門から出る道が「町通り」で、それに直交する道は、横丁（筋）でした。秀吉の大坂城下町も、大手つまり正面が南向きであったとすれば、四天王寺を指す南北方向の平野町（今の上汐町と東平野町）が中心の町であり、正面が西向きであったとすれば、船場地区の本町が中心街で、いずれにせよ大手門から出て直進する方向の道が「町通り」となる「タテ町ヨコ筋型の城下町」でした。こうした城下町作りの伝統を一変し、大手通が筋になったのが、伏見の町の大きな特色なのです。どうしてそのように変化したのかという、もう一つの問題があるのです。

巨椋池中の一本道の意味

それは、秀吉が巨椋池の中に「小倉堤」を築いて、その堤上を新しい大和海道（街道）とし、新しい宇治川の河口（図10－1のB地点）に「豊後橋《ぶんごばし》」を架けてこの街道を伏見城下につないだことと深く関係するようです。

この事実は、『山州名跡志《さんしゅうみょうせきし》』（巻一三）ほかの、江戸時代の地誌書に記されて、広く知れ渡ってきた事実ですが、何のためにそういう工事をしたのか問われることはありませんでした。そして通常はこの工事が、単に伏見建設事業の一部として、他のいくつかの工事と並べて紹介されるにとどまっていたのです。しかしそれでは何も見えてきません。

伏見城の本丸や天守閣があった「桃山御陵」の高台から南方を見おろすと、今日でこそ、巨椋池の旧湖面を埋めるように拡がった建物群にさえぎられてよく見えませんが、かつては池中の一本道が直ちに視界にとび込み、その上を通過する人びとの動きが手にとるように読みとれたに違いないことがよく分かります（図10－1）。そうであるならば、時にはそこを避けて通過したいと考える人がいても不思議でありません。しかも、そういう道は少なくとも伏見築城直前まであったのです。それは、宇治橋を通る古来の「大和大路」です。

しかし秀吉は、その道を通って伏見を回避する交通など、許さなかったに違いありません。天下人、すなわち独裁者は、それほど寛容ではないものです。秀吉が小倉堤を築いて堤上を新しい「大和街道」にしたということは、同時に、古来の「大和大路」の存続を否定したことだと解釈して誤りないでしょう。しかし、いくらそのように指令しても、口先だけでは実効があがりません。その場合、最も効果的に大和大路の存続を否定するには、どうすればよかったでしょう。答えは簡単、宇治橋をとり壊せばよかったのです。橋をとり去れば、急流の宇治川は即座に交通路上の断点になるからです。

以上のように考えて、私は秀吉による宇治橋の撤去を確信したのですが、幸い、その後に証拠が見つかりました。宇治市史編纂室の手によって蒐集された『宇治里袋《うじさとぶくろ》』という史料に、

文禄三年大椋《おおくら》（現在の小倉）より伏見迄新堤築き為され候。御奉行岐阜中納言殿、其節宇治はし（橋）を伏見へ御引取成され候事

と記されていたからです。この文章は、小倉から伏見までの新堤を築いた際に、旧大和大路の宇治橋を伏見へ引き取って豊後橋にしたと語っているわけですから、これは私が考えて到達した筋書どおりの話になります。推理と史料の証言が一致したのです。

槙島堤と小倉堤ができて両者が接続し、小倉堤上の区間が大和街道になり、宇治橋

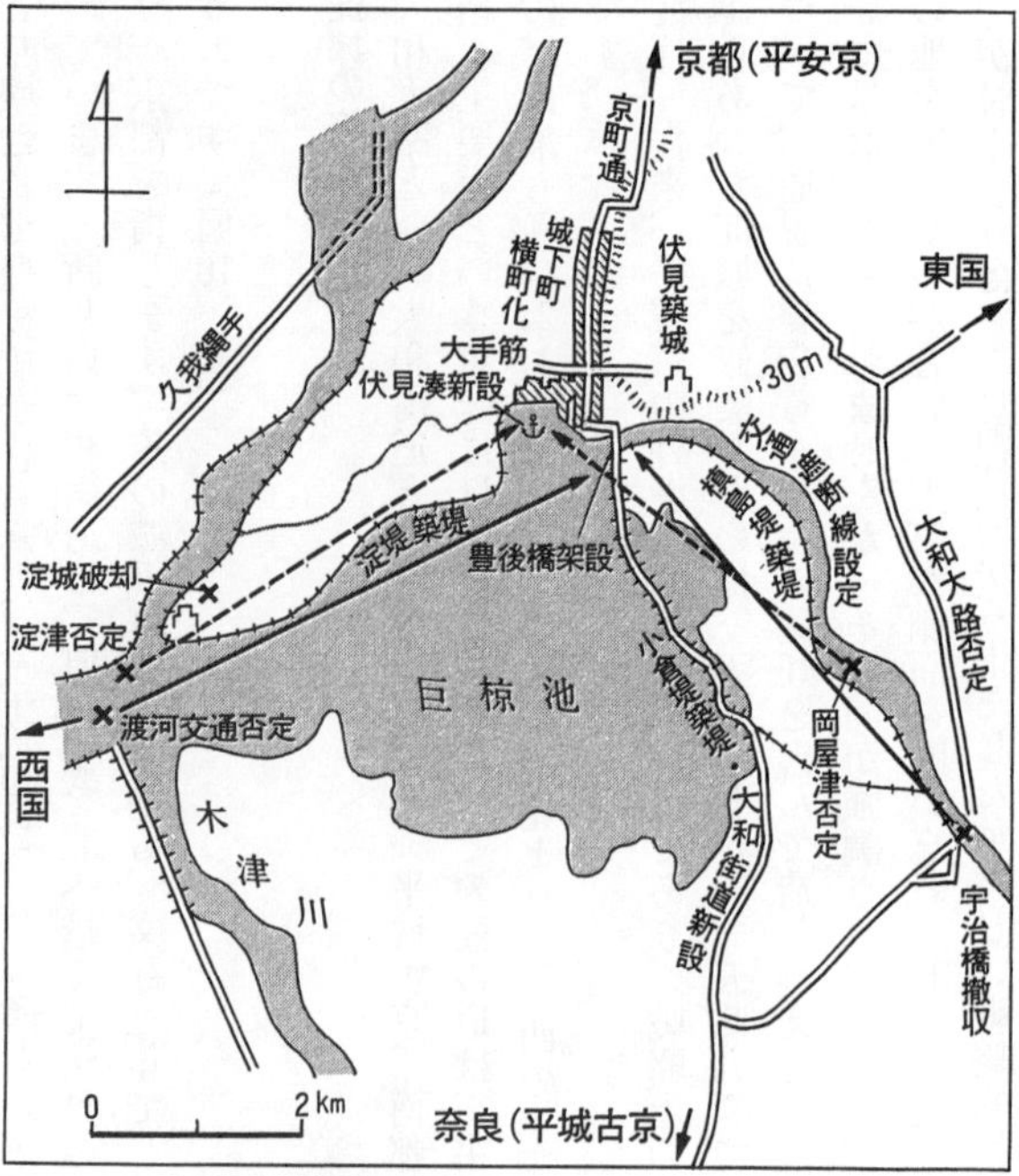

図10－4　秀吉の伏見経営構想

がとり壊されて豊後橋が作られた。『宇治里袋』は、それがすべて文禄三年のことと語っています。新しい大和街道は、豊後橋を北へ越えて伏見の城下町を貫く京町通に入り、京都を指します。その城下町建設開始も、文禄三年でした。すべてつじつまが合うのです（図10－4）。

淀城の修築と破却

大和大路といい大和街道というのは、大和（平城古京、南都）と山城北部（京都）を結ぶ主要道という意味にほかなりません。その種の道は、宇治を通る大和大路のほかに、古来もう一本ありました。それは伏見より少し西の、「淀」で川を渡る南北古道です。

淀は、古来、平安京の外港であり、渡河点であり、戦略上の要地でした。秀吉が以前からあった淀城を修築したのは、天正一七年（一五八九）ですが、なぜそうしたかについて、通説は愛妾ちゃちゃの懐妊を喜んで造り与えたと説きます。まったくの間違いではないかもしれませんが、その面が強調されすぎると、秀吉が何故ほかならぬその地を選んだのかという大事な側面を問い忘れてしまいます。『京都の歴史』（第四巻）が説くように、「戦国初期から果たした華々しい戦略的役割と、秀吉政権の二つの政庁（聚楽第と大坂城）を結ぶ中心点としての位置が、秀吉をしてこの地を選ばせるにいたった」と見るべきです。

その憶測は、淀城破却の経緯によってほぼ証明されると思います。淀城の破却は、築城五年後の文禄三年（一五九四）、つまり伏見築城開始の年で、『家忠日記』などによると、天守をはじめかなりの施設が、淀から伏見に引き取られていることが分かります。淀城は、伏見築城によって、京都と大坂の中間点としての意味を失い、だから壊されたのです。

秀吉が淀城を破却したということは、同時に淀津を壊し、淀での渡河をさせないようにしたことを示唆します。槇島堤の築堤に先だって同じ年に巨椋池北西岸の伏見－淀間に淀堤を築堤したのは、それによって淀付近への船の接岸を困難にしたことを物語っています。

秀吉の伏見経営構想

ここまで考えてくると、彼が宇治川の流れを延長し、巨椋池の東岸を迂回させて伏見城南の豊後橋まで導いた理由は、おのずから明らかでしょう。一言でいうと、それは交通の「遮断線」を設定することをねらいとしたにほかならないのです（図10－

4)。宇治川は名にし負う急流です。交通遮断線としてこれほど恰好なものは、ほかにないのです。

かくして、山城盆地の南北交通は、小倉堤・豊後橋の一線上に集約されることになったのです。つまり秀吉はお膝下の伏見城下で、山城盆地の南北交通をほぼ完全に掌握することをねらったのです。

そのことは、豊後橋から続いて伏見城下を北上する京町通も、大きな意味をもつ道として位置づけられたことを物語ります。それは、平安京と平城古京を結ぶ唯一無二の道ですから、形式の上でも「天下の大道」というべきものであったに違いありません。したがってその道は、商家が櫛比《しっぴ》し、にぎわいの絶えない「町通り」でなければならなかった。この道にくらべれば、伏見城の大手門（正門）に通じる道といえども、「横丁（筋）」に甘んじざるを得なかった、というわけです。

かくして伝統的な「タテ町ヨコ筋型の城下町」にとってかわって、大手通を「筋」とする「タテ筋ヨコ町型の伏見城下町」の誕生を見たのです。これは、秀吉自身の城下町経営史における明らかな転換ですが、私は、日本の城下町史上の大転回とさえ評価できると考えています。江戸時代の城下町には、「タテ筋ヨコ町型」のそれが流行しました。その流行の起爆剤になったのが「伏見における転換」だったのではないでしょうか。もしそれがあたっているなら、文禄三年（一五九四）という時は、都市史上の「画期」として記憶されなければならないでしょう。

以上で宇治川迂回河道の新設（槇島堤の築堤）、小倉堤の築堤、豊後橋の架設、宇治橋の撤去、淀廃城、淀堤築堤、伏見城下町の「ヨコ町」化などの諸事業が、決して個々バラバラのものではなく、互いに密接に関連するもので、天下人秀吉の脳裏に描かれた「伏見経営構想」の部分部分に相当するものであることを、述べ終えました。

しかしもう一つ、指摘しておかなければならないことが残っています。それは、秀吉にとって、または伏見城にとって、伏見の湊はどういう「意味」をもっていたのか、ということです。

それに関連する事実として、槇島堤・小倉堤の築堤が、巨椋池の東岸にあった要港・岡屋津の命脈を断ったことを指摘したいと思います。琵琶湖を介して東国に通じる門戸である岡屋津と京都の外港である淀津の機能を吸収すると同時に、伏見湊は、淀川・瀬戸内・玄界灘を介して、秀吉が制覇を夢みた朝鮮半島・大陸に達する水路の起点ともなっているのではないか、そういう意識をもって秀吉が伏見湊を構えたと見るのは、想像が過ぎるでしょうか。

平安京と平城古京、聚楽第と大和郡山を結ぶ天下一の街道が通っている一方、淀

図10－5　陸路・水路のT字交差点　郡山は弟・秀長の居城があった所、八幡は甥・秀次の居城だった所。

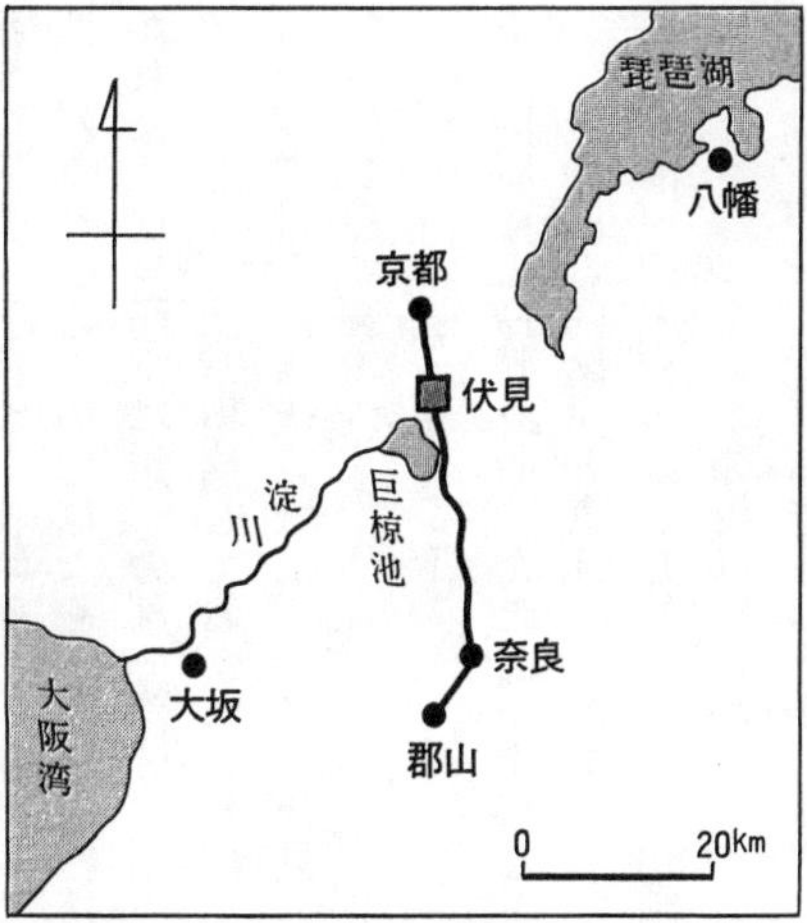

川・瀬戸内を経、そしてやがて大陸へと向かう天下一の水路がある。両者がT字形に交わるその点（あるいはこれに東国への道・水路を加えた「十字路」の交点）、言ってみれば日本の臍にでも例えられそうなその点を占めるように、伏見は構想されたのです。瀬戸内海の東端に巨大な大坂の城と城下町がある。しかし、そこで終わるのではなく、静かに水路を遡ったもうひとつ奥に、広大な池に金色の影を落とす巨大な伏見城と繁華な城下町があるという仕掛けになっています。しかもそこは二つの古京、京都と奈良を左右に従えているのです（図10－5）。

実利の面から言っても、この一点で京都・奈良・大坂の三都を結ぶ財の流通を完全に掌握し、巨大な利益を得ることができる仕掛けになっています。これこそ、天下人が、その最晩年に伏見で実現した、いかにも天下人らしい野心的な構図というべきではないでしょうか。善悪の評価は別にして、私はそう思うのです。

第11章　徳川家康の江戸選地理由

設問の成立

この章では、徳川家康がなぜ江戸に城を構えることにしたかを考えます。家康が江戸の地を選んで城と城下町の建設に着手したのは、天正一八年（一五九〇）でした。豊臣秀吉は、関東の雄、小田原の北条氏を攻略するため家康を参戦させます。北条氏は七月五日降伏。秀吉は家康に、「戦功」を理由にして、北条旧領の関八州を与え、家康が営々と築きあげてきた「地盤」というべき三河・駿河・遠江・甲斐・信濃の五ヵ国（愛知県東部・静岡県・山梨県・長野県）を取り上げてしまいます。家康の家臣たちは秀吉のこの処置に憤懣やる方ない。そういう状況下での新城地選定です。

私の関心は、その「関八州」のうちで特に江戸に白羽の矢がたてられたことの理由は何かということです。これについては、一、二の文献史料の「証言」に基づいて、秀吉の意志、ないし強制であるという見方が主流であることを、知らないわけではありません。

例えば、「小田原落城の後、秀吉公金沢（横浜市）まで御下りありて、家康様へ御在城は江戸志《し》かるべし候はんと御めきゝのよし」という一七世紀中ごろの文章が残っています（石川正西『聞見集』）。

もう一つの文献、江戸時代の兵学者大道寺友山《だいどうじゆうざん》（一六三九〜一七三〇）が残した『岩淵夜話《いわぶちやわ》』の別集と呼ばれるものの中に、次の記述があります。

家康公御領知となり候へども、御在城の義は未だ何方と不被仰出《おおせいだされず》、去に依て、御旗本の諸人の積り、十人に七八人は相州小田原と推量仕る。其内二三人も鎌倉にても可有御座《ぎよざあるべき》かなどゝ申衆もあり。然る処に秀吉公と御相談の上にて、武州江戸を御居城と被仰出《おおせいでらる》に付、諸人手を打て是はいかにと驚く仔細は……

つまり、城がどこになるか公表されていない。その間に旗本たちが予想し合い、七、八割は小田原だろうと推量し、残る二、三割は由緒のある鎌倉かもしれないと見たと言うのです。ところが、結果は家臣の予想がみごとにはずれます。秀吉との相談で江戸に決まったと発表され、誰もがどうしてそんなところに決まったのかと手を打って驚いたというのです。それは江戸が、東は汐入りの芦原で利用しにくく、西（西南）側は特段の境目もなく武蔵野に続く地形で、城と城下町の立地としては好ましくないと家臣には見えたからだと、続きの文章に説明されています。

以上の文献による限り、秀吉の意向が強く働いたとする通説が成立するのは当然と思います。しかし、その解釈で事が足りるかどうかです。問題は、その先に残っています。

それは何かと言いますと、仮に上述のように秀吉の意向が強く働いたとしても、その選地を家康は受け入れたのですから、家康の側にも自分自身を納得させた積極的な理由がなければならなかったということです。この視点を見過ごしては、正解は得られません。武将の城地選定の成否は、本人の命に関わるばかりでなく、家中の命運を左右します。戦国大名としての自身の判断は不可欠だったはずです。秀吉の意に従っただけというのでは、家臣を統率していけません。しかも動揺する家臣団に対して、家康の江戸開府に迷いは見えません。とすれば、必ず家康の心の中には、確固とした選地理由が定まっていたはずです。それは何か、というのが今回の問題設定です。

江戸が選ばれたのは富士山が見える土地であるから、という仮説

城を江戸にすると決断した「よりどころ」は何であったのかを考えるために、注目

すべきことを列挙します。第一は、家康の江戸入りが八月朔日、八朔の好日であったことです。八朔は、元来新穀の初穂を田の神に供える田実（たのみ）の祝いの日だったのですが、「たのみ」（田実）が「たのむ」（頼む）と転訛し、家臣から主君に太刀などを贈り、主君からも物を下賜する武家の年中行事となったものです。

第二は、江戸入城前に、大久保主水を派遣して上水道建設に着手させたのですが、「主水」を「もんど」と呼んでは水が「濁る」と言って、以後は「もんと」と呼ばせたという話があります（「天正日記」「大久保主水由緒書」）。うそのような話ですが、大まじめな話です。これらは家康が武将の例に漏れず「げん＝験」、縁起にこだわるタイプの人物であったことを示唆する点で、見過ごせません。

第三も同類の話です。すでに太田道灌《おおたどうかん》の城地選定時、康正二年（一四五六）に、この地が「武蔵」すなわち武力と財力の兼備を示す国名、「豊島」すなわち豊饒を示す郡名、そして「千代田」「宝田」「祝の里（祝言村）」などの佳字村名を持つこと、すなわちめでたい地名の重なる土地であることに吉兆を見出していた話があります（『御府内備考』）。越前北ノ庄に入った柴田勝家が「北」は「敗北」に通じるとしてこの地名を嫌い、福井に改めさせたという伝承があり、亀岡、松山、鶴岡、福岡、安土など佳字を用いた地名が城下町に流行した事実もありますから、語呂合わせないし文字遊びに過ぎないようなこの種の「こだわり」が、決して「たわいのない」こだわりではなかったことが窺われるのです。

第四は、「江戸紀聞」という文献に見える江戸城の話です。

城上より下し望めば、西の方は名にあふ武蔵野の広原眼下に見へ渡り、はるかに富士の峰あらはれたり。東にのぞめば、平川渺渺《びょうびょう》として長堤遠くめぐり、村落あまたうちこして海辺をながめやれり

と、江戸城から富士山が見えることを特記している点に注目されます。古くは太田道灌も、「我菴は　松原つゞき海ちかく　富士の高根（嶺）を軒端にぞ見る」という和歌を天皇に奉じたと伝えられています（「関東兵乱記」）。服部銈二郎氏は、東京における富士見坂と潮見坂の位置を図示（図11－1）したうえで、富士山の遠景は、風景としても、心のささえとしても、江戸町《まち》の象徴とされ、大切にされてきたこと、とくに下る坂道で望む富士山は天下一品で、江戸っ子の自慢の種であったことを指摘しています（『都市　人類最高の傑作』古今書院、一九九二年）。軒端から富士の高嶺を望見できる城の立地を誇った道灌と、江戸っ子の自慢は共通です。このことから、家康

の江戸選定の「よりどころ」も、富士山が望見できることにあったのではないかという見方が生まれます。私はここで、この仮説を立ててみたいと思うのです。

仮説の検証

江戸城には富士見櫓が造られました。「富士見櫓は本丸と西ノ丸の境、城のほぼ中央部の石垣上にある三重櫓であるが、天守閣が再建されなかった江戸城で、天守閣の代用として用いられた」（『国史大辞典』吉川弘文館、一九八〇年）といいます。富士見櫓の位置は、図11－2に見えるように、本丸の南隅にあたります。これは家康の、富士に対する思い入れを汲み続けた幕府の配慮ではないかと、私には思えます。

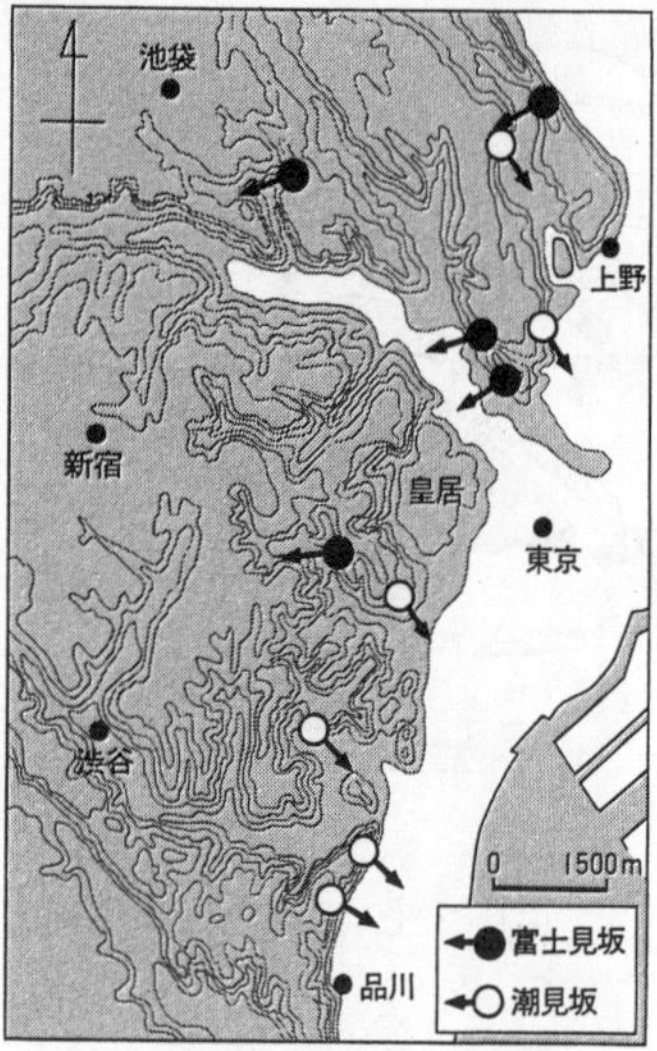

図11－1　東京の地形と富士見坂・潮見坂
（原図・服部銈二郎氏）

このことには特にこだわりません

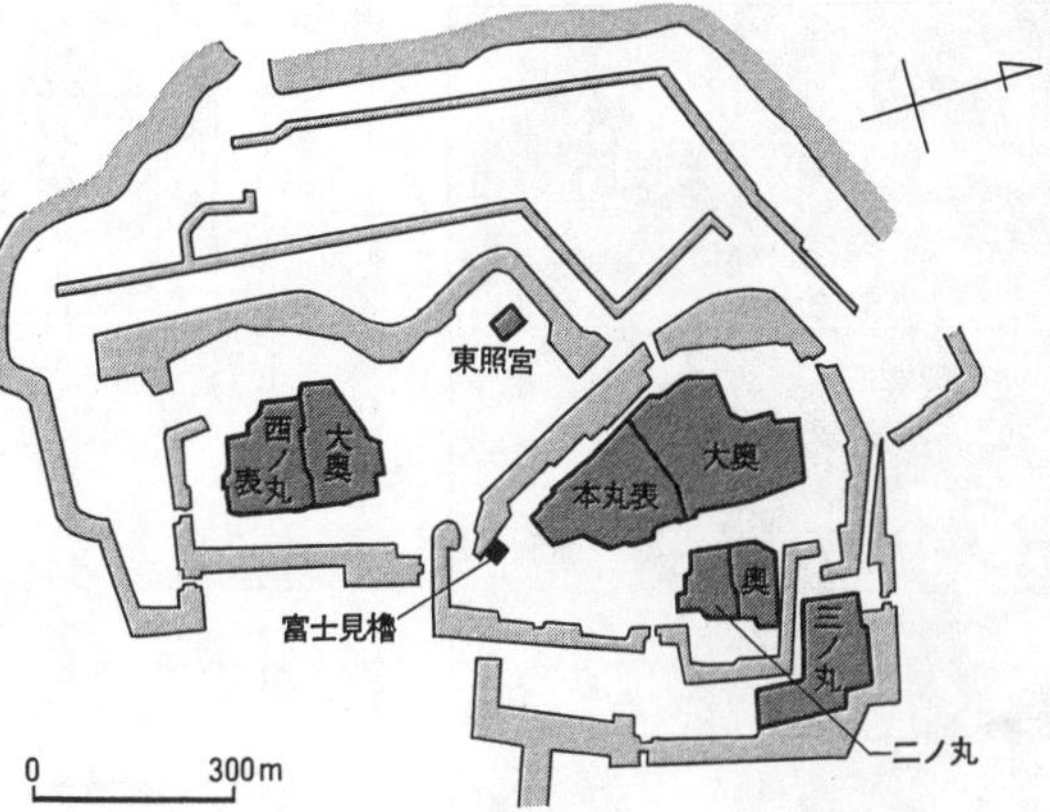

図11－2　江戸城内要図（『国史大辞典』による）

が、家康が富士を望見できる地であるが故に江戸選地を決断したとの仮説を立ててみると、家康は意外なほど富士山の見える所と深くかかわって生涯を、いや死後も、過ごしたことに気づきます。このことをしばらく追跡してみる必要があります。

第一は駿府（静岡）です。家康は天文一八年（一五四九）から永禄三年（一五六〇）まで、数え年八歳から一九歳までの一〇年余りを、駿府で人質として暮らします。次に家康が駿府に在ったのは天正一四年（一五八六）から天正一八年まで、四五歳から四九歳までの足かけ五年間で、東海地方の雄として君臨した期間です。そして最後は慶長一二年（一六〇七）から元和二年（一六一六）まで、六六歳から七五歳で没するまでの一〇年間を、大御所として駿府で日を送ったわけです。この駿府への回帰には、富士山が最もよく見える旧地へのこだわりが大きかったと思われてなりません。

が、実はそればかりではないのです。彼は死後においてさえ富士山の見えるところを、安住の地として選びます。元和二年（一六一六）正月二一日、家康は鷹狩の最中ににわかに発病しました。二ヵ月余り後の四月二日、家康は金地院崇伝《こんちいんすうでん》、南光坊《なんこうぼう》大僧正天海《てんかい》、本多上野介正純を病床に呼んで、死後の処置を次のように命じます。

すなわち、遺体は久能山《くのうざん》に納め、法会は江戸の増上寺で行ない、位牌は三河の大樹寺に置き、一周忌が済んだら、別に日光と京都南禅寺に小堂を営んでそれぞれに祀れというものでした。遺体を日光へ改葬せよと命じているわけではないことに特に注目する必要があります。また、死の前日の四月一六日にも、病床に榊原大内記《だいないき》照久を呼び、幼い時から家康に近侍して誠実につくしてきたことをほめたうえで、「我死すとも汝が祭奠《さいてん》をこゝろよくうけんとす。東国の諸大名は多く普代（譜第）の族なれば、心おかるゝ事もなし。西国鎮護のため神像を西に面して安置し、汝《なんじ》祭主たるべし」と命じたのです（『台徳院実紀』巻四二）。

家康「最期の遺言」というべきものですが、日光のことなど全く語られていないし、遺体を久能山に祀るべしとした根拠が「西国鎮護のため」と明示されているのですから、一年後に日光へ遷祭するなどという矛盾したストーリーは成立し得ないことが分かります。家康は、翌一七日「駿城の正寝《せいしん》に薨《こう》じ」、遺体はその夜中に久能山に移されました。

ところが実際には、翌元和三年（一六一七）三月、日光への遺体改葬が実現します。しかしこれは大僧正天海が日光山への改葬の遺言を捏造《ねつぞう》するなど、強引に事を運んだ結果とする説（北島正元『徳川家康』中公新書、一九六三年）が妥当ですから、私の仮説の検証にあたっては問題外のことになります。要するに、家康は死後永く久能山に留まることを本意としたと解してよいのです。そのうえでの大きな関心は、家康が永く眠るべき地であった久能山頂から富士山が望見できるか、ということにあります。そこで久能山に参拝して神官に事実関係を尋ねたところ、久能山頂からは確実に富士山が見える、北に隣り合う有度山《うどさん》に視界をさえぎられることなく、有度山の上に富士が望見できるという証言を得ました。家康はまちがいなく富士の見える位置に墓所を選定したのです。

もう一つの注目すべき事実があります。それは今日の御殿場市における御殿造営の事実です。御殿というのは、徳川将軍専用の宿館を意味し、それ故に原則として主要街道沿いに営まれたわけです。しかし小田原以西尾張までの御殿分布（図11－3）を見ると、東海道を離れた位置に設けられた御殿が若干認められるのです。そのうち、熱海は温泉場であるという理由で不思議はありません。異例の最たるものが、御殿場です。ここの御殿は、「家康の意を受け、代官長野清定が土豪芹沢将監に命じて元和二年（一六一六）に造営させたもの」と言われます（中島義一「御殿の歴史地理――静岡県域の事例」『地域をめぐる自然と人間の接点』一九八五年）。元和二年とは家康が四月に病没した年で、結局この御殿は一度も使われず、この地に御殿建設を命じた家康の意図が何であったか、という問題のみを残します。

詳しい説明は略しますが、私は、この御殿場における御殿を、ほぼ同時期の元和元年（一六一五）末から二年正月までの間に一度は計画され、しかしとりやめられた三島近郊の「菟裘《ときゅう》」（隠居所）に代わるものだったと考えています。東海道からはずれる異例であることと、家康が最晩年に駿府を十男・頼宣に譲るべく、最後の隠居所を求めていたタイミングに照らして、それは疑いないと思います。ここからの富士山の眺望は、まことに見事です。

家康の行動にからむ、もう一ヵ所の注目地点に今泉があります。図11－3に示すように、この御殿も直接東海道に沿う位置ではありません。しかし、そこは江戸－駿府を結ぶ家康の移動の際に、駿府直前の宿館として使われるほどの、特別なところでした。そしてここは、富士山を南正面から、しかもその最も雄大・華麗な姿のものとして仰ぎ見ることができた地点にほかならないのです。おそらくそれ故に、元和三年、久能山を出発して日光へ向かう家康の柩が最初の夜を過ごす地として選ばれました。「今夜の御泊は富士山の麓善徳寺（今泉）なり。ここにて初夜の御法事布施」という、『台徳院実紀』の文章の中に、生前、富士山に対して強い「こだわり」を持ち続けた主君の意識に対する家臣たちの配慮が垣間見えるのです。

以上、私は、駿府、久能山、御殿場、今泉と、家康が生前、死後を通じて富士山が見える場所と深くかかわっていた事実を指摘しました（図11－4）。江戸もまた然りです。しかも江戸には、道灌以来の「富士山が見える土地」として知られた「伝統」がかぶさっていたわけです。小田原や鎌倉が家康の選択肢の中になかったのは、そこからは富士が見えないことに大きな理由があったと思われます。かくして家康の江戸選地決断の「よりどころ」はそこが富士山の見えるところであったからという結論に到達したわけです。

富士山を超えるキーワード

しかし、「富士山が見えるところだから」江戸を選んだ（或いは江戸に城を決めよ

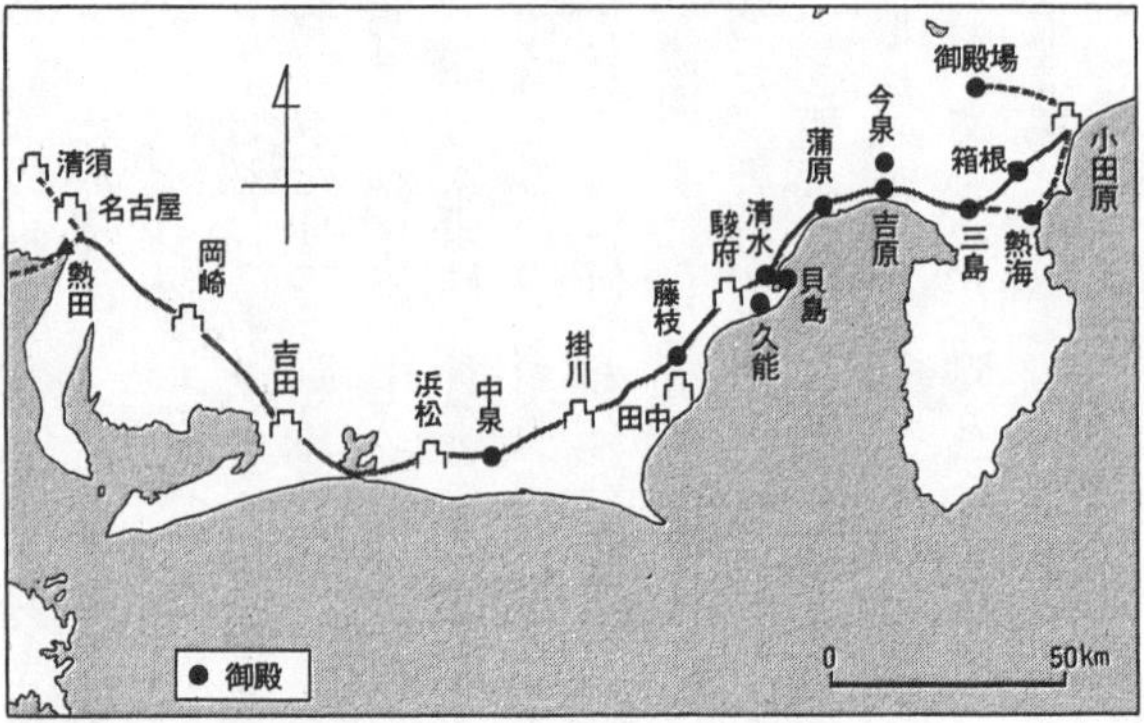

図11－3　東海道の御殿分布（原図・中島義一氏）

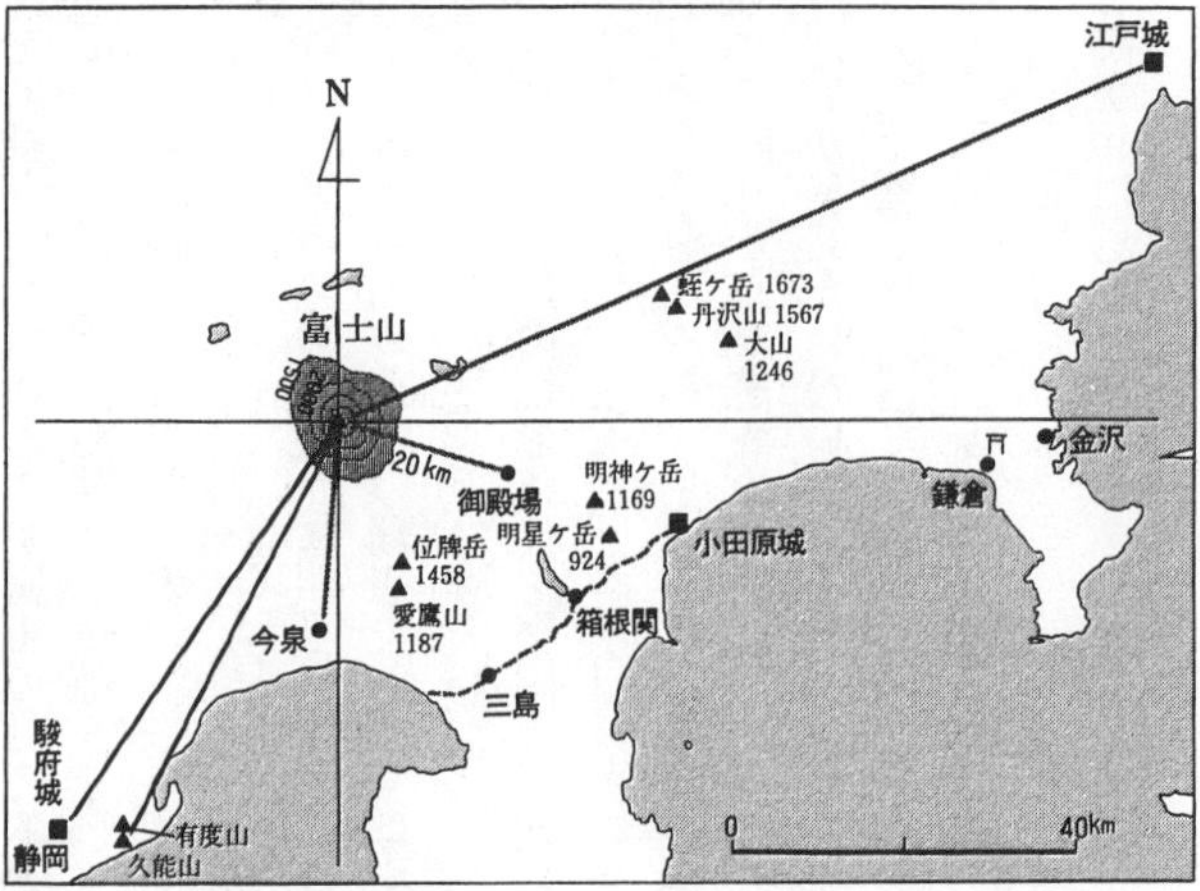

図11－4　家康ゆかりの地点と富士山

という秀吉の強制を受け入れて、自身を納得させたのはそこが富士の見えるところであったからだ）などという結論が、はたして人びとを「納得」させ得るでしょうか。多分、それは無理でしょう。このままでは話がおめでたすぎます。

実は私はこれを次のように「転換」させようとしています。すなわち、「富士見」を「不死身」と置き替えるのです。これは言葉の「あそび」に類しますが、武将にとってそれは決して冗談ではなかった。不死身は戦国の武将の理想であったはずです。しかも家康は、言葉にこだわる人でした。「百万石の領地さえあらば」どこに転封してもかまわぬと豪語し（『東照宮実紀』巻四）、江戸の地形条件を堅固な城塞に作り変えるくらい何でもない、最高実力者であった彼にとって、問題は自身を納得させる「説明」だけだったはずです。とすれば「不死身」の地というのは、最高の説明であった。軒端から富士が見えることをもって誇りとした道灌の故地を「不死身」の地と置き替えた時、家康の選地は決定し、迷いが消えたに違いありません。江戸城富士見櫓は「不死身櫓」であったでしょう。久能山頂についても、彼は死してなお「不死身」である地を選んで墓所とし、不死身であるが故に自身の神像が西国大名の押さえになると解釈したとみられます。

ここで私は、江戸の庶民が富士山と海が共に見える土地柄を自慢にしていたという話を思い出します。潮見と富士見、つまり「死を見」て、しかもなお「不死身」という語呂合わせに依拠する家康の自慢だったかもしれません。その条件は、実は久能山も同じです。

富士が見えることをもって不死身に置き替えたとする私の発想は、文献史料の裏付けをもちません。しかし家康の土地選定に共通するものが「富士が見える」という一点であったとすれば、「この事実」が一種の裏付けになり得ます。青春の十年間を、死と隣り合わせの人質暮らしに明け暮れた家康の精神的支柱は、駿府城から富士が見えること、不死身であるという信念であったのではないでしょうか。この青年の日の着想が、後半生の選地の基準になって生き続けた。江戸の選地も、彼の心の中のこの基準によった。これがこの章の結論であります。思えば伏見も「不死身」と通音です。秀吉が最後に伏見に城地を求めた理由の一端も、地名そのものの中にあったのかもしれません。

III　地名編

第12章 「野」とは何か――その地形と歴史的意味

野とは何か

野とは何か、どういうところが野なのか、野はどんな歴史の舞台になったのかなどの問題意識をもちながら、野の歴史地理を語ってみたいと思います。

京都市の北野、嵯峨野、京都府の栗前野《くりくまの》、大阪府の交野《かたの》や日根野、兵庫県の猪名《いな》野《の》、印南野《いなみの》、奈良県の吉野、滋賀県の蒲生野《がもうの》、三重県の広瀬野、東京都の武蔵野とその東先端部にあたる上野、栃木県の那須野、それに佐賀県の吉野ヶ里。歴史に名高い野は、数え上げればきりがないほどあります。都に近い野は、天皇遊猟の地として史書にたびたび登場します。京都の北野は、平安京のすぐ北に拡がる野という意味の地名ですが、菅原道真を祀る天満宮でも知られます。大阪府北東部の交野は、遊猟の地であるだけでなく、「中国歴代皇帝のものとよく似た『天神の祭り』が行われた」ところとしても、注目されています（福永・千田・高橋『日本の道教遺跡』朝日新聞社、一九八七年）。日根野は中世荘園の姿を伝える絵図が残ることで、猪名野は行基によって開かれ、仏教的救済の地「給孤《ぎっこ》独園《どくおん》」の建設が構想された地として、私にはたいへん関心があります。広瀬野は伊勢国の国府や国分寺が置かれた古代行政中心の姿が近年刻々と明らかにされつつあることによって、また、武蔵野は、新田開発から都市開発に至る過程と、黒土と雑木林が作りだすモデル的な野の風景との、せめぎあいの場として、それぞれに私の頭の中の「野」のイメージをふくらませてくれます。野は、もっともっと研究の対象にされてしかるべき、実に豊かな歴史の舞台と言わなければなりません。

野と呼ばれるのは、比較的平らな地形なのですが、小高いところのため、水がかりが悪く、耕地にすること、特に水田を開くことが困難で、そのため雑木林や竹林になっていたところが多いようです。しかし必ずしも小高いところに限らず、川が合流する付近の広大な低湿地も、未開拓で鳥や小動物が多かったためか、野として歴史にあらわれることがあります。

観光に訪れる人が多い京都の嵯峨野が「野」であるわけを示したのが、図12－1です。大沢池や広沢池が作られた浅い谷筋を除いて、小高い土地になっており、そこは水がかりが悪いため、竹林が拡がっている様子が分かります。茶畑や桑畑は小面積です。これは明治時代の状況です。

図12－1　嵯峨野の地形　地形分類図（左）と竹林・茶畑・桑畑を黒くぬりつぶした明治20年ころの地形図（右）。(2万分ノ1仮製地形図「京都」「愛宕山」明治22年測量 ×0.43)

蒲生野はどこか、そこはどうして野であったのか

あかねさす　紫野《むらさきの》行き　標野《しめの》行き
野守《のもり》は見ずや　君が袖振る

という歌は、『万葉集』のなかでも特によく知られた歌です。「天皇（天智天皇）の蒲生野に遊猟したまひし時、額田王の作れる歌」と題詞が付いたこの歌が詠まれたのは、天智天皇七年（六六八）五月のことでした。天皇が飛鳥の都から近江の都（大津京）への遷都を実施したのは前年の三月一日でしたが、その時多くの人は遷都を望まず、遷都を妨害するための放火も続発する有様でした。また、朝鮮半島の風雲も急で、西日本各地に山城《やまじろ》を築くなどの防衛策も必

要でした。そのうえ、天皇の即位さえこの新京でようやく行なわれたのですから、大津京作りの一年目は大変だったのです。蒲生野の遊猟は、そういう状況が一段落したことを示す遷都記念の野外パーティーと言うべき行事と見てよいでしょう。

その蒲生野は、大津京から北東へ三五キロも離れた、滋賀県八日市市から近江八幡市にかけて拡がっていました。今でも、名神高速道路の八日市インターチェンジ付近には雑木林が残り、野の風景が見られます。地形図上に蒲生野の最大の拡がりを示したのが、図12－2の太枠です。西端近くに蒲生野、内野、東端近くに市原野などの「野」地名（集落名）があって、一帯が野であったことが証明されます。ここが野であったのは水利が得られなかったからです。こんな平坦な所へどうして水を導くことができなかったのでしょう。

図12－3は、それを説明するため、等高線を抜き書きしたものです。一帯は大昔の愛知川《えちがわ》が作った扇状地です。しかし、今の愛知川は、かつて自分が作った扇状地を侵食し（掘り下げ）て、五メートルほど低いところを流れています。八風《はっぷう》街道以北が低い谷の部分で、そこは愛知川から水を引けますから、古代から水田耕作が行なわれてきました。図12－4に示したように条里が施工されているので、それが分かります。ところが八風街道付近以南は高い面（これを段丘と言います）ですから、愛知川の水

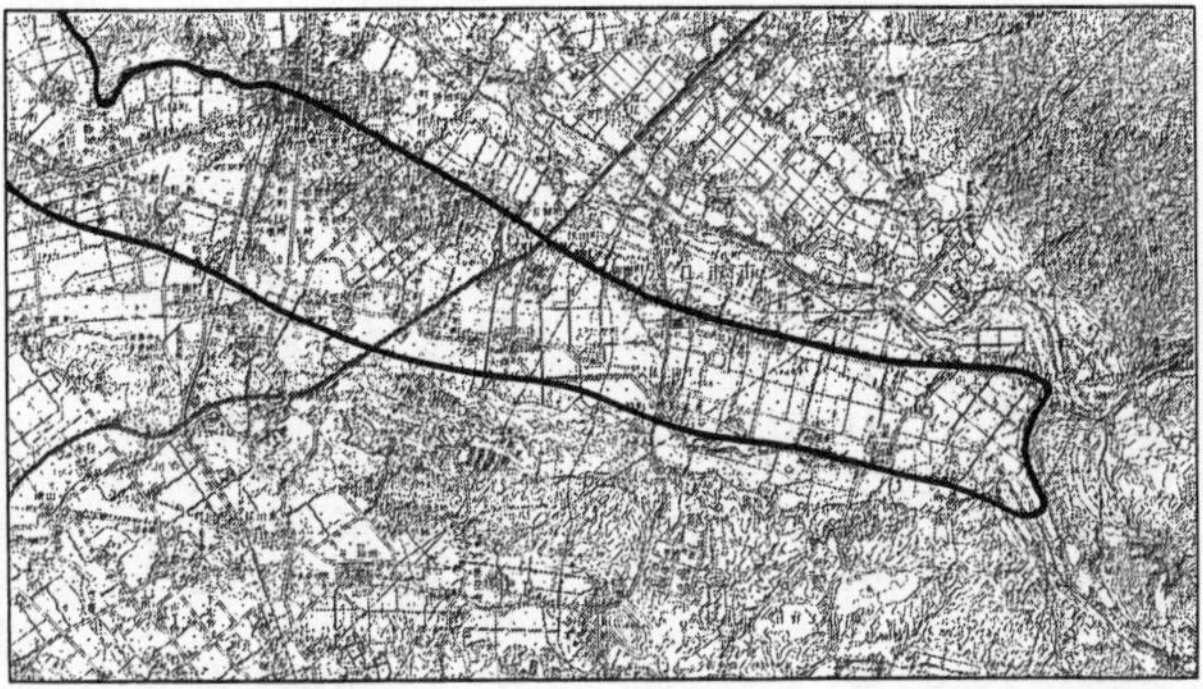

図12－2　蒲生野の地形

(5万分ノ1地形図「近江八幡」平成6年修正、「御在所山」平成5年修正 ×0.32)

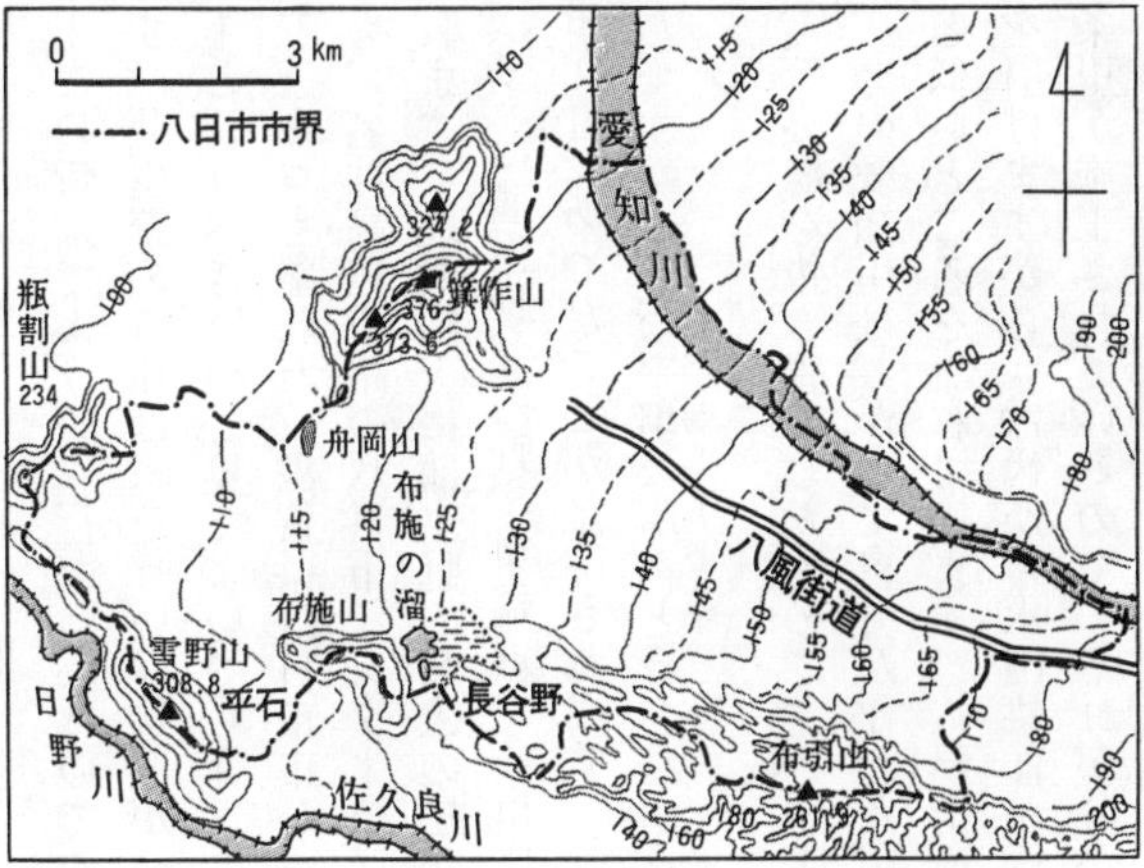

図12－3　蒲生野の等高線図

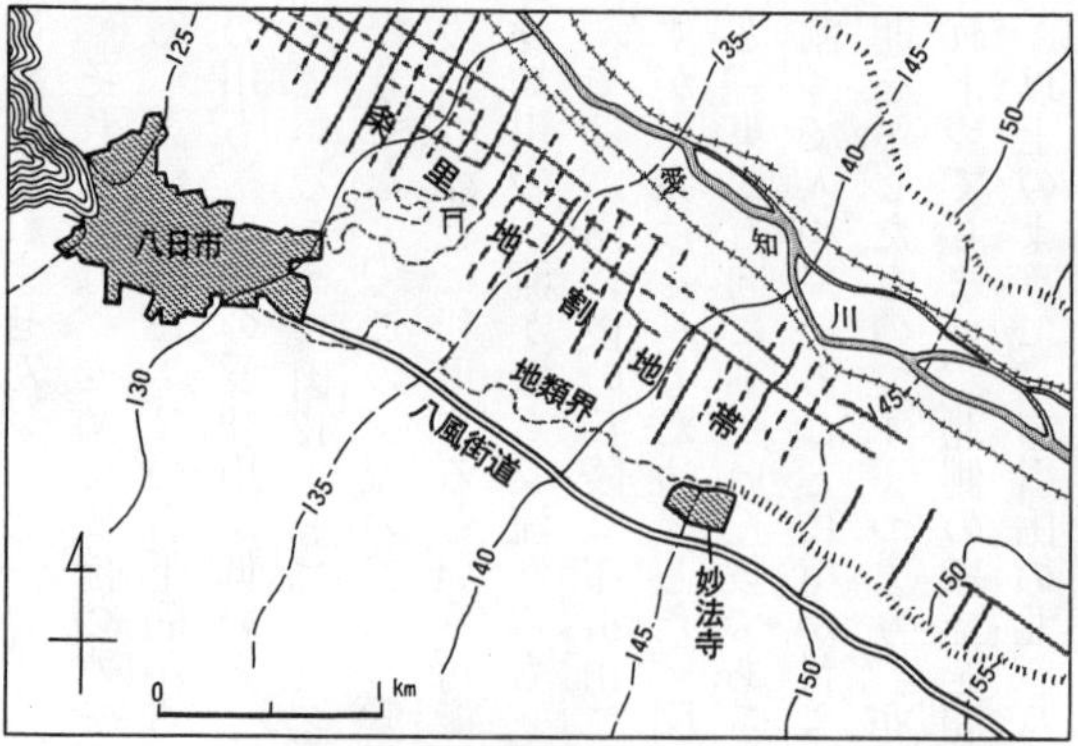

図12－4 蒲生野の条里地割

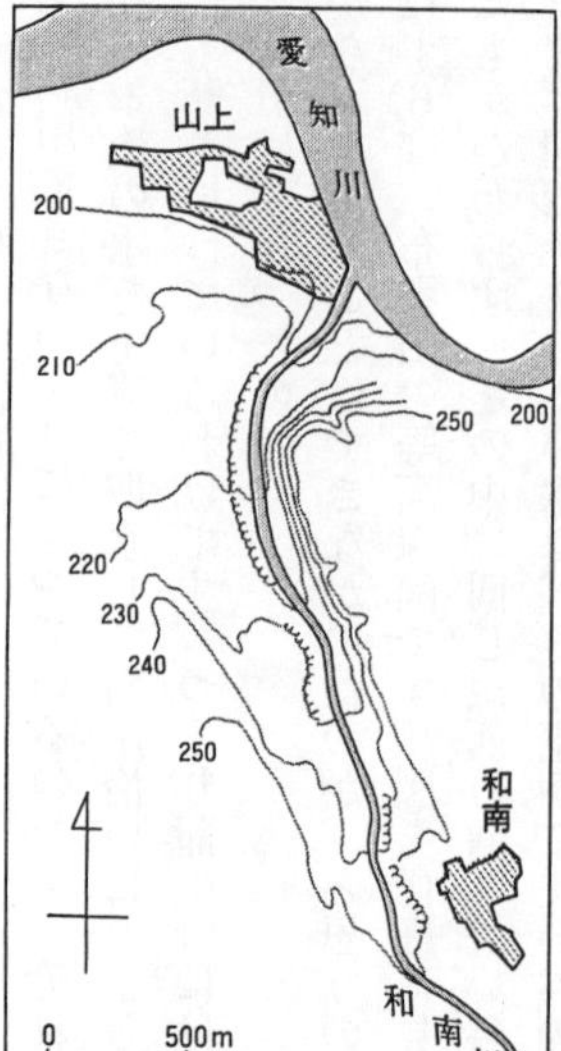

図12－5 和南川下流の谷地形

は揚げられません。

それならば、せめて支流の水を引けばよかったではないかと思われるかもしれません。実際、図12－2の右下隅から北流して愛知川に注ぐ支流があります。ところがこの川も、本流の愛知川が低いところを流れているのに応じて、同じように深い谷を刻んでいるため（図12－5）、その水は利用できないようになっているのです。そればかりでなく、この支流の谷は、愛知川本流の水を上流で取水して南岸沿いに導水し、段丘の灌漑に利用するという可能性も断ち切っているわけです。つまり蒲生野には、愛知川の本流からも支流からも、水は引けなかったのです。

では、南背後の丘陵（布引山《ぬのびきやま》）から水を得ることはできなかったのか、と思うのですが、実はそれもだめでした。図12－6は、布引山の等高線図です。図を仔細に見ると、東西方向に細長い丘陵であるにもかかわらず、その中に同じ東西方向に長い谷が割って入っていることに気が付きます。図12－7の太い線は、その東西に長い谷の範囲を示したものです。つまり、布引山に降った雨はほとんどこの谷に集まって西へ流れ下ってしまい、北側の段丘を潤すことができなかったわけです。

以上のように、布引山の北、八風街道の南の小高い平坦面は、せっかく平坦であるにもかかわらず、どこからもまとまった水の利を得られない土地としてとり残されて

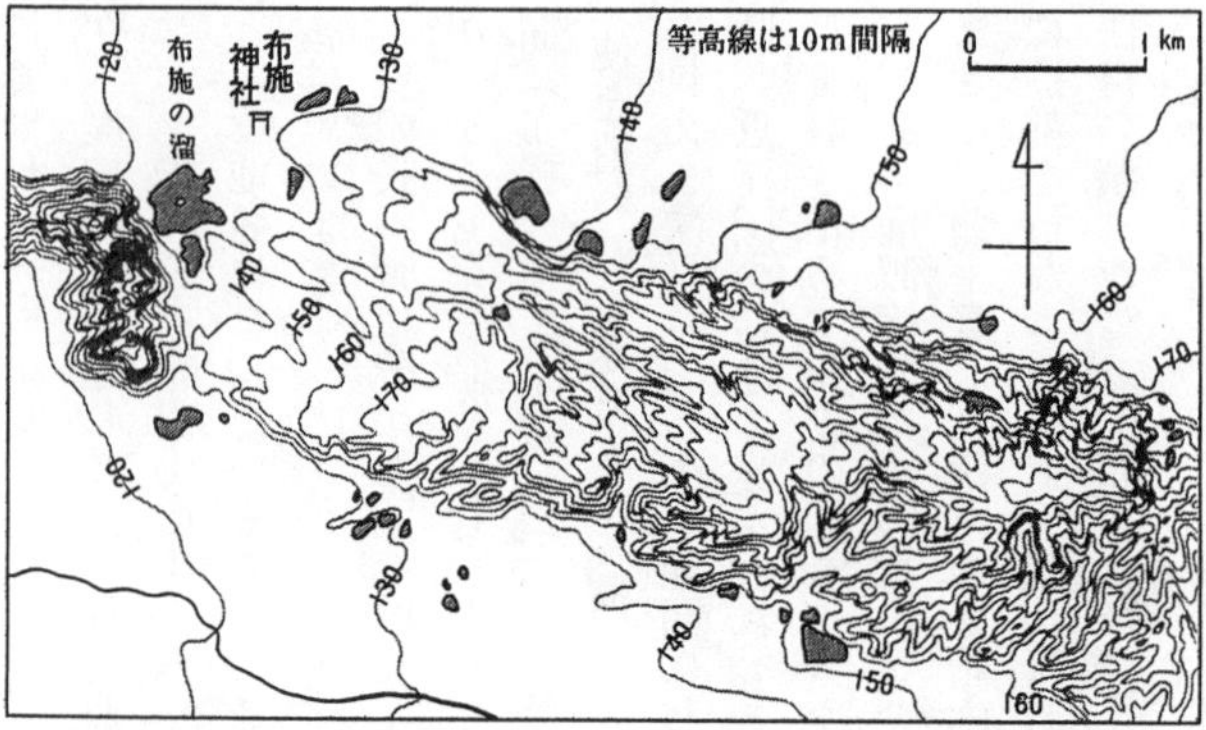

図12－6　布引山の等高線図

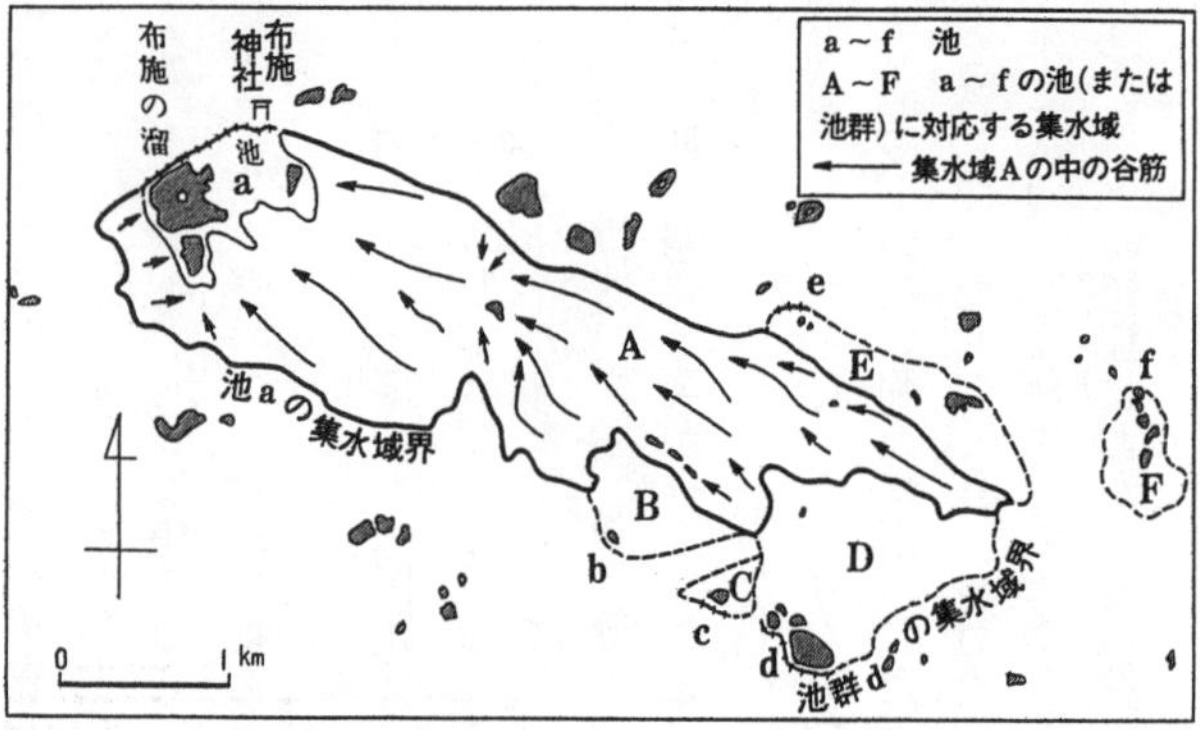

図12－7　布引丘陵周辺の溜池と集水域

しまったのです。かくして、あかねかずらや紫草が生え、雑木が育つ「野」の景観が、歴史時代を通じて長く保たれることになったのです。それが蒲生野にほかなりません。先程の、布引山の中を西へ流れる谷の一帯も、地形条件そのままに「長谷野《ながたにの》」という地名になっています。ここもおそらく蒲生野の中に含んで捉えられてきたと、私は思います。

この長谷野に降った雨を貯えて、せめて蒲生野の一部でも水田化しようという事業が、早くも奈良時代に行なわれています。それが図12－3ほかに記してある「布施の溜《ため》（布施の池）」の築造です。『続日本紀』天平宝字八年（七六四）八月一四日条に、「使を遣わして池を大和、河内、山背《やましろ》、近江、丹波、播磨、讃岐等の国に築かしむ」と見えます。全国の広い範囲にわたって、野の開発事業が推進されたようです。この時、近江国の造池事業を統括した人は「淡海真人《おうみのまひとみ》三船《ふね》」（『続日本紀』）ですが、長谷野を堰き止めて布施の池を作ったのも三船であったと見て、誤りないでしょう。しかし、その灌漑範囲は、図12－3を見ても池の下の狭い範囲に限られたと考えざるを得ません。蒲生野は、西方の舟岡山周辺を含んで、なお広く残り続けたのです。平安京に遷都を行なった桓武天皇が延暦二二年（八〇三）に蒲生野に行幸したこと、後白河法皇の撰になる『梁塵秘抄《りょうじんひしょう》』（一一七九）にも、「近江におかしき歌枕」として、蒲生野も布施の池も挙げられていることなどが、その証明になります。

「吉野」地名は動いた

野という言葉の意味がこれまで述べてきたようなものであることは間違いないはずなのですが、それでは説明のできない「野」地名があります。それは奈良県の吉野です。「下千本」「上千本」などと呼ばれる満山の桜で有名な「名所・吉野」は、両側を深い谷に切り込まれた大変狭い尾根そのもので、「吉野山」とも呼ばれるとおり、とうてい野と言えるところではありません。これはどう説明すればよいのか、というのが次の問題です。

『日本書紀』で吉野の地名が最初に見えるのは「神武紀」ですが、これについては省略します。次に見えるのは「応神紀」一九年一〇月条で、天皇が「吉野宮（離宮）」に行幸し、吉野川のほとりで「山の菓《このみ》」や「年魚《あゆ》」などをとって暮らしている、言わば「異境の人」たちの挨拶を受けたという話が記されています。その次に吉野が『日本書紀』に登場するのは、「雄略紀」二年一〇月条です。極めて難しい字が使われていますので、今ふうに書きなおして内容を示しますと、吉野宮に行幸した最後の日に、「御馬瀬《みませ》」というところで「峰に登り広い原に赴《ゆ》く」というふうに縦横に猟を行なった。そのため、まだ陽も傾かないうちに鳥獣が尽きかけてしまったので、自分は林泉に憩い、従者達も休息させ、車馬を整えてその日のうちに吉野宮から都（飛鳥）に帰ったというのです。私はこれがそのまま実話だと、単純に受けとめているわけではありません。しかし、まったくの「作り話」とするわけにもいきません。「吉野」という名の離宮近辺に広大な「野」があって、そこで奔放な猟が行なわれたとの記事は、「野と遊猟」が結びついていて合理性があるからです。

吉野は、「応神紀」に「京《みやこ》（飛鳥）より東南、山を隔てて吉野河の上《ほとり》」と記されています。今も通用する位置関係です。その位置関係にピタリと適合する野が、確かにあります。それは、図12－8に示した一帯、つまり吉野川の北で西南日本中央構造線の南の、小高いなだらかな丘陵地形のところです。「増原《ましはら》」「増口」「中増」「西増」などの「まし」地名が分布し、先に引用した「雄略紀」の猟の場＝「御馬瀬」地名と、「音」が重なるので以前から注目されているところでもあります。「野尻」という野地名も残っています。団地開発が行なわれていることも、高燥・平坦な地の証拠です。

図12－8で、その広大な野の北辺に「比曾寺跡《ひそでら》」という注記が見えます。今は世尊寺という名ですが、古くは現光寺、また吉野寺と言ったと伝えます。吉野寺の名は『日本書紀』欽明天皇一四年条に見えます。溝辺直《いけべのあたい》なるものが和泉の海中に浮いて光

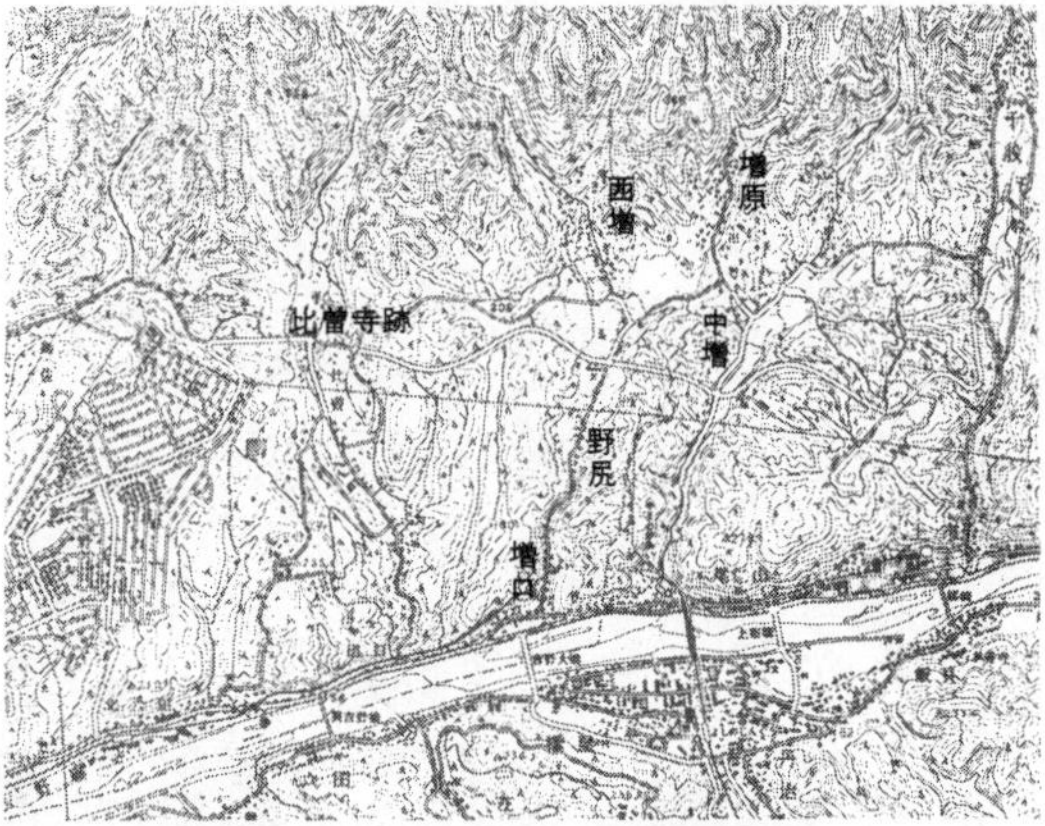

図12－8　吉野川沿いの地形　二つの矢印を結ぶ位置に中央構造線が通っている。（2万5000分ノ1地形図「吉野山」平成6年修正測量 ×0.44）

り輝いていた樟木《くすのき》を取って、天皇に献上した。天皇はこれをもって工人に仏像二軀を造らせた。それが「今吉野寺に光を放つ樟の像」であると、その記事は語っています。これとほぼ同じ内容の伝承が、敏達天皇の代のこととして『日本霊異記』（上巻　第五話）に収められています（敏達天皇の皇后〈のちの推古天皇〉が楠を探し求めさせ、蘇我馬子が池辺直氷田に命じて菩薩三体を作らせたという話）。比曾寺の創建年代は、伽藍《がらん》配置や出土瓦から、推古朝後半まで遡らせることが可能だと言われます（和田萃「吉野をめぐる歴史と信仰――古代・中世」『吉野地域における文化的価値の再点検と振興のための調査』一九八三年)。そうすると、比曾寺跡と吉野寺が確かに重なってきます。このことは本来の吉野が、吉野寺(比曾寺)周辺の「野」であったことを強く示唆するのです。「雄略紀」の吉野宮も、この地であれば午後の短時間に飛鳥の都に帰れますから、ストーリーに合理性が認められます。以上のように考えて、私は、吉野は元来吉野川の北岸であったとの結論を得、そこを「原吉野《げんよしの》」と呼ぶことにしたわけです。

ところが、今はもちろん、遠く古代のある時期から、吉野といえば吉野川南岸から大峰山上に至る南北方向尾根道の青根ヶ峰付近までの、吉野山一帯の呼称になっています。この間をどう繋ぐかが、次の課題です。図12－9を見ながら簡単に私見を述べましょう。

七世紀後半の斉明天皇から八世紀前半の聖武天皇まで、吉野離宮が、吉野川を遡った宮滝に営まれたことは、遺跡が語っています。つまり、吉野が宮滝に移ったのです。この吉野宮は大海人皇子《おおあまのみこ》が壬申の乱の旗揚げをした地であり、持統天皇が三十回余りも訪ねたところです。しかし、宮滝の吉野は聖武以後廃れます。代わって聖武朝に吉野山の稜線で、蔵王堂の大改築が行なわれ、また禅師《ぜんし》広達《こうたつ》が吉野の「金《かね》の峯《みたけ》」に入り仏道を求めた(『日本霊異記』中巻　第二六話)ということが伝えられていま

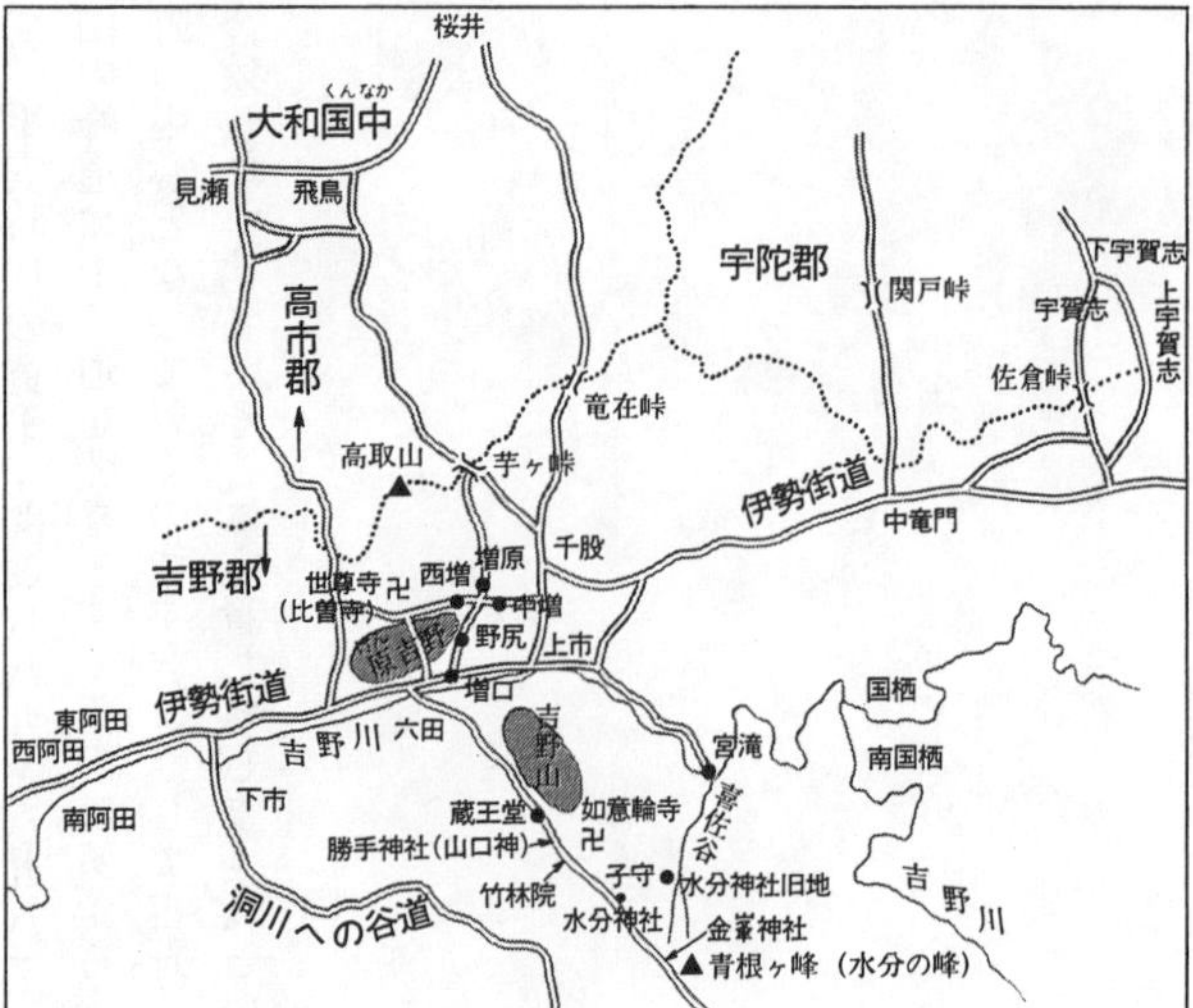

図12－9　吉野と周辺の概要

す。平安時代の寛平年間（八八九〜八九八）、理源大師聖宝《りげんだいししょうぼう》が金峯山《きんぷせん》を中興し、吉野山の峰道に上る道を開きます。このころから吉野山の峰筋に寺社の成立が相次ぎ、吉野の中心となっていくのです。こうして吉野地名は遂に山に登り、地形とはとうてい合致しない地名がそこに定着してしまったという次第です。

第13章　溜池分布の謎を解く

溜池が多いのは雨が少ないからか？

図13－1は、香川県丸亀平野と周辺の、五万分ノ一地形図に見える池を拾いだしたものです。驚くほど濃密な分布です。これらの池はほとんど総て、灌漑用の水を確保するために人々が古来営々として作り上げてきた努力の結晶にほかなりません。これらは、「池」とか「溜」とか呼ばれてきましたが、ここでは「溜池」という表現に統一することにします。図は掲げませんが、この高密度溜池分布地帯は、東に続くより広い讃岐平野（高松市を中心とする一帯）にも、西に続く観音寺市周辺の平野にも、それらの平野を境する山間にも及んでいます。兵庫県加古川市の東部一帯も無数の溜池地帯であることは、山陽新幹線の車窓からでもよく分かります。大阪平野南部、特に旧河内国南部から和泉国にかけての平野・丘陵一帯も、今は都市化でかなり減りましたが、でもまだたくさんの溜池が残っています。このように見てくると、溜池がたくさん分布するのは、そこが瀬戸内海沿岸地方、つまり雨の少ない瀬戸内式気候のた

図13－1　丸亀平野の溜池分布

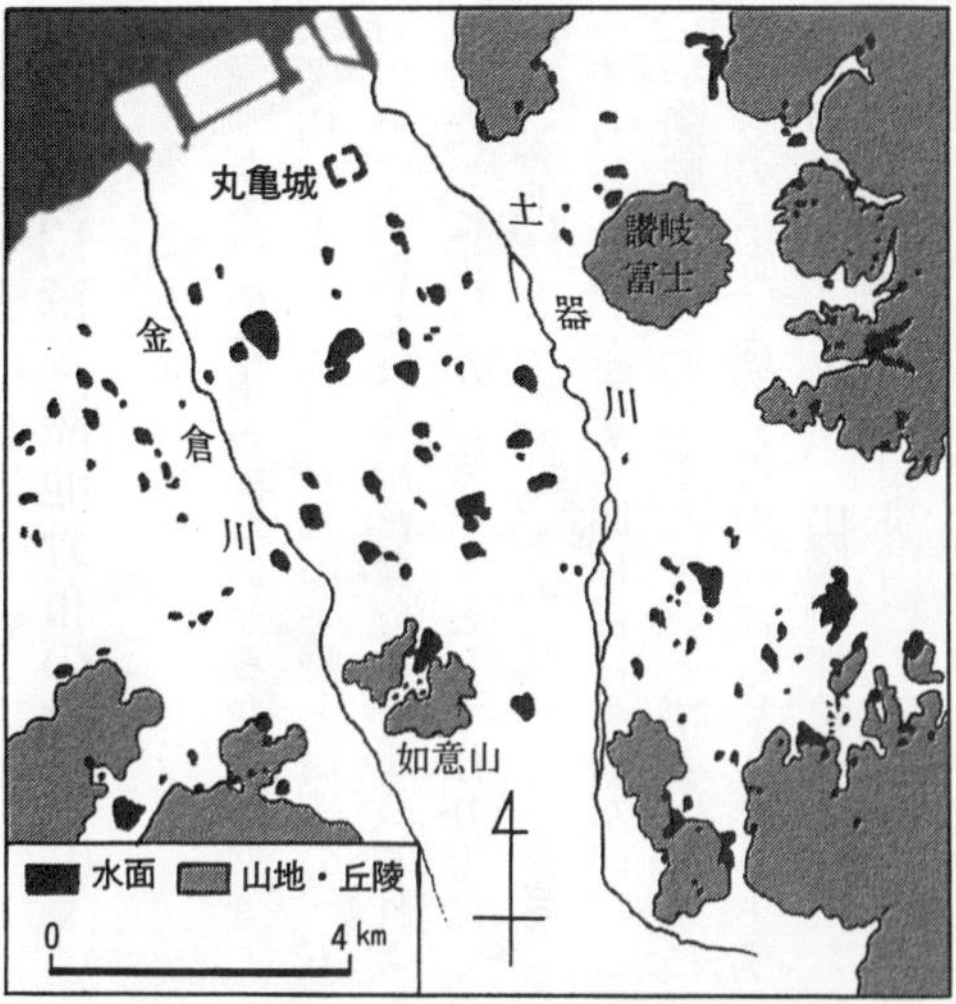

（5万分の1地形図「丸亀」昭和32年要部修正測量による）

めであるという語り古された理由が、まことにもっともで正しいように思われます。しかし、はたしてそれが正しい理由かを問いなおしてみようというのが、この章の目的です。

図13－2は、東予市が位置する平野の溜池分布を、同じく五万分ノ一地形図から拾いだしたものです。この平野の溜池密度は、丸亀平野のそれに比べて著しく低いと認めざるを得ません。それは、この平野の北西に少し離れた今治市の平野でも同じです。松山平野も岡山・倉敷・総社市周辺の平野も、溜池は決して多いとは言えな

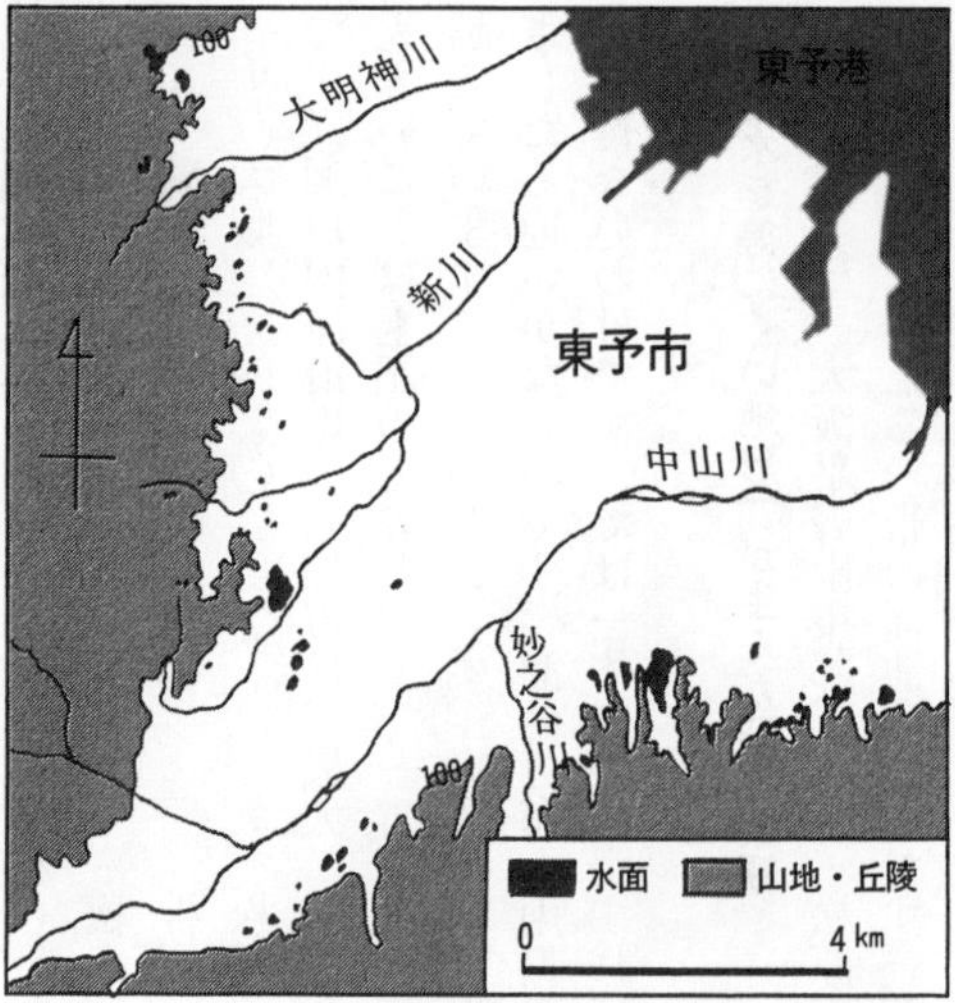

図13－2　東予市の溜池分布

(5万分ノ1地形図「西条」による)

いと思います。図13－2に見られるとおり、山麓部には或る程度の溜池が分布しますが、それらは、丸亀平野の溜池のありように比べると、数も大きさも問題になりません。この程度の溜池分布なら、図13－3として例示した島根県簸《ひの》川《かわ》平野（出雲平野）とその周辺にも見られるのです。簸川平野は山陰地方、東予市や今治市の平野は瀬戸内地方。これらの地域の溜池分布が同程度であるならば、どうして瀬戸内地方の溜池分布を雨の少ないせいであるなどと言えるでしょう。

雨量の分布を見てみましょう。

溜池は歴史的な産物ですからデータはむしろ古いほうが適切と思いますので、手許の古い『理科年表』によって一九五一年から一九八〇年までの三〇年平均を示します。

高松	一一九九ミリメートル	松山	一三三七ミリメートル
岡山	一二二三　〃	神戸	一三八五　〃
大阪	一四〇〇　〃	松江	一九五七　〃

です。瀬戸内海沿岸の五都市は、最大二〇〇ミリの違いですが、溜池分布の地域差が大きいことは上記のとおりです。一方、瀬戸内地方と松江の雨量差は、五五〇ミリを越えています。にもかかわらず、東予や岡山近辺の溜池分布と簸川平野の溜池分布にさしたる違いがないのです。溜池分布を雨量の多寡で説明することは、無理と言わざるを得ないわけです。では一体どう説明すればよいのでしょう。

「用水を得にくい地形」が生んだ溜池景観

図13－4は、大阪平野南東部、堺市・松原市・美原町・大阪狭山市・藤井寺市・羽曳野市などにわたる一帯の溜池分布図です。それに対して、後に示す図13－6は、大阪平野北東部、高槻市から茨木市にかけての平野部とその周辺丘陵部における溜池分布を、明治二〇年ごろの仮製地形図に基づいて描いたものです。二つの図の縮尺は同

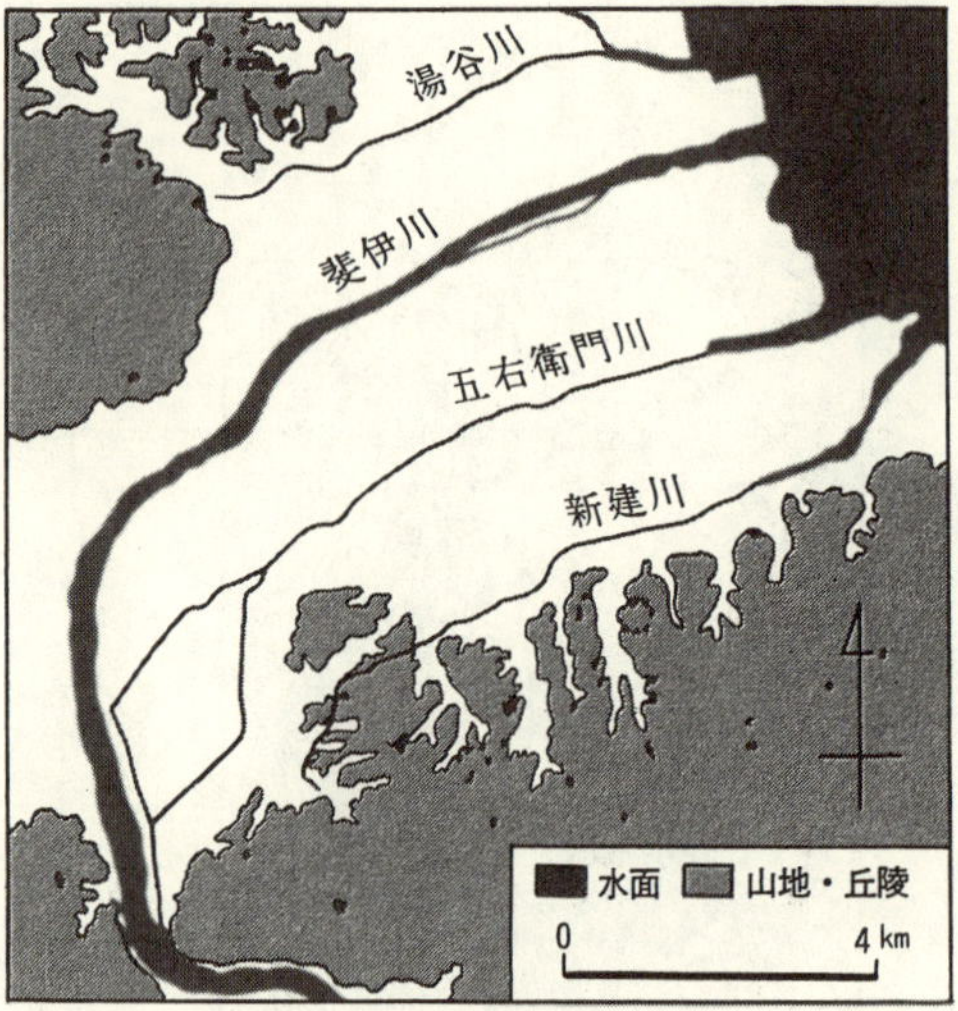

図13－3　簸川平野（出雲平野）の溜池分布

（5万分ノ1地形図「今市」による）

じに揃えました。分布密度の差は一目瞭然と言えます。同じ大阪平野の中なのですから、この差も雨量で説明することはできません。問題は地形なのです。

図13－4には、等高線を記入してありますが、中央部の狭山池から北では、八〇メートルから二〇メートルまでの等高線がほぼ一定の間隔で東西方向に並んでいます。つまり、この図の北西部は北に向かって緩やかに下る扇状地状の地形であることが分かります。ところが、狭山池から流れ出している東除川《ひがしよけがわ》と西除川《にしよけがわ》の川筋は、扇状地の面を下へ切り込んで谷状に

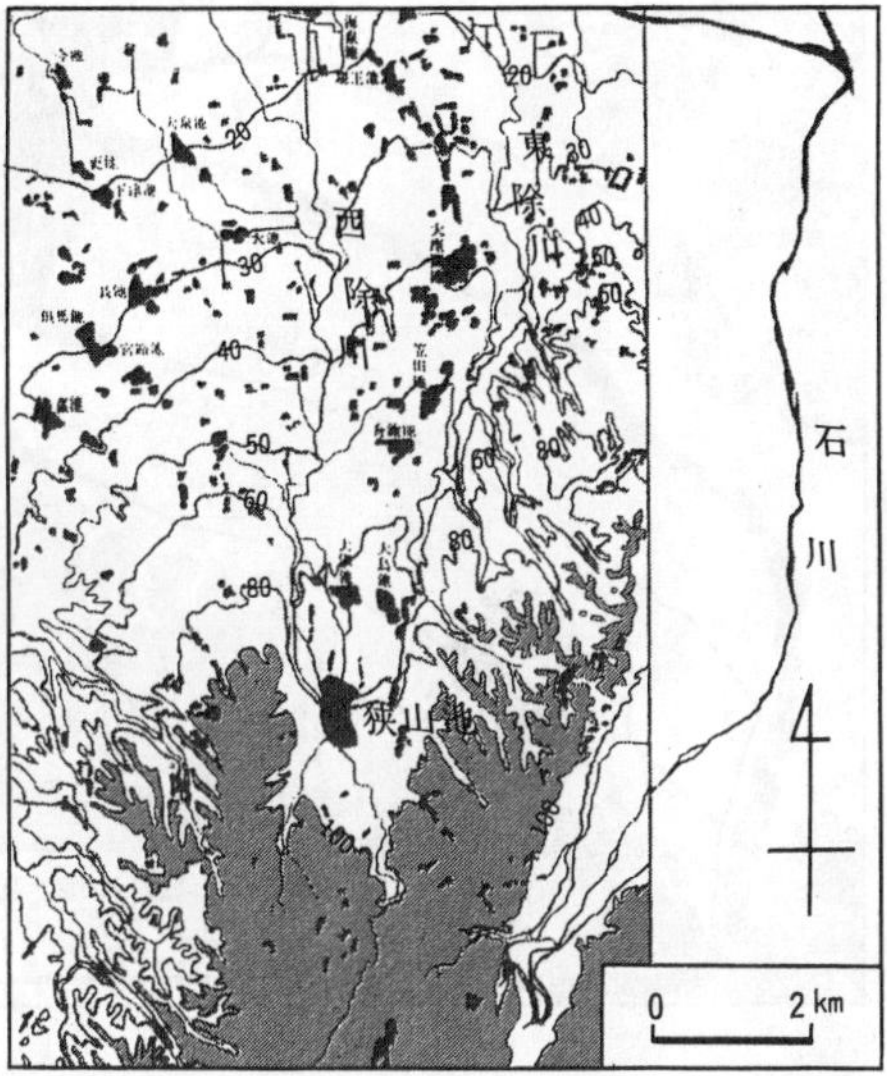

図13－4　松原市と周辺の地形と水系

なっているのです。ですから、東除川と西除川の間の面や西除川以西の面は、もとは扇状地でかなり平坦な地形なのに、今は川筋より高い「段丘」になっており、川から水を引きにくいという状況が生じているのです。その上、東除川や西除川を流れる水の量が極めて乏しいのです。それは狭山池で堰き止められているからというわけではなく、狭山池が作られる以前も同じような条件であったと推定されます。

どうしてそうなのかということを説明するために、図13－5を作ってみました。狭山池に流れこむ川は天野川です。この川は、もともとは和泉山地の豊かな水を集めてきた川として、図13－5のA図のように流れていました。これを「古《こ》天野《あまの》川《がわ》」と呼ぶことにします。あえて実年代を言えば、今から一〇万年も一五万年も前、このあたりにはまだ人が住んでいなかったと考えられる大昔の話です。実は、そういう水量豊かな川であったからこそ、いま狭山池があるあたりから北にたくさんの砂を流し出して、大きな扇状地を作ることができたのです。ところがある時突然に、状況が変わりました。石川が源流をどんどん遡らせてきて、遂に古天野川に辿り着いてしまったのです。その時、石川の川底は古天野川の川底より低かったため和泉山地から流れ下ってきた豊かな水は、総て石川に取られてしまうことになり、川筋が図13－5のB図のように変わってしまったのです。一つの川の上流を他の川が横取りしてしまうこのような現象を、地形学の用語で「河川争奪」

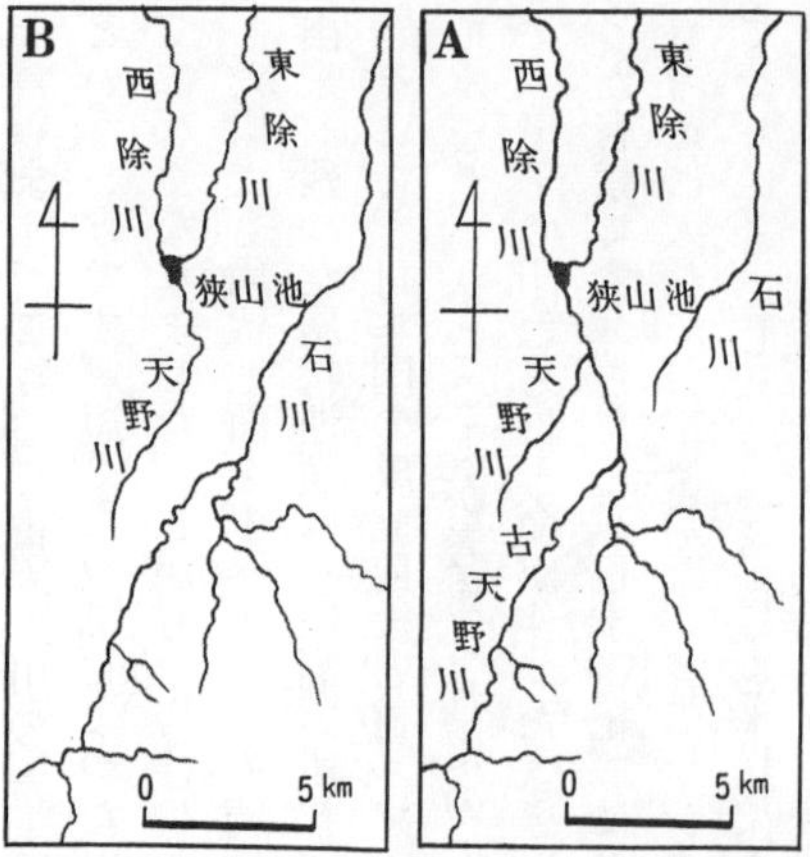

図13－5　天野川水系の変化

と言います。こうして古天野川の「上流が奪われてしまった川」、それが今の天野川というわけです。短くなってしまった上流からは、水ばかりか砂さえも、あまり流れてこなくなりました。しかも一帯は少しずつ隆起する傾向にありましたから、細々とした川でも扇状地面を下へ刻み込み続けます。東除川・西除川の谷はこのようにして出来、残った扇状地面は一段高い段丘になったというわけなのです。

そこで、日本国の成立前後と言ってよいような古い時代に、天野川の谷を堰き止めて水をため込むことが考えられたのでしょう。それが、『古事記』の垂仁天皇の段に、皇子の印色入日子命《いにしきのいりびこのみこと》が作った大きい池の一つとして、狭山池が記されることになった背景です。ただし『日本書紀』には狭山池が作られた話は見えません。そのことも考えに入れて、『古事記』の垂仁天皇の時代という設定は、「物語」として受けとめておくべきでしょう。考古学や古代史の側では、狭山池は六世紀後半から七世紀初頭、遅くとも推古天皇の時代までには作られていたと考えられています。『古事記』が完成した奈良時代の初めには、既に古く大きな池として著名であったわけですから、この推定でよいと私は思います。狭山池は、その後『続日本紀』天平四年（七三二）に「河内国丹比郡狭山下池を築く」と記された事実を初めとして、何度も拡張・補修などが繰り返され、今日に至りました。

もう一度、図13－4を見ることにします。狭山池の東側の八〇ないし一〇〇メートル等高線より高い部分は、高い分だけ侵食が進んで起伏が大きくなった羽曳野《はびきの》丘陵です。羽曳野丘陵の南東の奥には主峰が一〇〇〇メートルを越える金剛山地がありますそこで、もし金剛山地の裾に羽曳野丘陵が取り付いているのでしたら、羽曳野丘陵の各谷筋から流れだす水量は多かったでしょうから、灌漑水はそれに頼ることもできたはずです。ところが、羽曳野丘陵の南東裏を断ち切って、石川が南西から北東へ流れ、金剛山地や南の和泉山脈から流れ下ってくる水を、みなさらっていってしまう形になっています。従って羽曳野丘陵から流れ出す水は、微々たる量に過ぎません。狭山池の西側も丘陵で、ここは陶器山《すえやま》丘陵と呼ばれています。この丘陵も背後、すなわち南東側を天野川に断ち切られていますから、丘陵が集水し流しだす水の量は知れたものです。加えてその天野川が、上に述べた通り上流を石川に奪われて水が少ない。このような、どう見ても困難な水利条件を克服するためには、天野川の水を貯えざるを得なかったことが分かります。かくして、二つの丘陵の間の谷で、しかもそこから北に大きく扇状地が広がる「要」の位置、地形学の用語で言えば大扇状地の「扇頂部」が選ばれて、先ず大規模な溜池・狭山池が作られたというわけです。続く段階で、これを親池としこれから水を引いて溜める多くの池が作られ始め、恐らく並行して、段丘上の極く浅い谷状地や丘陵の間の谷を堰き止めた池もたくさん作られることになって、狭山池以北一帯の少し小高い地形面の開発が軌道に乗っていったと推測されるのです。

これに対して、図13－6の範囲の大阪平野北部一帯は、一部の段丘面を除いて広い範囲が、傾斜の極めて小さい低平な氾濫原平野になっています。このため、北の北摂山地の水を集めて流下する檜尾川・芥川・安威川・茨木川などの諸河川から水を引く河川灌漑域が広がっていて、溜池を必要とする水田面が少ないのです。先に図13－2として示した東予市の位置する平野に溜池が少ないのも、大阪平野北部と同様の理由によるであろうと、地図を見ていて推測できます。中山川を初めとして、新川、大明神川などの河川が、この平野の灌漑水を賄っていると見られるからです。

溜池分布地域形成の二つの条件

以上の検討を通して私は、溜池地帯が形成されるのは、一つは、背後の山地・丘陵のふところが浅く、流下河川が短小で、河川からの灌漑水の安定した取水が期待できない地形・地勢条件によると理解したのです。奈良盆地も溜池の多い所です。図13－7は、その理由を私の考えで説明するために作りました。一〇〇メートルの等高線で囲った内側が、ほぼ奈良盆地に相当します。その外回りを囲む太い線は、奈良盆地側へ流れ下る水と奈良盆地へは入ってこない水との分水界です。その分水界と一〇〇メートル線の間の薄く網をかけた部分が、奈良盆地へ流れ下る諸河川上流部の集水域と

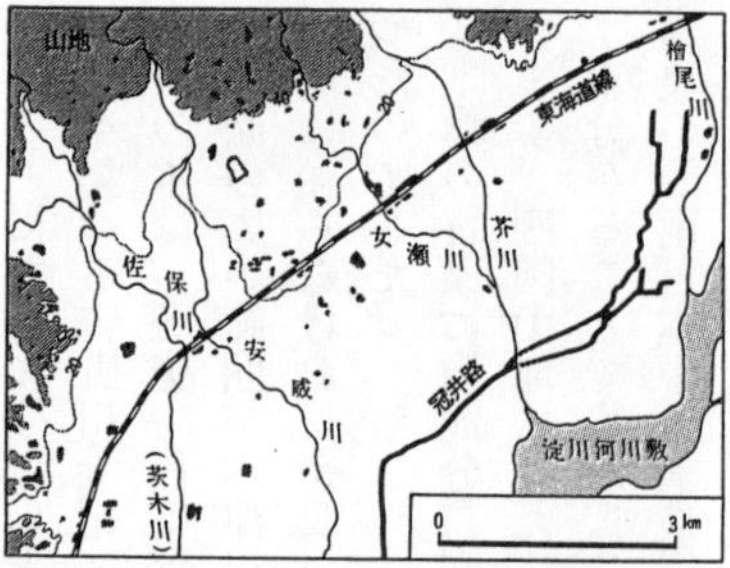

図13－6　大阪平野北東部の溜池分布　ほぼ20m以高の段丘面を除いて、溜池分布密度は極めて低い。なお、排水路として開かれた冠井路以南低湿地の水溜りは略した。(2万分ノ1仮製地形図「枚方」「茨木村」による)

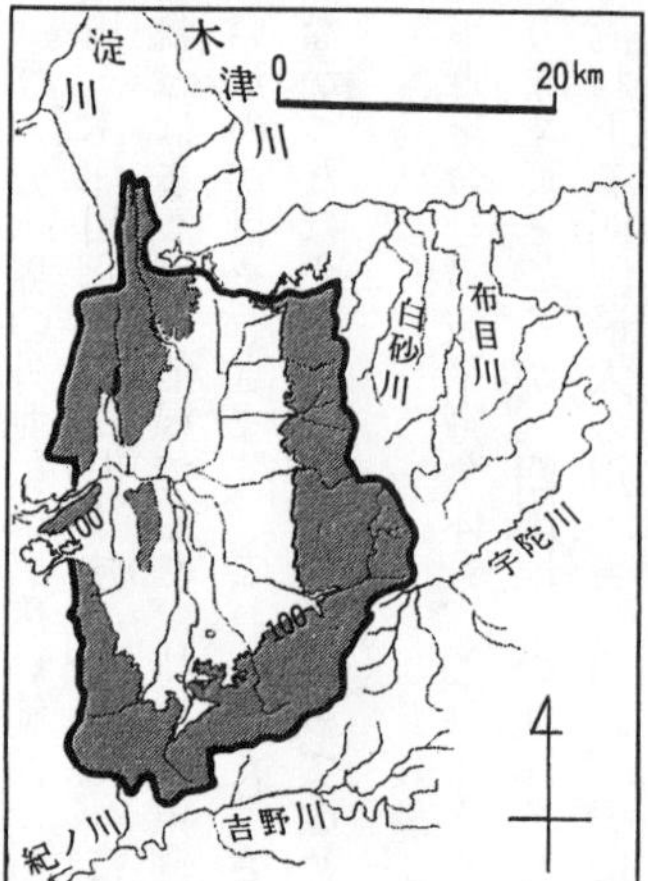

図13－7　奈良盆地への集水範囲と水系　太線は、奈良盆地側とその外側の分水界。■部分は奈良盆地側集水域の山地（100m以高部）と馬見丘陵（破線内）。奈良盆地を流れる河川名はすべて省略した。

いうことになります。何と狭い範囲でしょう。分水界の外側には、広い範囲から多くの水を集める吉野川・紀ノ川水系、宇陀川・木津川水系があります。しかし、これらの川の水は、歴史時代には奈良盆地の灌漑とはまったく無縁でした。特に、東側の大和高原の広い範囲が木津川水系に属しているのが目を惹きます。これではたくさんの溜池に頼らなければ奈良盆地はたちゆかなかったはずだと、図を作ってみて改めて思ったのでした。

本章の冒頭に溜池分布図を示した丸亀平野を含む讃岐平野全体も、これとよく似ています。四国山地にはたくさんの雨が降ります。ところが、四国地方の地図を見ればすぐ分かることですが、その水を集めて流れ下る四国最大の川・吉野川は、讃岐山脈南裏の西南日本中央構造線に沿って東へ向かって流れていってしまうのです。このため讃岐山脈は、讃岐平野から見て奥行の小さい山地になり、流れ出てくる川は、いずれも短くならざるを得なかったというわけです。讃岐平野の全般的な溜池の多さは、間違いなくこの面から説明できると思います。

しかし、溜池の分布が多くなる条件はもう一つあり、それは、水田が開発されなければならない所が広い段丘面とか隆起傾向にある扇状地とかの、水がかりの悪い所であるという地形条件であったと、私は理解したのです。そのことを、最後にもう一度丸亀平野の図（図13－8）で見ておきたいと思います。ここには、比較的大きな土器川が流れているのです。この川の流域（集水域）は、図13－9に示すとおりで、かなりの広さです。ところが土器川は、自身が作ったはずの扇状地の東脇に寄って、一番低い所を流れる結果になっているのです。このため丸亀平野の大部分が、歴史時代に

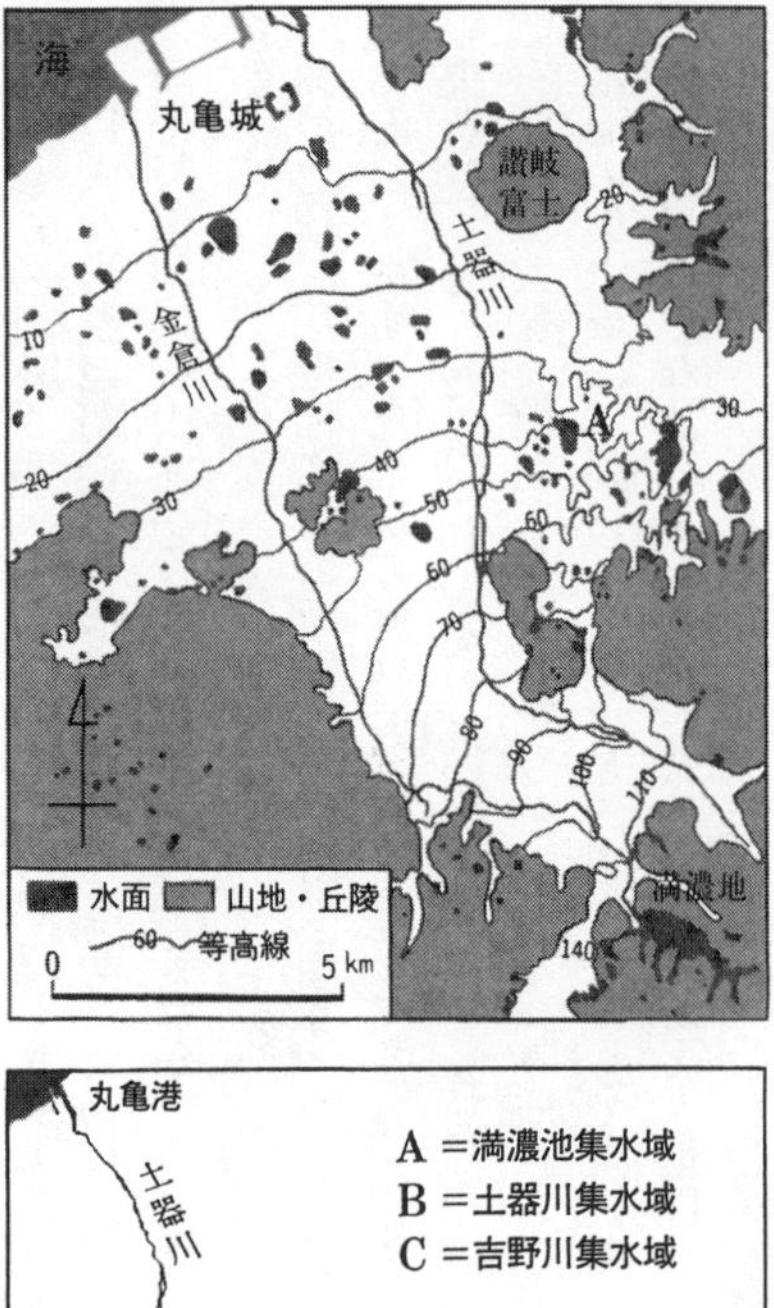

図13－8　丸亀平野の溜池分布

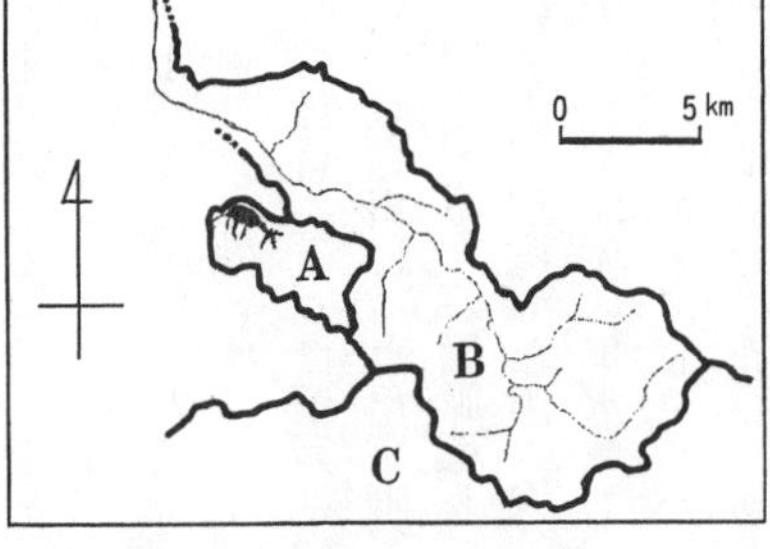

図13－9　土器川と満濃池の集水域比較

は土器川からは水が得にくい、水がかりの悪い面になっていたと言えましょう。著名且つ巨大な満濃池《まんのういけ》が作られなければならなかったわけが、よく分かります。これは、大阪平野南部に狭山池が作られなければならなかったことと、よく似た事情と言えます。

満濃池は、八世紀初頭の大宝年間に讃岐国守、つまり讃岐国の長官によって創築されたと伝えます。そこから流れ出す水路として多分「作られた」金倉川は、丸亀平野中央を貫くように流され、その後続々と造成された多くの溜池に配水する動脈として、極めて大きな役割を果たし続けたことが読み取れると思います。ついでながら、満濃池の集水域は、図13－9に示した通りいたって狭いのです。こんな狭い集水域でもこれだけ大きな池の水を満たし続け得るのかと、地図を作っていて驚いてしまったほどです。それだけ創築者の慧眼が光ります。しかし一方で、この池はたびたび決壊した歴史をもち、平安時代の初めころに空海も池の修築に力を添えたことはよく知られています。もちろん、決壊はあまりに多すぎる水の圧力の強さに因るのでしょうが、時には付近一帯の集中豪雨で、集水域から一気に水が流下したというふうなケースもあったかもしれません。改めて考えてみたいテーマです。なお、図13－8のA付近は、満濃池はもちろん土器川の水とも無縁のところです。一帯は、古い扇状地に刻まれた浅い谷を堰き止めて、南背後を土器川で断ち切られた貧弱な丘陵部から出てくる水を溜め、池前面の灌漑に用いざるを得なかった事情が読み取れます。ここは、奈良盆地や讃岐平野が全体として溜池の濃密分布地帯にならざるを得なかった条件と同じ条件をもつ所で、そのミニ版と言えましょう。

溜池に関しては、歴史やその形、それに、これまで述べた分布を含むこれらの相互関係などに、まだ多くの興味を引く問題があるのですが、この章ではもっぱら、溜池の多いのは気候条件によるとする固定観念を疑問とし、溜池分布の大小は、一にも二にも地形条件に左右されるという私見を記し連ねました。

第14章　新しい地名解釈から見えるもの

飛鳥は、なぜ「あすか」と読むのか

地名は、地図と並ぶ歴史地理学の基本資料です。これまで地図の上でいくつかの「景観から読める歴史」の事例を語り、その意味を解く試みをしてきた間にも、しばしば地名解釈が「ものを言う」ことがありました。この章ではその地名を主役の座に引き出し、一つの切り口からの地名解釈、ないし地名論を述べてみたいと思います。

地名解釈といっても、地名の語源については原則として触れるつもりはありません。一般に地名、特に古地名の語源を解くことはかなり難しく、下手《へた》をすると荒唐無稽で無意味な地名解釈に陥ってしまうからです。

ここで私が試みる地名解釈とは、普通ではその漢字は絶対そうは読めないという種類の漢字地名の問題、例えば飛鳥という地名はなぜ「あすか」と読むのか、百済はどうして「くだら」と読めるのか、といった「不思議さ」に答えを示すことです。

さて、飛鳥はなぜ「あすか」と読むのでしょうか。これについて私は、まずいくつかの辞書を見ました。ある地名辞典は、「あすか」の枕詞に「飛ぶ鳥」の句が用いられたため「飛鳥」と表記する、と説明しています。ある百科事典も、「飛ぶ鳥のあすか」とよむ枕詞の「飛ぶ鳥」から出たもの、と同類の説明をしていました。また、ある国語辞典は、「飛鳥」の字は「明日香」の枕詞「とぶとり」を当てたもの、と説いていました。

以上三つの辞書を見たところで、私はそれ以外の辞書の追跡を断念しました。おそらく他の説明も同様だろうと判断したからです。そして、そういう説明にとどまるとすれば、辞書類の読者は誰も十分納得できないのではないかと思ったのです。「飛鳥（とぶとり）」は、確かに「あすか」の枕詞です。しかし、なぜ「飛鳥（とぶとり）」が「あすか」の枕詞になったのかを説明することから始めなければ、正確な理解には到達できないのではないかと思うのです。枕詞という一言で片付けてしまうことは、正解に至る道を閉ざしてしまうという点で危険です。ある言葉がもう一つの言葉の枕詞になるためには、当然それなりの理由があるはずです。残念ながら先に見た辞書には、どこにもその理由が記されておらず、「あすか」の用字に枕詞がすりかわって入りこんだ理由についても一切述べられていません。これでは何も分からないのです。

「あすか」のもともとの意味は、不明と言うべきです。が、ともかく「あすか」と呼ぶ土地・地域があったはずです。そこへ漢字文化が流入し、「あすか」に漢字が当てられることになった。その時当てられた漢字は「安宿」であったに違いないと思います。「安宿」の用例は河内国のいわゆる「近つ飛鳥」地域の郡名にありました。これならば間違いなく「あすか」の音に合致します。さらに光明皇后が安宿媛《あすかべひめ》という名であった事実があります。これは奈良時代の初めに「あすか」を「安宿」と表記していた証拠になります。

そして重要なことは、はじめ「安宿」の字が用いられたからこそ枕詞が「飛ぶ鳥の」となり得たということです。「安宿」は「やすやど」などではありません。「やすらかなやど」と解するのが、雅《みやび》というものです。そして、「やすらかなやど」であるならば、飛ぶ鳥も好んで羽を休めたに違いない。そういう文脈の中で、「飛鳥」が枕詞となり、「飛鳥（とぶとり）の安宿（あすか）」という表現が成立・普及することになったと解すべきなのです。

次いで、古代日本人が好んで行なったらしい「短縮」の手法が加えられました。それは「とぶとり」という「音」を略し、「安宿」という文字を略して、「あすか」の「音」を「飛鳥」の文字に結合するという手法にほかなりません。これと同様な「短縮」の手法は、「下毛野（しもつけぬ）」の「毛」の字と「ぬ」の音を略して「下野（つもつけ）」とした例、「近淡海（ちかつおうみ）」の「ちかつ」の音を略し、「淡」の字を落とし（且つ「海」を「江」字に変えて）「近江（おうみ）」と作った例など、いくつも見られるのです。

『万葉集』では「明日香」の字が使われていますが、これは『万葉集』の風雅であって、「明日香」の用字が漢字到来の最初に当てられていたならば「飛ぶ鳥」が枕詞として成立するはずはなかったでしょう。これは大事なことです。

ところで、余談ながら、「あすか」の由来は何かについて私見を述べます。「地名辞書」類によれば、（1）鳥が多く群棲したことによる、（2）ア（接頭語）スカ（住処）で集落を意味する、（3）アス（崩地）カ（処）の意、（4）ア（接頭語）スカ（洲処）の意、（5）朝鮮系渡来者の安住の地（安宿）のこと、などの諸説がある由ですが、残念ながらいずれも説得力があるとは思えません。（1）と（5）は漢字に引きずられているもので論外です。私はむしろ仏教の保護者であったアショカ王（阿育王）か、さもなくば阿閦《あしゆく》という如来の名に因む地名として成立したのが「あすか」ではあるまいかと思うのですが、地名の発生源は解くのが難しいという立場をとっていますので、この解釈にこだわるつもりはありません。

百済はなぜ「くだら」と読むのか

わが国における仏教受容の地、飛鳥に触れたので、続いて、百済はなぜ「くだら」と読まれることになったのかという、もう一つの話題に踏みこんでみましょう。

滋賀県愛知郡愛東町に百済寺《ひゃくさいじ》という大字《おおあざ》があります。天台宗の名刹・釈迦山百済寺の門前に成立した集落であるため、この名を持っています。百済寺集落は寺号の通り「ひゃくさいじ」と読むから問題はありませんが、百済は通常は「くだら」と読みます。しかし、百済という漢字には、絶対に「くだら」という読み方はないのです。漢字として読むなら「ひゃくさい」か「ひゃくせい」だし、朝鮮半島の言葉としてなら「ペクチェ」でなければなりません。にもかかわらず、誰もがいつでも何の躊躇もなしにこれを「くだら」と読んで疑わないのです。私には、長い間不思議で不可解でした。

「くだら」という音の起源については、いくつかの説があるようです。一つは朝鮮半島南辺の「居陁《こだ》郡」の名が拡大したと見る説です。居陁郡は、今のキョンサンナムドチンジュ（慶尚南道晋州）です（図14－1）。しかし、そこは任那《みまな》の域内です。任那の地名が、他国である百済を表わす「音」として使われたなどという説明が、どうして成り立つでしょう。この説は論外です。もう一つの説は「く」が「大」を意味し、「たら」は「村」で、だから「くだら」は「大村」あるいは「大国」の意であるという、よくある「朝鮮語」説です。しかし、高句麗や新羅と並び立つ状況の中で、百済

図14－1　古代の朝鮮半島の国々（原図・松田寿男・森鹿三編『アジア歴史地図』平凡社、一九六六年）

図14－2　『日本書紀』に見える「クダラク」（『新訂増補国史大系　日本書紀　前篇』吉川弘文館、一九八一年）

〔私北〕載《ノセイレテ》二于八十艘《ヤソノフネ》船《カハラニ》一〔北〕。令レ従二官軍《ミイクサニ》一。是

之縁《コトノモトナリ》〔北〕也。於レ是高麗《コマ》百濟《クダラ》二國《ノ》

レ伺二其軍勢《ミイクサノイキヲヒヲ》〔北〕一。則知《テ》二不可勝《エカツマジキコトヲ》一。

だけが「大村」、いや「大国」であるとしても、そうした平凡な普通名詞で「ひゃくさい」「ペクチェ」にとって代わって、文字に合わない呼ばれ方をしたとはとうてい考えられません。この説もまた論外としか言いようがないのです。この点に関しては、わが国の歴史学界も明確で、「百済と書いて『くだら』と読む」ことの説明はまだできていないと認めています（『国史大辞典』吉川弘文館）。ではどう考えたらよいでしょう。

私は、百済の人が日本へ仏教を伝えたことにヒントがあると思っています。百済国名の『日本書紀』における初出は「神功皇后摂政前紀《じんぐうこうごうせっしょうぜんき》」の庚辰一〇月条ですが、その古訓に「クダラ」のほかに「クダラク」とするものがあったことは見落とせません（図14－2）。なぜなら、この後者の古訓は、「ふだらく」という音につながりそうだからです。仏教で、「ふだらく」（補陀落・普陀落）と言えば、インドの南海岸にあって、観世音菩薩（観音）の住む山のことです。百済からの渡来人が仏教を伝えたのは間違いないことですから、当然、彼等の口から「ふだらく」のことも頻繁に語られたはずです。法隆寺には、著名な百済観音があります。この観音像が百済から将来されたものとする説は、元禄一一年（一六九八）の『台覧記并諸堂仏体数量記』で初めて唱えられた由で、しかし日本特産の樟《くす》を材とすることから、この将来説は否定的だといわれます（『国史大辞典』「法隆寺」の項）。ですが、聖徳太子の時代に観音信仰が盛んであったことは周知のとおりで、それは百済からの仏教流入に伴うものであったことは、言うまでもありません。つまり百済から渡来の仏教者は、口々に観音を語り、観音の住む「ふだらく」を語ったに違いないのです。そうすると、これら「ふだらく」を語る人びとは、すなわち「ふだらく」から来た人びと、というふうに置き替わることは、ごく自然の成りゆきであったと見るべきでしょう。

かくして百済の人びと、百済の国が、「ふだらく」という一種のニックネームで呼ばれ始め、これが定着し、一般化した。その過程で「ふだらく」が「ふだら」に短縮され、「ふだら」が「くだら」になったであろうと推測することは、決して無理ではないと思います。大学に法学部と工学部がありますが、これを耳で聴く際にはしばしば判別が難しいことは日常よく経験することです。要するに、わが国が百済から仏教という画期的な宗教・思想を受容した事実に注目した時はじめて、「漢字と読みの不一致」という方式の国名呼称になった理由が解けたのです。私は以上のように考えました。これ以外の解釈があれば自説を取り下げることにやぶさかでありませんが、これ以上の説明がもし見出せなければ、これは、現時点における正答といって差し支えないと考えます。

日下は、なぜ「くさか」と読めるのか

もう一つの例を取り上げます。日下という地名や人名がどうして「くさか」と読めるのか、という問題です。『日本書紀』神武紀の戊午年三月～四月の条に、「草香邑《くさかむら》」「草香津《くさかのつ》」「孔舎衙坂《くさかのさか》」などと書かれる「くさか」地名が初出します。漢字表現が二種類であることは、漢字が当て字にすぎないことを物語っています。この場所は、大阪府東大阪市の生駒山《いこまやま》西麓にあたり、今も日下という集落があります。

そもそもその場所がなぜ「くさか」という地名になったかという問題、つまり地名起源は解けないというほうが正しいと思いますが、神武紀の場合は漢字表現が読みと一致していますから、そのことには問題がありません。『万葉集』も「草香山」と表現していて問題がありません。『古事記』だけはなぜか「日下」の字を当てているのです。そして、現代の人は誰でも、「くさか」といえば躊躇することなく「日下」の字を用います。どうしてこれが「くさか」なのか。「下」は良いとして、「日」はなぜ「くさ」なのか。私には長い間、不思議でした。しかし、ある日突然氷解したのです。答えは簡単、日は草の簡体字、草冠《くさかんむり》と十の部分を省略した簡体字と見れば説明ができるではありませんか。香を、同じ音の簡単な文字である下に置き替えてあるこ

とが、右の考えに至るヒントになりました。もちろん、この答案は直感ですが、これ以外に説明のできる論理はないと思います。とすれば、これは現時点での正解といえると思います。例えば木簡では、「マ」は「部」の箇体字であるという例もあるからです。

『行基年譜』に草冠を二つ重ねた「廾」という字が、たびたび使われています。これが菩薩の箇体字であることは、早くから知っていました。これに日下という箇体字の発明・使用の例を加えてみると、今更のように日本人のフレキシビリティに感動を覚える思いです。音《おん》で始まった言葉（もちろん地名を含めて）に漢字を導入して表記し、そこからひらがなとカタカナを生み出した日本人は、その前に箇体字を用いることを案出した、柔軟な智恵者だったのです。では、何故ほかならぬ『古事記』で日下という箇体字が使われたのでしょう。その答えは意外に簡単なようです。『古事記』は稗田阿礼《ひえだのあれ》の口述によって成ったという経緯があります。この経緯が、「速記」を要し、簡単な文字を必要としたという解釈はどうでしょう。

さて、日下をクサカと読むことに対する右の解釈が正しいなら、これは地名の意味を文字から解こうとする考えの危険性を言っていることでもあるのです。日下の地で、日に向かって戦ったがゆえに矢を受けて痛手を負ったとする五瀬命《いつせのみこと》の説話（『古事記』神倭伊波礼毘古《かむやまといわれびこ》の段）の影響からか、日下を難波（大阪）から東を望見して日の出の山の麓の意で生まれた地名とする解釈がありますが、これの失当は明瞭でしょう。初め草香でなく久坂とか急坂の字が当てられたとすれば、解釈は全く別になってしまったはずです。「くさか」地名起源の真意が急坂であったとする仮定は、「日下の直越《ただご》え」という道のあり方とよく符合しますが、しかしこれは水かけ論になってしまうので、深追いは避けたいと思います。起源論はやはり難しいのです。

日下という略字、あるいは「速記記号」と言うべきかもしれませんが、これが『古事記』に用いられたということは、こういう用法が『古事記』に始まったことを意味するわけではないでしょう。むしろ、巷間でそういう漢字の簡略化が結構拡がっていて、それ故に『古事記』でそれをとり入れても抵抗がなかった、と見るべきだと思います。おそらく、木簡のような、文字を記すスペースが広くないものに多くの字を書く必要から、例えば藤原宮出土木簡で「弟國 評 鞆罡（岡）三二《おとくにのこおりともおかのさと》」というふうに「里」の字が「三二」に見えるような字として用いられ、また「郷」の字が「乡」と略され「部」が「マ」と略されたようにして、略字化が始まったのでしょう。

いずれにせよ、こうした動きの中から、カタカナ、ひらがなが次々と「発明」されていったと私は思います。歴史地理学の資料の一つである地名を考えているうちに、意外な事が見えてきたと私は思うのです。

このカナの発明は、日本文化の柔軟性、豊かさにつながってゆくのですが、それについてはいつか改めて想を練ってみたいと考えています。

第15章　耳納山・伊吹山・浅間山——その山名由来を考える

地名辞典に満ち足りぬ思い

いくらか礼を失することになるかもしれないのですが、西日本から東日本にわたる標記三山を例に取り上げて、地名辞典の、特に地名の由来についての記述はもう少し踏み込んだ考証がなされてよいのではないかという、年来の思いを述べることにします。

福岡県久留米市の東方にある耳納山の名称由来を知りたいと思い、ある地名辞典を繙いたことがあります。すると「みのう　耳納〈久留米市〉」の項目には、「耳納の名は、浮羽郡の観音寺の然廓上人が法力で牛鬼を退治しその耳を埋めたことから起きたという（宗教と文化誌）」とあり、「みのうさんち　耳納山地」の項目には、東西に二五キロも続く長い山地で、水縄山地とも書くことに触れた後、「耳納の由来に関して、山麓に現れた化け物の耳とする説、東北地方で源義家と戦った安倍貞任の耳を納めたという説、中国人が水縄を引いた嶺線の説などがあるが定かではない。中世以前には三奈尾・皆尾とも書き、『みなお』と読んだようである」と記されているのみで、失望してしまいました。荒唐無稽ないくつかの説話を列記しただけで終わっていたからです。荒唐無稽な説話に基づいて山名が生まれるケースが無かったとは、言えないかもしれません。しかし、一般的には、地名説話は、当て字に過ぎない使用漢字に引きずられて、のちに誰かが想像たくましく作り上げた「お話」に過ぎず、その地名の本当の由来とは何の関係もない場合がほとんどです。現に上の事例では、「耳納山」の由来説話では「水縄山」の由来は説けず、逆に「水縄山」の由来説話では「耳納山」の由来は説けず、ましてや「三奈尾山」「皆尾山」の用字について説けるわけがありません。このままですと、地名辞典の地名解釈は、信じがたい説話を祖述するだけのレベルかと評価されかねず、それが私には残念でならないのです。地名辞典に説話を引用して悪いことはありませんが、引用の際、このような説話では実はなにも説明になっていないことをはっきり語る義務があると思うのです。

耳納山の山名由来を推理する

私は耳納山の名の由来を、以下のように解釈しようとしています。東西に長く稜線が伸びる耳納山地は、それ故に「水縄」山地という当て字でも表記されるようになったに過ぎません。それはよいとして、この山地の西寄り、かなり標高が下がった三六七・九メートルの峰に、地形図は耳納山の注記を添えています（図15－1）。しかし、現地の案内板が耳納山頂と指し示していたのは、そこから約一キロ東の四五六メートルのピークでした。これを「混乱」というつもりは、私にはありません。むしろこれは、遠望すると「兜」の形に見える故に命名されたであろう兜山のような例を除き、この山体がトータルに耳納山地と捉えられていたことを示唆する、注目すべき事実だと思うのです。

地形図の耳納山頂から西へ二キロの地点に高良山《こうらさん》があり、その西一キロ内外のところに高良山神籠石《こうごいし》の遺構が展開しています。神籠石とは、図15－2のように方形の石が二段に積まれたり一段のままで（所によっては何段も高く積まれ）、二キロも三キロも山麓から山腹・山頂を延々と巡る列石遺構です。その程度の高さですと容易に跨いで越えることもできるので、初めは神域を画するものでもあったのかと考えられ、神籠石の名が定着したのですが、考古学の調査で、列石の前面に木の柵列が添い、それらを覆って数メートルの高さに達する土塁が築かれていたことが分かり、神籠石は実は古代の山城であったことが判明したのです。神籠石を含む古代の山城は国外からの侵攻に対する備えとして築かれたと見られ、現に北九州から山口県にかけて

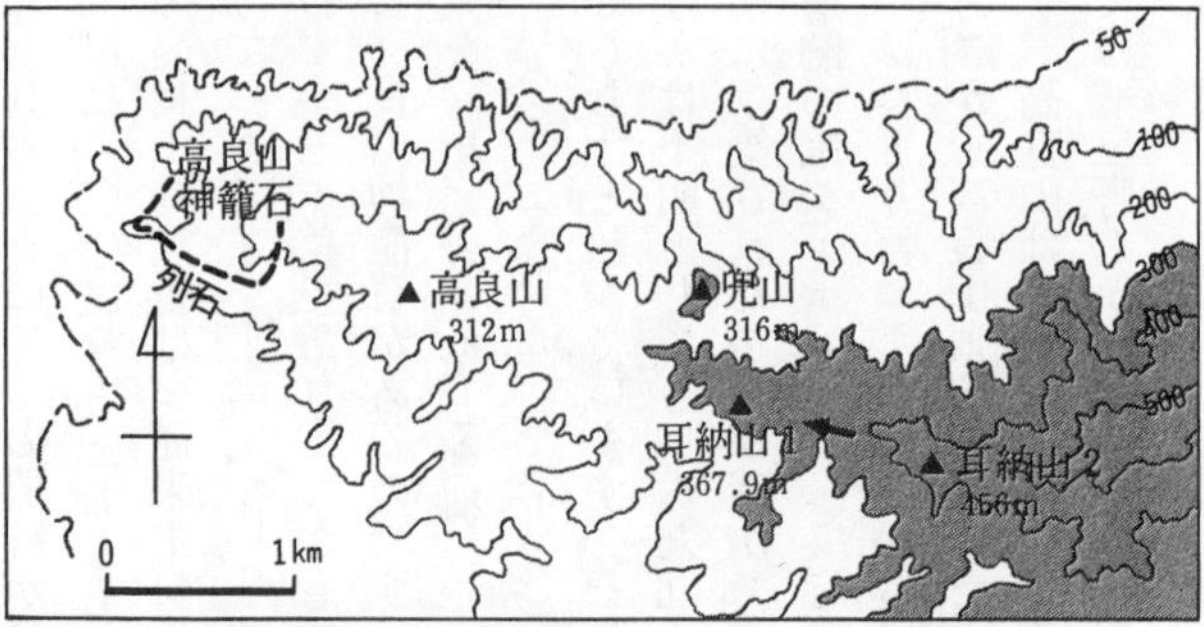

図15－1　耳納山頂と高良山神籠石

図15－2　おつぼ山神籠石遺跡の列石（斎藤忠『日本古代遺跡の研究総説』吉川弘文館、1968年より）

図15－3のように多くの遺跡が分布しています。

同図に「○○城」と記したものは、『日本書紀』などで名が分かるケースです。問題の高良山神籠石は、従来史料に名称が見えない山城とされてきました。しかし私はそうではあるまいと考えています。既に述べた通り、高良山神籠石と耳納山頂との間はわずか三キロであり、しかも単に近いだけでなく、耳納山地と総称される山脈の西端に高良山神籠石があるのです。『日本書紀』天智九年（六七〇）二月の記事は、「高安城を修めて穀と塩とを積む。また長門に城一つ、筑紫に城二つを築く」と言い、『続日本紀』文武三年（六九九）一二月の記事は、「大宰府をして三野、稲積の二城を修せしむ」と語っています。三野・稲積二城が二九年前の「筑紫の城二つ」であるかどうかは不明としても、六九九年の記事は「修築」を語っていますから、二城がそれ以前に創築されたことは確かです。結論的に言えば、私はこの三野城こそ高良山神籠石遺跡の本名と考えるべきだと思います。それは「みの」と「みのう」が通音、いや、はっきり言って同音だからです。図15－4は耳納山頂の少し西（図15－1の矢印付近）から高良山頂を遠望したものです。実距離二・五キロですが、まさに指呼の間です。高良山は耳納山の内にある、と思いました。

では、三野とか耳納や水縄の文字が当てられることになる「みの」とは、どういう

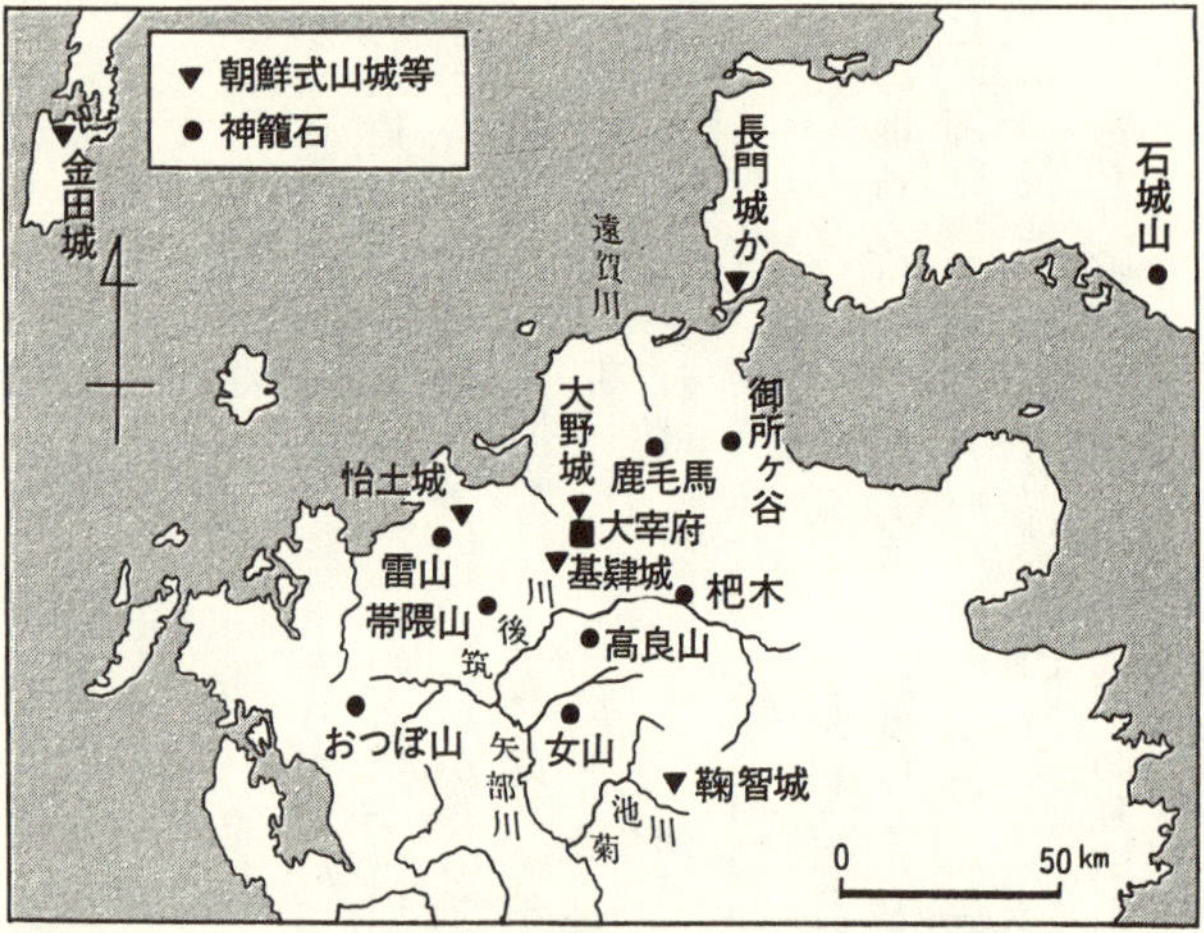

図15－3　北九州・山口県における古代山城跡の分布　朝鮮式山城と神籠石は通説に従って区分して図示してあるが、著者の私は、両者を同種のものと考えている。

図15－4　耳納山頂付近から高良山頂を望む（足利撮影）

地名でしょう。私は、地名の語源を解くのは難題なので慎重でありたいと思っていますが、ここでは少し踏み込んでみる必要がありそうです。耳納山地北麓には、二万五〇〇〇分ノ一地形図でも、西から久留米市山本町豊田「下野」、同市「草野」町、田主丸町「竹野」などの「野」地名が並ぶことが分かります（図15－5）。ここにはほかならぬ古代の「竹野」郡もありました。確かに一帯は、耳納山地から流れ下った砂の堆積した扇状地が東西に連続し、条里地割は広く施工（図15－6）されているのですがかなり傾斜があるため、水がかりの悪さに伴う「野」の景観が、古い時代ほど広く展開していたと推測されます。実際、今でもそこは、果樹園と植木畑が広い面積を占めているのです。

『和名抄』によれば、筑後国には、御原《みはら》郡、御井《みい》郡、三潴《みぬま》郡、三毛《みけ》郡の名が見えます。これらは、「原」、「井」、「潴＝沼」、「毛」がそれぞれ美称を伴って二字郡名になっているタイプです（ただし三潴のみは「水沼」かもしれません）。筑後地方でこの種の地名の付け方がある時期に流行したとすれば、野の景観が卓越する耳納山地北麓に「御野」「三野」という地名が成立した可能性は考えられてしかるべきです。そしてその後に、この地名は、この野を作り出した母なる背山の名になった。それが三野山であり三野城であり、同名異字の耳納山の名にほかならないのです。この付近の郡

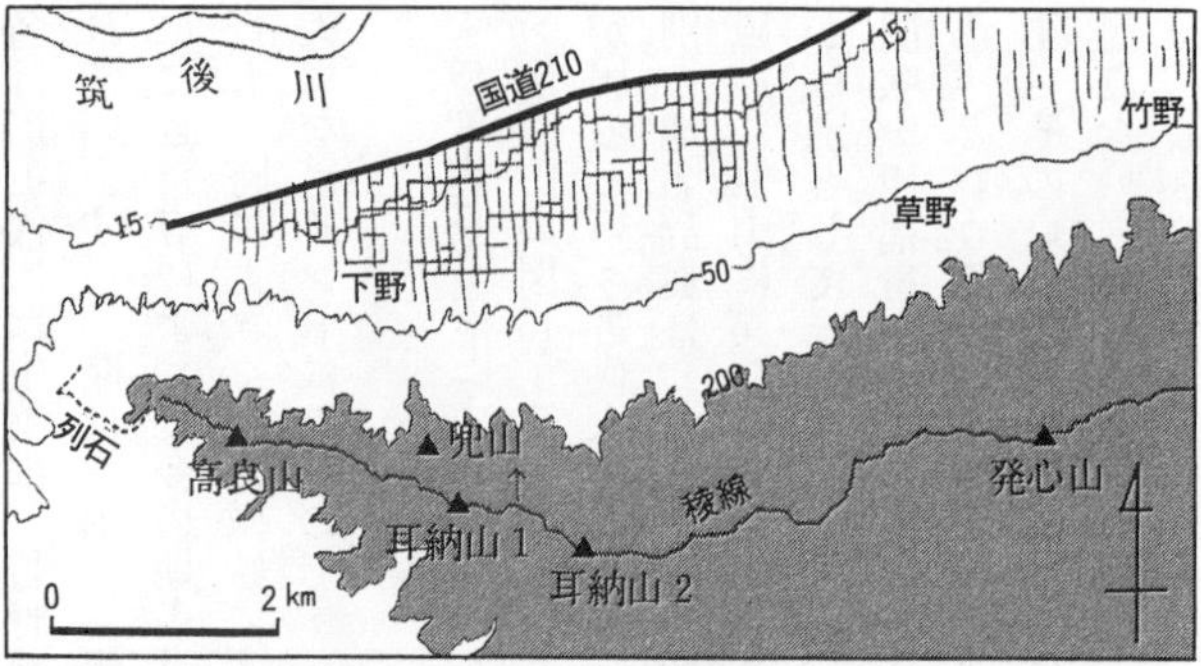

図15－5　耳納山地北麓の「野」地名　縦横の網目が条里方1町遺構。南北遺構が顕著なのは、北流する水路を並走させるためである。国道210以北は圃場整備されているので遺構を拾えない。

図15－6　耳納山から見下ろした北麓の条里地割と土地利用
(足利撮影)

名は、古代には生葉郡、竹野郡、山本郡でした。その生葉郡は現代は浮羽郡と表記されています。三潴は水沼とも書かれました。滋賀県では、水沼が敏満《みぬま》に変わり、そこにできた寺によって今の地名は敏満寺《びんまんじ》です。用字はさまざまに変化し、それに応じて音も、時に大きく時に微妙に変化します。その過程を読み切ることが、地名解釈には大事なポイントになるのです。

伊吹山はどうしてその名をもつことになったのか

伊吹山（図15－7）の「伊吹」は「息吹」を意味し、山気や霊気を吐き息づく山神が居るという古代人の山岳観を表わしているというのが、或る地名辞典の説明です。猛別の地名辞典は、『新撰美濃志』に「伊吹山の字は国史の注するところ異吹なり。猛風常に他山に異なる義」と記されているのを紹介した後、それが「山名の由来かどうかは別として」というふうに、判断を避けています。「いぶき」の漢字は、ほかにも胆吹・伊福貴・五十葺・伊布貴・伊夫伎など、さまざまなものが用いられてきました。ということは、山名の由来は字義を解釈しても見えてこないことを物語っています。その点、後者の地名辞典は賢明ですが、とはいえ、その先に対する洞察がなく物足りない思いは残ります。

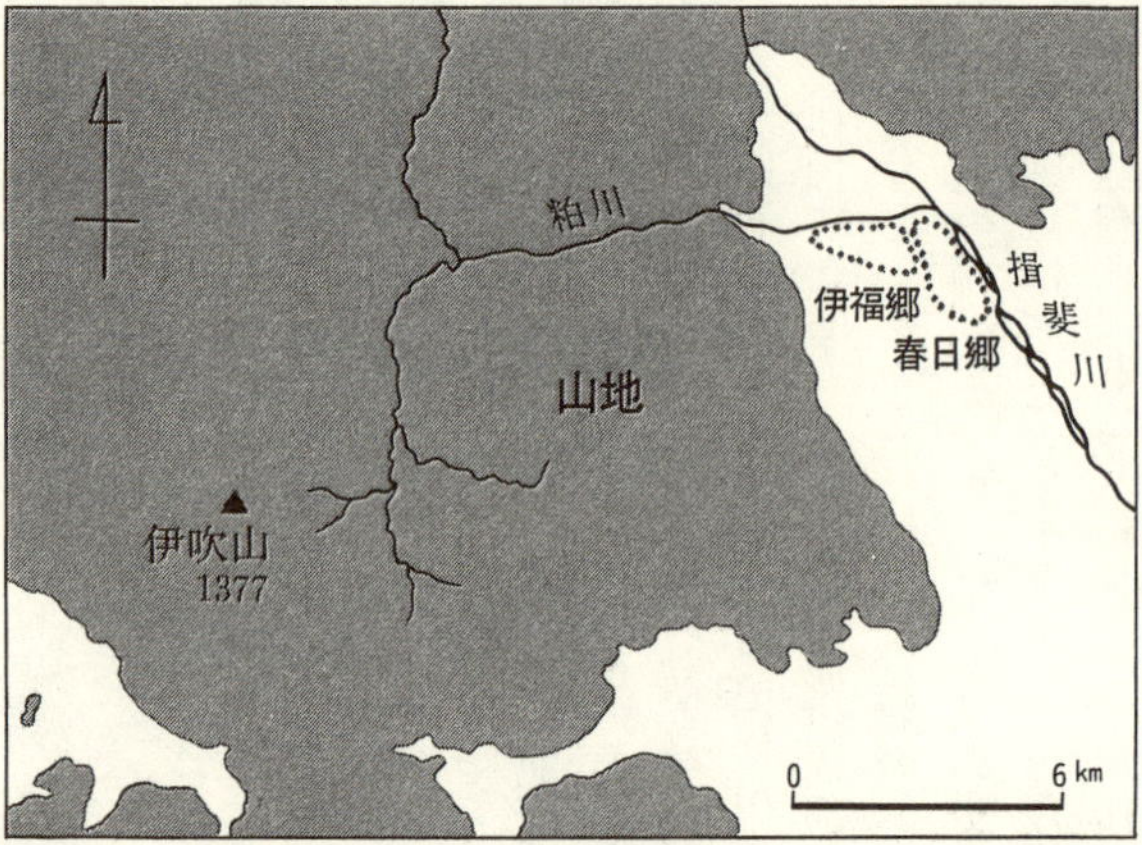

図15－7　伊吹山の位置～伊福郷との関係

粕川の名は、揖斐川に合流する地点に展開した春日郷の名に因む可能性も高い。

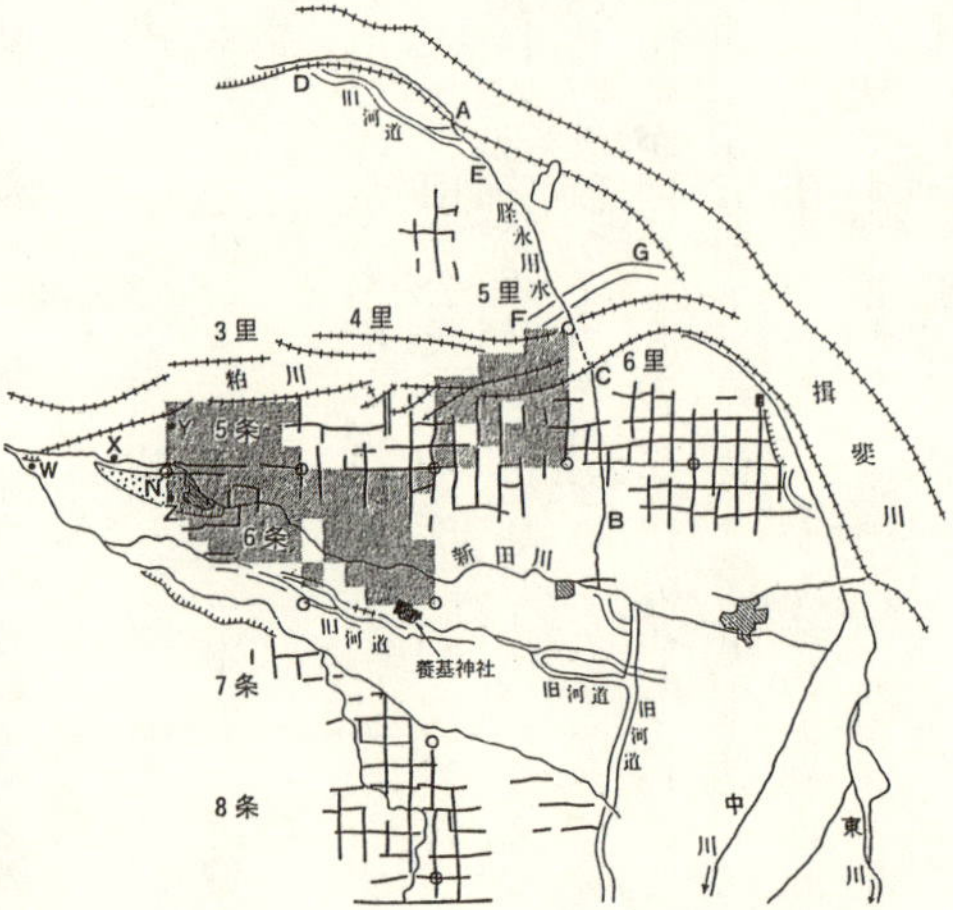

図15－8　五百木部惟茂名田とその周辺（足利・金田・田島「美濃国池田郡の条里」『史林』七〇－三、一九八七年）

私の考えは、伊吹山の名は東麓、つまり美濃国西部にあった池田郡伊福郷の名と深く関わっているということです。「伊福」は、字を読めば「いふく」ですが、実は「いおき」または「いおきべ」という音に「伊福部」の漢字を当て、「部」を略して二字にしたものなのです。「いおきべ」の当て字としては、ほかに「五百木部」「廬城部」もあります。

伊福郷は、図15－7に示したように、揖斐川に西から粕川が合流する地点の南西岸にありました。このように推定できるのは、先年、田島公氏が『為房卿記』の紙背文書に、長元八年（一〇三五）の「池田郡司《いけだぐんじ》五百木部宿祢《いおきべのすくね》惟茂解《これもちげ》」というものがあることを見出し、それに伊福郷所在の惟茂名田六八町五段が条里坪付をもって示されていたため、同氏らと共同で検討した結果、その田畑が図15－8のように分布していたことが判明したからです（「美濃国池田郡の条里」『史林』七〇－三、一九八七年）。ここに伊福郷があり、五百木部＝伊福部を名乗る人の田畑があり、しかもその人は郡政のトップでした。これは一一世紀の「新しい」話です。しかし、この人の先祖筋と見られる人物が、三〇〇年以上も前の史料に記されています。

美濃国には大宝二年（七〇二）の戸籍史料が五通残り（『寧楽遺文』上）、その一つに「味蜂間郡（あはちまぐん＝安八郡）春部里《かすがべり》戸籍」があります。春部（春日部）里は伊福里とともに、平安時代の初めごろ安八郡から分かれた池田郡に属して春部郷・伊福郷になり、両郷は隣接していたと考えられます（図15－9）。その味蜂間郡春部里戸籍に、伊福部君福善が郡司の第三等官である主政として署名しており、上記戸籍の作成実務を担当したことが分かるのです。五百木部・伊福部の一族は、同じ大宝二年の「山方郡（山県郡）」にたくさん見え、美濃西部一帯の名門であったことが分かりますが、もちろん伊福郷（当時は里）が本拠地で、しかもこの一族は、宮城十二門の一つ「伊福部門＝殷富門」を造立した門号氏族です。そのことは、池田郡の一帯が大海人皇子（天武天皇）の湯沐邑《とうもくのゆう》、簡単に言えば私領地相当の所であったこととも関わりますが、ここではこれ以上の説明は不要でしょう。

その古く由緒ある伊福（伊福部）の地から西山の深い谷筋を遡ると、図15－7に示すとおり伊吹山の直下に至るのです。ならばその谷筋、その上に聳える山は、当然のこととして「いおきのたに」「いぶきのたに」であり、「いおきのやま」「いぶきのやま」であったに違いないのです。伊吹山は、これに対する当て字だったというわけです。なぜ伊吹の字が使われたのかは、先に「いおき」に「伊福」の字が当てられていたからだと言って間違いありません。伊福を同音の伊吹に置き換えた、それが古代人のウイットでした。なお、「いおき（いほき）」の原義が何かについては別の問題です

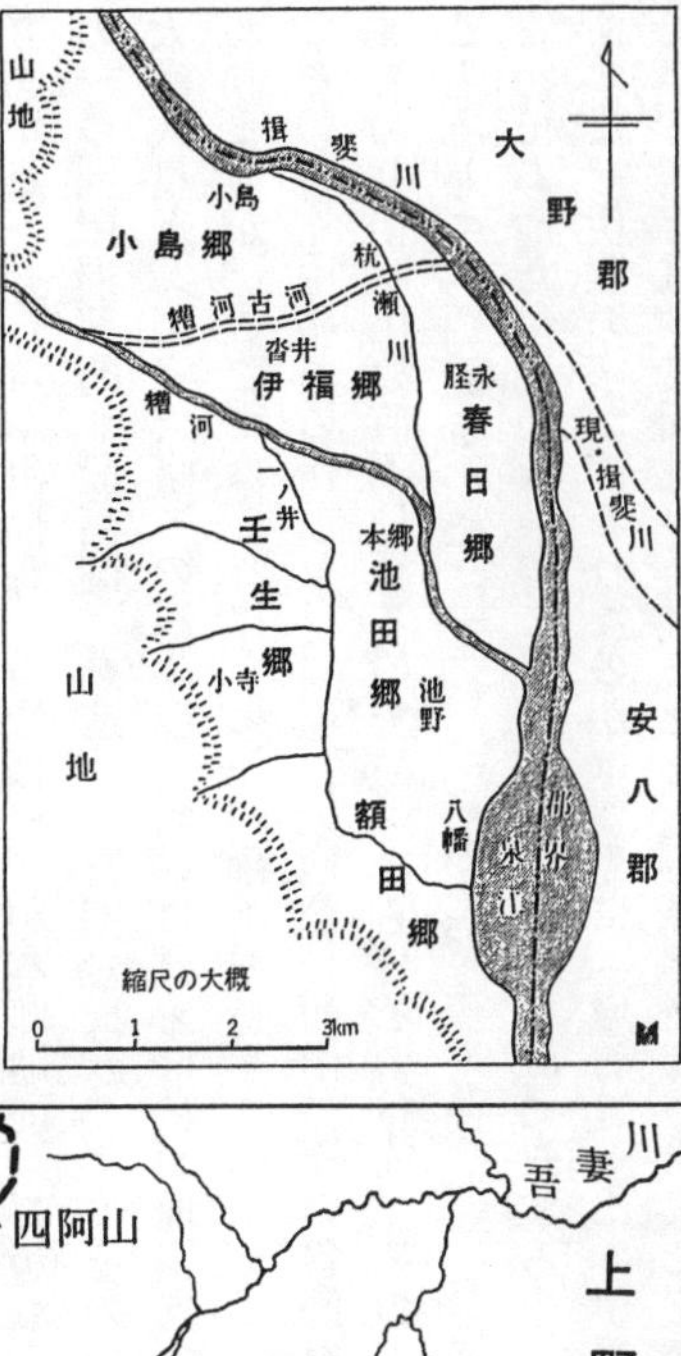

図15－9　池田郡六郷の比定模式図（足利・金田・田島「美濃国池田郡の条里」『史林』七〇－三、一九八七年）

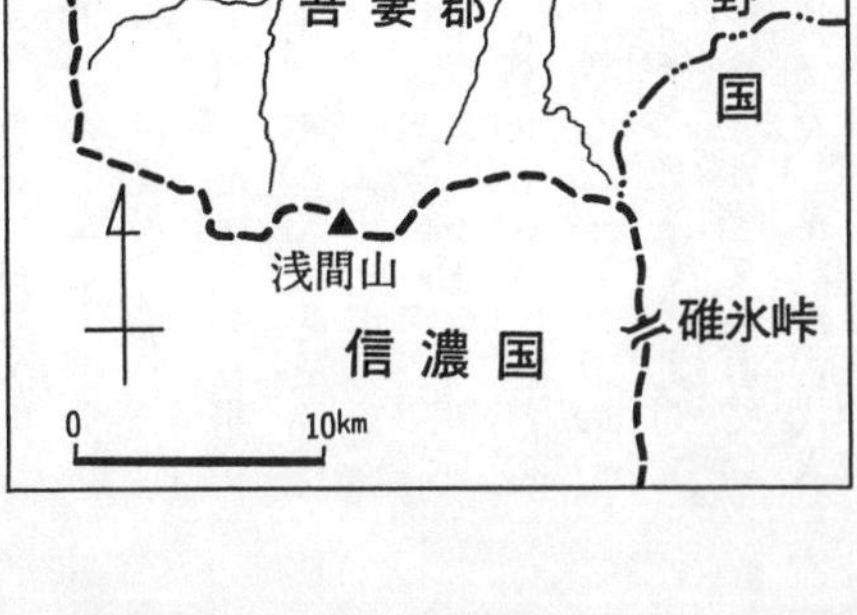

図15－10　浅間山の位置

ので、ここでは省略します。

一つだけ付け加えておきたいことがあります。右に伊福郷の西山は「いぶきのやま」、谷は「いぶきのたに」であったと述べましたが、結果的には「いぶきのたに」

の名は残らず、その谷から流れ下る川は「糟河」（粕川）になりました。それは、この川の揖斐川への合流点が春日郷であるため、春日川とよばれることとなり、やがて用字が糟河（粕川）という、同音異字に変じた経過があったことを窺わせます。

浅間山の名の由来を解く

長野・群馬両県の境にある浅間山（図15－10）の名がどうして付けられたのかというテーマは、上記二題と同種の論法で説明できると私は考えています。結論を言えば、浅間山は「あづまやま」に対する当て字の一つということになります。「あづま」という「音」に対するもう一つの当て字が「吾妻」です。「あづま」と呼ばれた地域は、古代の国郡郷レベルの地域としては上野国（群馬県）吾妻郡しかありませんから、ここがこの地名の発源地と考えられますが、恐らくそこが利根川の源流部であることによって、「あづま」はやがて広く利根川流域一円の地域呼称に拡大してゆきます。この地名が唯一で珍しかったからか、或いは「吾妻」という当て字が遊び心を刺激したかして、多分かなり古い時代に吾妻に関わる有名な説話が生まれます。『日本書紀』は景行紀四〇年是歳条でその説話を収め、日本武尊が日高見国（今日の茨城県南部）の蝦夷を平定し、転じて甲斐から武蔵、上野《かみつけぬ》を巡って、信濃との境界をなす

「碓日坂（碓氷峠への坂）」に至った時に、

日本武尊《やまとたけるのみこと》、毎《つね》に弟橘媛《おとたちばなのひめ》を顧《しの》ひたまふ情有り。故《かれ》、碓日嶺《うすひのみね》に登りまして、東南を望みて三歎《みたびなげ》かして曰はく、『吾嬬《あづま》はや』とのたまふ。故、因りて山の東の諸国を号《なづ》けて吾嬬国《あづまのくに》と曰《い》ふ

と記しています。『古事記』の景行段も類似の説話を収めていますが、内容にはかなり違いがあります。すなわち、今の関東の「荒ぶる蝦夷等」を平定した倭建命《やまとたけるのみこと》が帰る際、

足柄の坂本に到りまして、御粮食《みかれひきこしめ》す処に、其の坂神、白き鹿に化《な》りて来立ちき。爾《かれ》其の咋《みお》し遺《のこ》りの蒜《ひる》の片端以て、待ち打ちたまひしかば、其の目に中《あた》りて、打ち殺さえたりき。故其の坂に登り立ちて、三歎して、あづまはやと詔《の》云りたまひき。故其の国を阿豆麻《あづま》とは謂ふ也

ということがあったと述べています。二つの説話を比べると、『古事記』の話は筋が

通らず、何のために「あづまはや」と言ったのか分からないものになってしまっています。作り話であればあるだけ筋が必要なのに、それがないのですから話にならないわけです。対して『日本書紀』は、日本武尊が、馳水《はしるみず》の海（東京湾口）渡海に際して人柱として入水してくれた弟橘媛を偲ぶという、『古事記』にも共通する設定に、きちんと対応した話になっていて、明快です。両書の違いをどう捉えるかは、私にとってかなり重大です。『古事記』は和銅五年（七一二）に完成しました。『日本書紀』の完成は、その八年後です。ここにポイントがあります。つまり『古事記』所収説話の乱れを毅然として訂正するかのように、『日本書紀』の記述は整っています。言わば『古事記』の説話が到底同列には扱えないものであることを、『日本書紀』が言明していると解釈すべきなのです。『古事記』における「足柄の坂本」という場の設定も、従って当然採るに値しないものになります。

実際、古地名「あづま」に「吾妻」の文字が当てられたことを下敷きにして作られた、ないしはそれを説明するために作られた、「お話」なのですから、「吾妻」の原点を遠く離れた所に設定した「場」では、話の筋が整うはずがなかったというわけです。

以上、私は記紀の説話の検討を通して「あづま」の原点を読みきりました。その

「あづま」の地に君臨するように聳える山が浅間山です。とすればおのずから、浅間山の名は、「あづまやま」にその字を当てたものにほかならないことが理解できると思います。浅間山の北北西一〇キロ余りにある四阿山《あづまやま》の名も、「あづまやま」に漢字を当てたもう一つのケースと考えられます。最後に、日本武尊が碓氷峠から望見したのは東南方、弟橘媛が入水した東京湾口方面を向いてという設定で、峠の北に当たる吾妻郡方向を向いてという設定ではなかったことに触れておかねばなりません。これは、吾妻郡から流れ出す利根川流域全体に「あづま」の地域呼称が拡大した段階を反映していること、そして、「東」の文字を「あづま」とも読む国訓の由来をこういう説話で説明しようとしたらしいことなど、もう少し考えてみる必要のあるテーマが潜んでいると思うからです。それはともあれ、耳納山、伊吹山、浅間山、これらは共に、麓の地域名が、そこを見下ろす背山に上がり用字を変えて生まれた名であったと述べるのが、本章のねらいでした。

第16章　小字「心蓮寺」が発信した情報——姿を見せた山田寺

この章では、一つの小字地名が、発掘調査で出土した古代遺跡が何であったのかを明らかにするのに決定的な役割を果たした事例を示し、地名がいかに貴重な資料になり得るかを語りたいと思います。

樋ノ口遺跡の遺構・遺物

問題の遺跡は、図16－1に矢印で指し示した二つの黒点の位置に見つかりました。京都府相楽郡精華町と木津町の境で、ここを京都と奈良を結ぶ自動車専用道路が通過することになったため、平成三年に、京都府埋蔵文化財調査研究センターによる調査が行なわれたのです。一帯は遺物の散布地で、近くの小字名をとって樋ノ口遺跡と呼ばれてきました。しかし、資料としてものを言ったのは、この小字ではありません。

調査によって明らかになった遺構・遺物の要点を、現地説明会資料と調査を担当した伊野近富氏らの教示に基づいてまとめると、次のようになります。

先ず遺構です。遺構としては地下四〇センチメートルの所に中世耕作面があり、そ

図16－1　樋ノ口遺跡の位置と小字（「精華町小字図」より）

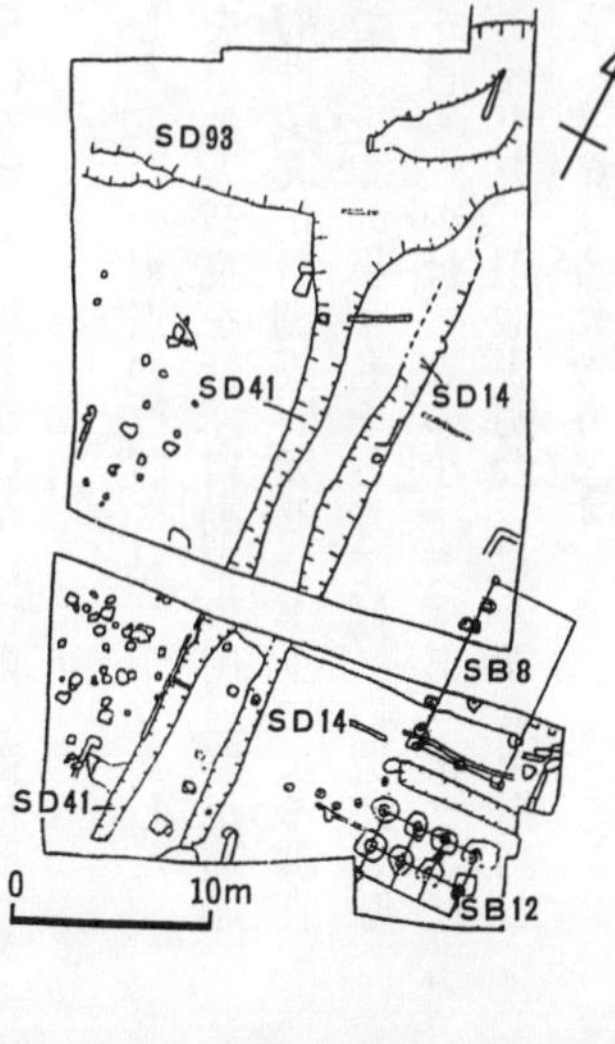

図16－2　遺構配置図（『現地説明会資料』より）

の下に図16－2のような溝や建物跡が埋まっていました。これらは、奈良時代の前期から中期にかけての遺構と、それ以後平安時代初期までの遺構との二つの時期に区分

されます。そして前者をこの遺跡のI期のもの、後者をII期のものと称します。注目すべき遺構を箇条書きすると、

①築地塀の雨落溝と思われる南北方位の溝二本（SD14、SD41）。溝の間の築地塀は瓦葺きであったことが、瓦片の出土で分かる。

②大溝か池かと見られる遺構（SD93）。

③東西三間・南北二間、総柱、柱径三〇センチの、倉と思われる建物（SB12）。

④東西二間・南北おそらく五間の建物（SB8）。SB12より新しく、築地側溝が埋まった時期と並行する。九世紀末が下限。北に対して1～2度東偏。

⑤築地塀の西に、南北二間・東西二間以上の建物。

となります。この内①～③がI期のもの、④と⑤がII期のものです。

次に主な遺物を列記します。調査終了からあまり時間が経っていない段階の知見です。それは緑釉《りよくゆう》陶器が六〇点以上、二彩及び三彩陶器一〇〇点以上、灰釉《かいゆう》陶器一五点、灰釉羊頭硯ほかの硯一〇点、白磁三点、銅製品二点、土馬二点、二彩の平城宮式軒丸瓦（瑠璃瓦）片二点、平城宮式瓦多数、ほかに在地焼成瓦や中世～近世の信楽焼、白磁、瓦器などでした。もちろんいずれも壊れたものや破片ばかりです。

しかし、二彩・三彩陶器の出土量が平城京跡の出土総量を凌ぐこと、三彩陶器片七

点の中に美しく可愛らしい小壺と珍しい多口壺があったこと、また、二彩の瓦が平城京外で出土したのはここが初めてということなどが、大変注目を集めました。そのため、調査結果発表の翌日の朝刊各紙は、いずれもこのニュースを取り上げたのですが、コメントを寄せた専門家の見解は、ここを宮殿に準じるところ、つまり離宮とするものがほとんどでした。

樋ノ口遺跡は山田寺跡

私もコメントを求められた一人ですが、この時ばかりは確信をもって、この遺跡は寺、それも「山田寺」という名の寺跡だと答えたのでした。そのため、一部の新聞には「山田寺とする説もある」と、控えめながらですが取り上げられました。私見の根拠は、遺跡地の小字名です。前日、現地見学の際、小字名を尋ねた私に調査担当の伊野近富氏は「心蓮寺と書いて、しかし地元では『しんでんじ』と呼ぶんです」と教えて下さいました。しかし「心蓮寺」という寺があったという史料も伝承もありません。また、遺跡の背後の岡に鎮座する新殿神社が「しんでんじんじゃ」と呼ばれることも、同時に教わりました。その時は、奇妙だなアと思うだけで何も発想できなかったのですが、帰りの電車の中で突然「あれっ！」と思ったのです。「しんでんじ」、

「さんでんじ」、「せんでんじ」――なあーんだ「山田寺」ではないか、というわけです。

寺号は原則として音読みです。法隆寺や薬師寺の例を出すまでもありませんが、秋《あき》篠寺《しのでら》も、お寺さんの間では「しゅうじょうじ」と呼ぶそうです。最近『清水寺史』によって知ったのですが、京都の清水寺《きよみずでら》は「世号」という位置付けで、「法号」は観音寺というそうです。

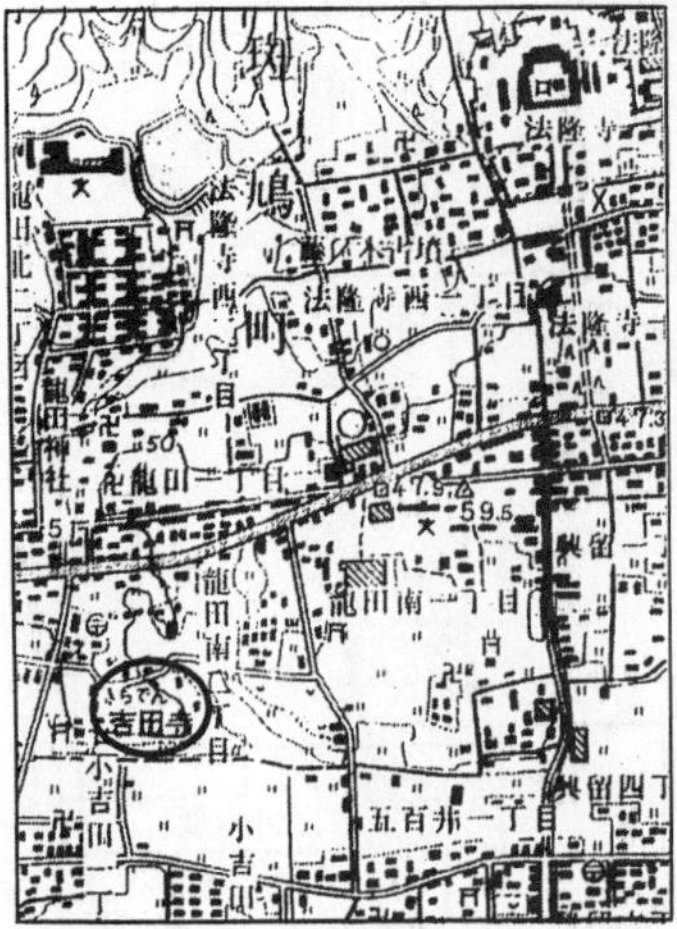

図16－3　地図に見える「吉田寺（きちでんじ）」
(2万5000分ノ1地形図「信貴山」平成5年修正測量 ×1.0)

す通り、吉田寺は「きちでんじ」です。ならば山田寺は「やまだでら」でなく「さんでんじ」または「せんでんじ」。「しんでんじ」はその音《おん》が少し変化して受け継がれてきた、というのが私の直感です。

平城京を凌ぐ二彩・三彩の出土量、平城宮瓦の使用、という発掘成果に、平城京北裏で且つ東西と

図16－4　山田寺跡と極楽寺、日出神社との位置

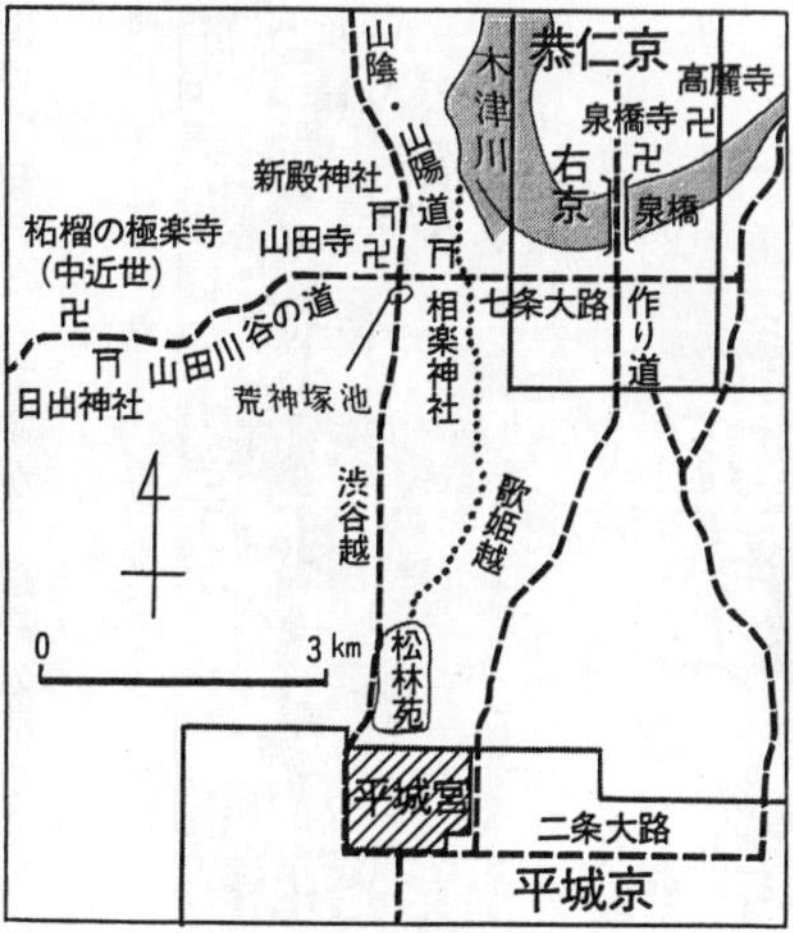

南北の要路の交点に近接する立地条件が重なって、ここを離宮跡とするムードが盛り上がったのです（図16－4）が、実は樋ノ口遺跡地点に離宮があったという文献史料も地名的徴証も伝承も一切ありません。しかも、二彩・三彩出土地の三分ノ一は寺院跡という考古学的事実があるのです。一方、ほかならぬ山田川が流れるこの谷筋のどこかに山田寺という古寺があったことは、嘉吉元年（一四四一）作成の『興福寺官務牒疏』に、

山田寺　同郡（山城国相楽郡）山田郷朝日荘。僧房六宇。皇極帝大化二年、元興寺道昭大徳開基。宣教大師再建。本尊宝生仏。承元三年炎上、正応二年再建

と明記されているのです。ここに「皇極帝大化二年」とあるのは、明らかに誤りです。大化二年は孝徳天皇の時代だったからです。そういう誤りを含んでいるので、この史料は信を置き難いという見方があるようですが、他の史料や発掘成果と合わせてみれば、誤りの箇所はごく一部であることが分かります。

さて、山田寺という寺号に関係して注目されるものに、樋ノ口遺跡から西へ三キロメートル離れた「柘榴」集落（図16－4）にある浄土宗紫雲山極楽寺所蔵の「山田伊王寺」銘梵鐘があります。銘は刻銘で、銘文の全体は図16－5に示す拓影のとおりですが、その二行目に「山田伊王寺」の寺号、末尾に「応長二年（一三一二）」の紀年が刻まれています。図16－1に示したとおり、小字心蓮寺の北に続く丘の上は「医王寺」という小字で、「山田伊王寺」の寺号はこの小字に合致するのです。この場合、「医」ではなく「伊」の字が使われているのは、当時は「医」という字が無く本字の「醫」と書かれましたから、これを梵鐘に刻むのは大変で、同音の「伊」で代用したと考えることができます。実際、相楽郡の「樂」も大変簡略化して刻まれています。要するに伊王寺と医王寺は同寺号ということです。

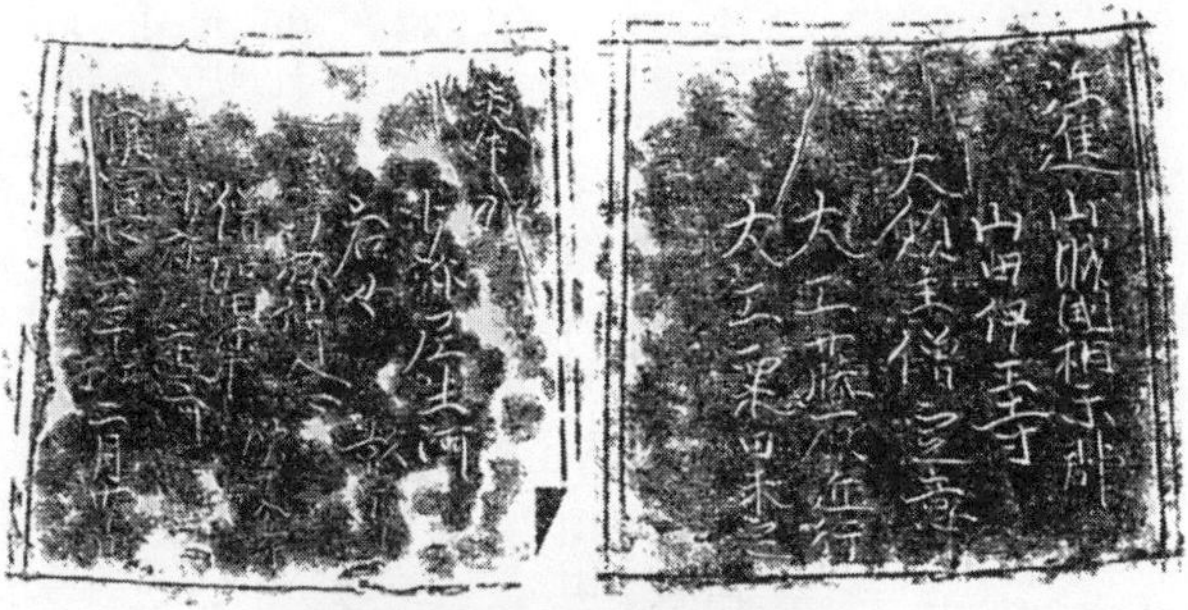

図16－5　極楽寺梵鐘拓影
（京都府埋蔵文化財調査研究センター提供）

図16－6　十三重石塔
（精華町史編さん委員会編『精華町の寺社と美術』、一九八六年より）

山田寺の成立と盛衰のストーリー

ところで、医王寺の本尊は当然医王、すなわち薬師如来でなければなりません。実は、小字医王寺には今も医王寺薬師堂と称する小堂があり、江戸時代作と見られる薬師像も祀られて、医王寺の法灯がかろうじて受け継がれているのです。その側には鐘楼跡もありますが、見落とせないのは、延徳三年（一四九一）造立の刻銘がある花崗岩製の立派な十三重石塔（図16－6、重要文化財）が残っていることです。すなわち一四九一年には、ここに確かに寺があったのです。小字名から見て、それは医王寺であったと考えられますが、同所に「しんでん」神社があり、小字「しんでんじ」が隣接していることから見れば、単なる医王寺でなく極楽寺所蔵の梵鐘銘に記す「山田伊王寺」であったと捉えるほうが合理的です。ではなぜ山田伊王寺だったのでしょう。『興福寺官務牒疏』によれば、一二〇九年に山田寺が炎上し、一二八九年に再建されています。その間八〇年。これは旧寺地の記憶は残っているが、旧寺地が荒地ないし耕地になっていても不思議でない年数です。炎上の際、宣教大師時代からの本尊・宝生仏は、焼失したか、他の寺に移されたかのいずれかでしょう。そういうわけで、再建にあたっては新伽藍が旧寺地の背後の丘上に営まれ、本尊が薬師如来に代わったことによって寺号も山田伊（医）王寺と称されるようになったと考えることが可能です。小字心蓮寺に出土した古代遺構の上が中世耕作面で覆われていた事実と合致します。そしてこれは、武蔵国分寺のように、新しい時代の寺地が背後の高い面に上がった例があちこちにあることとも通じると思います。

「山田伊王寺」刻銘の梵鐘が鋳造され寄進されたのは、再建の二三年後の一三一二年です。それからおよそ一三〇年後の一四四一年、『官務牒疏』に僧房六宇の存在が記録されています。十三重石塔は、その五〇年後の一四九一年建造です。ここまでは、寺運は衰微していないのです。が、時は文明一七年（一四八五）に始まった山城国一揆《くにいっき》の最中になっていました。明応二年（一四九三）に国一揆は崩壊しますが、その後も、南山城では長い争乱が繰り広げられます。京都と奈良を結ぶ道に沿う山田伊王寺は、いつ火をかけられても不思議でない位置を占めていたわけです。「山田伊王寺」銘の梵鐘が柘榴の極楽寺に所蔵されてきたのは、こういう状況の中で、本尊の薬師如来像共々焼災を避け、街道から奥に離れた寺に移した結果だと、私は見ています。浄土宗の寺院なのに、極楽寺には薬師堂があり、そこの本尊として、室町時代の作かと言われる立派な薬師如来坐像（『精華町の寺社と美術（改訂版）』精華町、一九九一年）が安置されていることは、そう考える以外に説明のしようがないのです。

ではなぜほかならぬ柘榴に移したのかという理由は、後にまわします。ともあれ本尊や梵鐘が避難したことによって山田伊王寺は衰微しはじめ、天文一六年（一五四七）に至って、その地に「山田庄天王宮」が造立されることになります（本殿棟札による）。これが後に新殿神社と呼ばれます。山田伊王寺の「記憶」が、一つは「しんでん」神社に、もう一つは小字「医王寺」に留められる結果になったのです。万事つじつまが合います。

ところが、『官務牒疏』が記す創建伝承には、「皇極帝大化二年」という誤りのほかにも、創建者を道昭とする誤りが認められます。『続日本紀』文武天皇四年（七〇〇）三月一〇日の「道照《どうしよう》（昭）和尚物化」記事によれば、大化二年には和尚はまだ一八歳で、その後唐に渡り、帰国後に仏教者としての本格的な活動が始まるのですから、大化二年に道昭が創建したという伝えは誤りと言えるのです。実は、『上宮聖徳法王帝説』によると、奈良県桜井市に遺跡がある山田寺（法号は浄土寺）が、皇極天皇二年（六四三）に時の右大臣蘇我倉山田石川麻呂の誓願で創建され、大化四年（六四八）に僧が住み始めたとあります。私は、このことが『官務牒疏』の山田寺創建伝承として紛れ込んだと考えています。「倉山田」の名に因む「山田寺」の称、「皇極二年」、「大化」の僧始住の伝えがごっちゃになり、それに「大化二年『道登』宇治橋創建」の伝えと「宇治橋『道昭』創建」の伝えがかぶさって、「皇極帝大化二年、元興寺道昭大徳開基」という誤伝が生まれ、それ故に宣教「再建」という話になってしまったと、私は読んでいます。現に、樋ノ口遺跡には大化のころまで遡る証拠は何もないのです。

発掘調査の限りでは、樋ノ口遺跡は八世紀前半から始まるようですから、『官務牒疏』で「再建者」とされた宣教大師にこそ注目しなければなりません。宣教は、行基・良弁らと並ぶ義淵《ぎいん》僧正七上足の一人、つまり天平期の高僧の一人でした。『三国仏法伝通縁起』(中)、法相宗条によってそのことが分かると、横田健一氏の論文「義淵僧正とその時代」(『橿原考古学研究所論集』第五、吉川弘文館、一九七九年)に記されています。そして、天平三年(七三一)に大阪府枚方市にある尊延寺を開いたり、義淵が開いた京都市嵯峨の法輪寺を天平六年に中興したなどの活躍が伝えられています。義淵は、神亀五年(七二八)に亡くなるまで日本仏教界の最高指導者で、養老四年(七二〇)の死去まで首班であった右大臣藤原不比等とは協調してきたことも、横田氏が述べています。不比等の後の長屋王とは衝突したようですが、長屋王は天平元年(七二九)二月に失脚し、八月に不比等の女《むすめ》安宿媛が光明皇后になることができたわけです。宣教が山田寺を興すのはその数年後です。宣教は義淵の高弟で、しかも時代は聖武天皇・光明皇后による崇仏の盛期を迎えていました。疫病を防ごうとして、諸大寺に経典の転読や写経が求められることも多かった時代です。山田寺に宮廷から上等な什器が寄進されることがあってもおかしくないし、立派な硯を所蔵していても、瑠璃瓦を葺いていても、不思議でなかったわけです。

その上、樋ノ口遺跡出土の最古期の瓦も、宣教が山田寺を興した天平期にみごとに一致するのです。図16－7に示す樋ノ口遺跡出土瓦の1の拓影は、平城宮瓦編年（図16－8）の六三一三－Cに、2は六三一四－Bに、3は六三〇八－Dまたは六三〇八－Aに、4は六三一一－Aに、5は六六六三－Aに、それぞれ合致するように私には見えます。いずれも平城宮第Ⅱ期、養老五年（七二一）ころから天平一七年（七四五）の間に入ります。まさに『官務牒疏』が語る宣教「再興」の時代にほかなりません。

以上、樋ノ口遺跡が何であったかを特定できる資料が、現段階では小字「心蓮寺」と新殿神社名称にしか無いことに立脚してこれを山田寺跡と想定し、そう想定した場合には小字「医王寺」を含む他のすべての史資料が、無理なく合理的にこの想定に合致することを示しました。私は九分九厘間違いないと思っています。

最後に、なぜ柘榴に梵鐘と薬師如来坐像が移ったのかという、保留していた問題を簡略に解いておきます。結論は、柘榴の地が『官務牒疏』に山田寺の所在地と記され

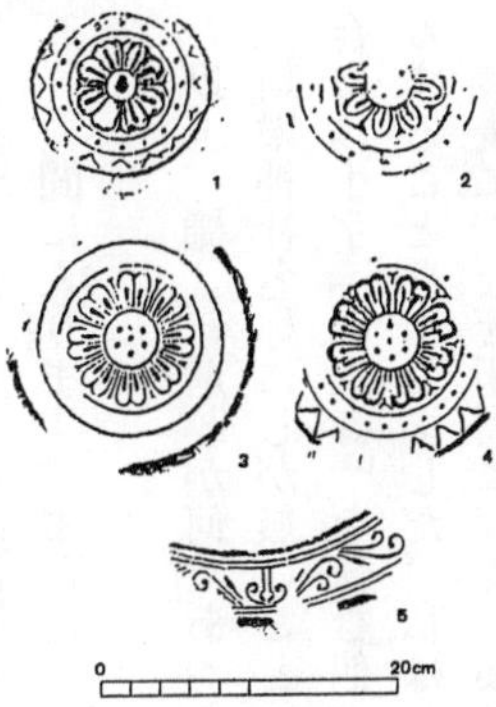

図16－7　樋ノ口遺跡出土軒丸瓦・軒平瓦拓影（『現地説明会資料』より）

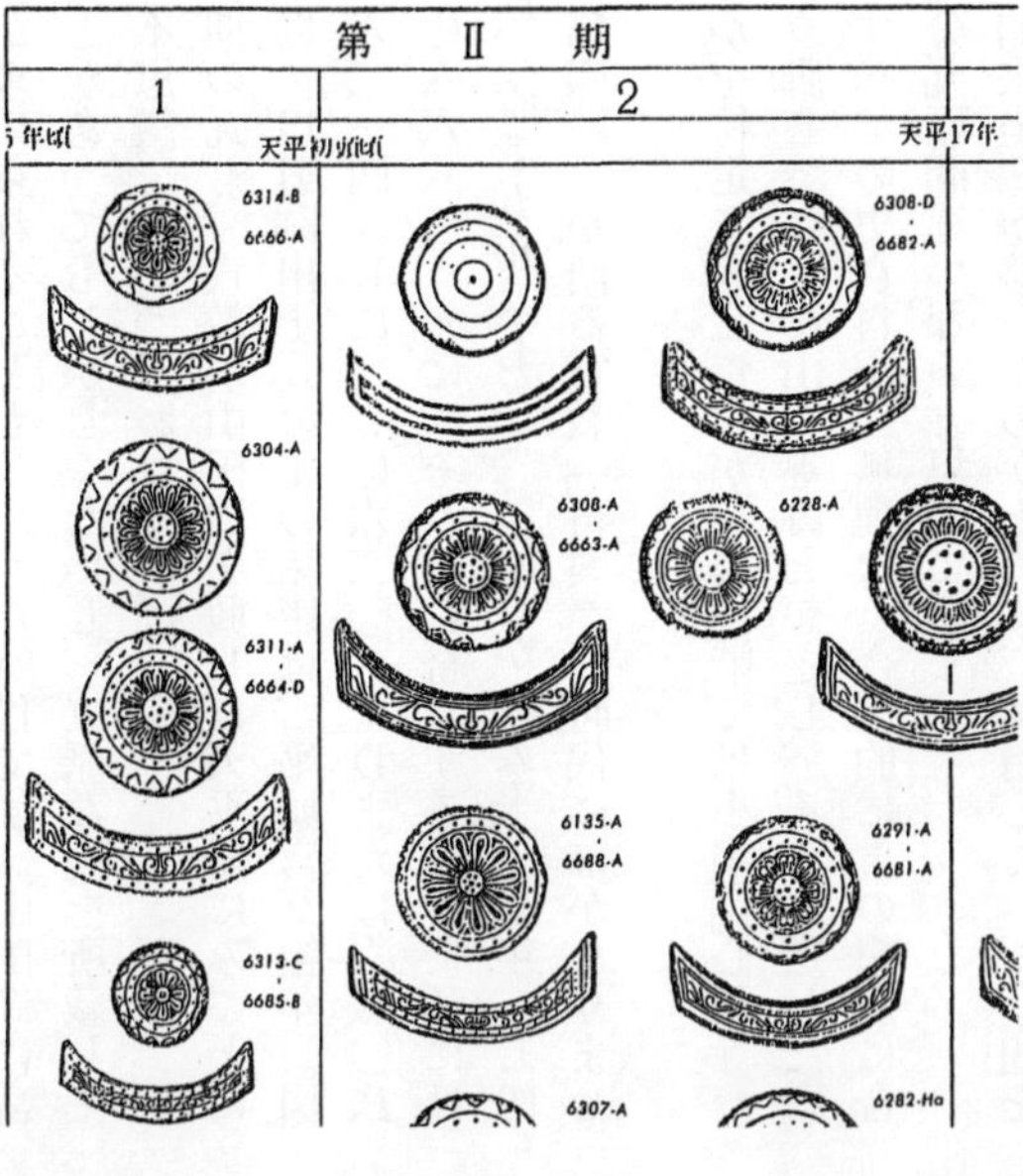

図16－8　平城京瓦編年図（『平城京発掘報告書』13、一九九三年三月より）

た「山田郷朝日荘」の西端だったからと言えます。山田川の谷筋に朝日荘があったことは知られていました（竹内理三『荘園分布図』上巻、吉川弘文館、一九七五年）。そこで注目されるのが、柘榴に日之出神社が鎮座し（図16－4）、「雨乞い石」と呼ばれるご神体の大石があって、光明皇后が祭神とされていることです。これらについての幾つかの伝承は略しますが、日之出と光明と朝日が重なることを見落とせません。このことから、この大石が朝日荘の牓示《ぼうじ》石であった可能性が窺われ、近接の柘榴が朝日荘の最奥地であったことが読めてきます。柘榴も永正四年（一五〇七）、国一揆の戦火で焼かれるのですが、その後はかえって安全になったので、京都－奈良回廊に面する危険地から本尊と梵鐘を移した――これが私の考えたストーリーなのです。

第17章　都市内道路名称の意味を解く

筋とはどういう道か

私はいつも、道路の名称は「家族名（族名）」と「個人名（個名）」から成り立っていると言っています。大路・小路・街道（海道）・通り・町通り・筋・辻子《づし》（図子）・突抜《つきぬけ》・縄手（畷）・坂・越え・横丁・路地などが族名です。銀座通りとか大阪の御堂筋と言う場合の、銀座や御堂が「個名」に当たります。北海道農村部に普及している「八線」とか「南十三号」の類の線や号も、族名です。東海道などは全体で個名と言うのが正しいかもしれませんが、東海が個名で海道が族名と、海の字に二役を演じさせて分けることもできそうです。この章の目的は、いくつかの道路族名の意味を解くことです。

私はこれまで、多くの（特に大阪の）人に「御堂筋は、なぜ御堂筋と言うのですか」という質問をしてきました。大部分の答えは、東西本願寺の別院がこの道に面しているからというものでした。これは個名としての「御堂」に対する正解に違いないのですが、筋という族名に対する答えを含んでいません。そこで改めて「なぜ筋と言うのですか」と問うことになるのですが、これには正しい答えがなかなか返ってきませんでした。

大阪では南北方向の道に筋という族名の付いたものがたくさんあります。これに対して東西方向の道には筋が極めて少なく、このことが大阪の大きな特色となっています。そのありようは、旧城下町地区、すなわち土佐堀・長堀・東横堀・西横堀に囲まれた船場《せんば》と、その南、道頓堀《どうとんぼり》までの間の島之内《しまのうち》に典型的にあらわれています（図17－1）。このことについて、「大阪では南北の道を筋と呼び、東西の道を『通り』と呼ぶ」と記している書物がたくさんありますが、これでは正解というわけにいきません。少なくとも「南北の道が筋で、東西の道が『町通り』」という答えでなければなりません。これが正解だと言う以上は、なぜそうなのかについての説明が必要です。

図17－2は、船場地区の一つの町＝道修町《どしょうまち》三丁目（図17－1のA）を取り上げ、近世末における道路と屋敷割りの関係を例示したものです。町を構成する二八軒は、間口の間数《けんすう》を記した方を正面にして、東西方向の道を挟んで南と北から対面しています。中央の南北道である三休橋筋《さんきゅうばしすじ》（栴檀木橋筋《せんだんのきばしすじ》とも呼びます）に沿う屋敷は四軒で、これらもみな正面は南か北に向いていたわけですから、三休橋筋には四軒の屋敷の横

壁か塀が面していたはずです。勝手口くらいは開いていたかもしれませんが、三休橋筋は横丁に過ぎなかったということになります。各屋敷の奥行はいずれも二〇間で、その背後を東西に流れる「背割溝」を挟んで、北隣・南隣の町を構成する屋敷群と背中合わせになっていました。

このありようを、少し範囲を拡げて示したのが、図17－3です。東横堀と西横堀の「浜地」に面する屋敷群、堺筋面のわずかの屋敷群などを除き、すべての屋敷が東西方向の道に向かって対面し、それぞれ数十軒の屋敷群で町を構成しています。つまり東西道路はどこも、家々が間口を開いて櫛比《しっぴ》する賑やかなメインストリート＝町通りだったのです。これに対して南北の道は、家々の横壁か塀が延々と続く、通過専用の横丁というわけです。こういう道であることが、筋という族名の付けられたゆえんです。「肉付きがない道」だから筋――と言えば冗談が過ぎるでしょうか。

図17－3をもう一度見てみましょう。東西の道路は、伏見町通り、道修町通り、平野町通りなどですが、この場合、「伏見町」が個名で「通り」が族名と捉えるのは正解ではありません。「通り」は、「通り道」の意ですから、それだけでは「筋」と少しも違いません。伏見町の「町通り」であることにこそ、「筋」と区別されるべき意味があるのです。ですから、「伏見町」が個名で「町通り」が族名と捉えなければ本当

図17－1　船場・島之内地区の町通りと筋

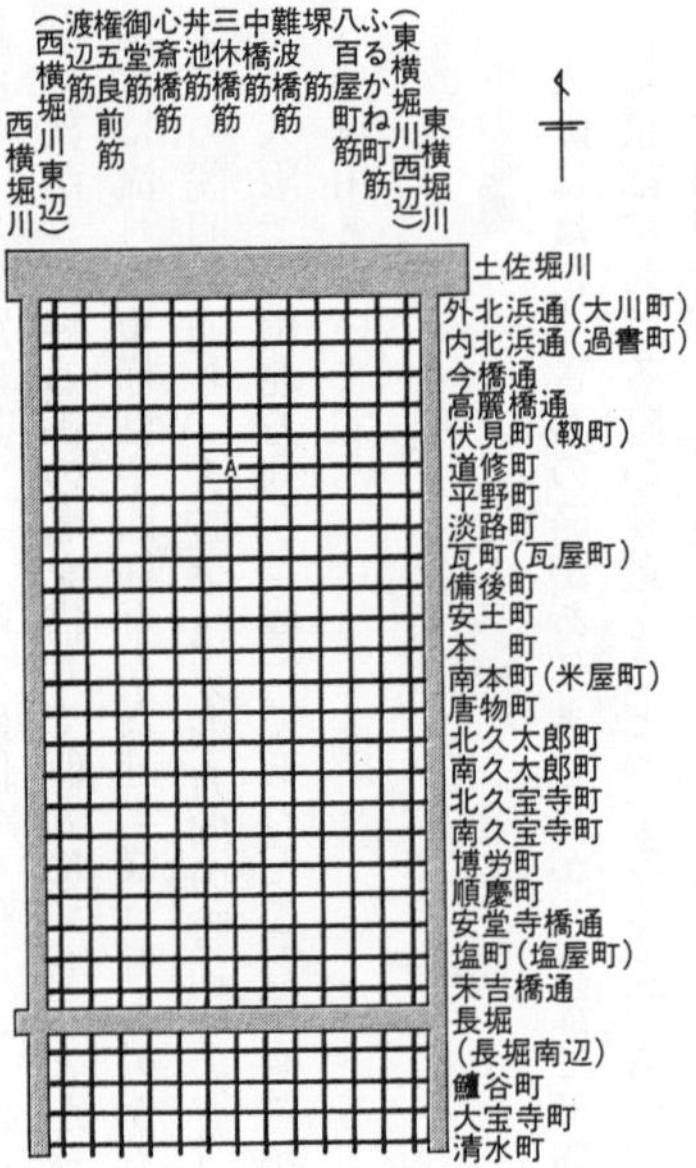

図17－2　近世末の道修町三丁目（原図・安政三年「道修町三丁目」水帳）図中の数字は間数。

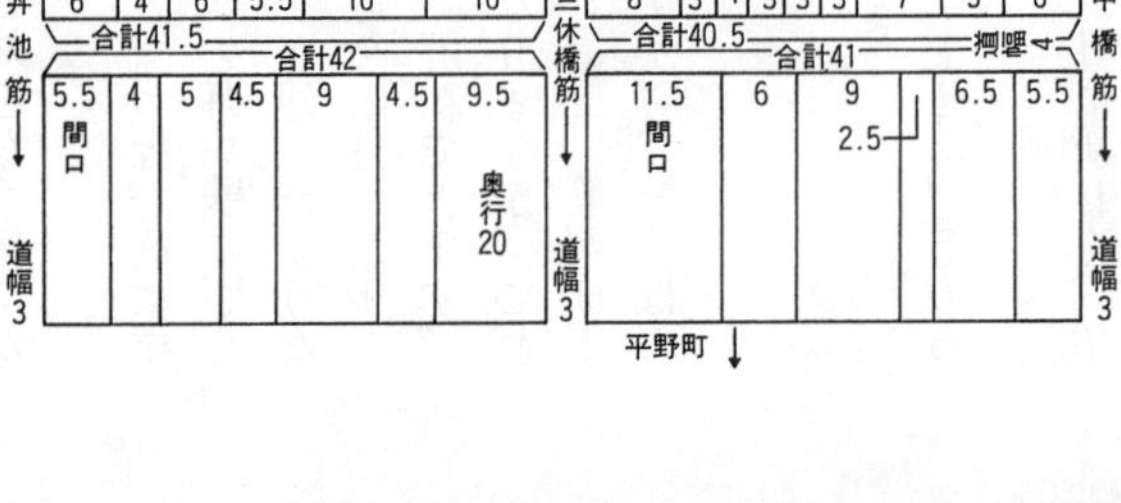

のことが分からなくなると言いたいわけです。「筋」は「町通り」と対をなす概念なのです。

筋の意味を以上のように理解した時に解けてくる問題があります。一つは、筋に橋の名が付いている例が多いのはなぜかという問題です。これは、筋が塀か壁に面した、通過機能しかもたない道で、沿道に個性がなく、沿道に「御堂」が建ったような稀なケースは別にして、一般には個名を付けようがなかったため、道を出外れた所の堀に架かっている橋の名を借りて個名にすることが流行したからと、解釈できます。

南北に流れる東横堀や西横堀がなぜ「横」堀なのかも問題の一つになりますが、これまでの説明の通り、大阪では東西方向の町通りがメインで、つまり「縦」、筋が横丁で、大阪では南北方向が「横」であったことが明らかになったのですから、解答はもはや無用と思います。

町の変遷

大阪にはたくさんの筋がありましたが、京都には筋はほとんどありません。そのわけは京都における町《まち》の変遷をたどってみると明らかになります。

町が都市内の単位区画を意味する言葉として用いられ始めるのは意外に新しく、多

図17－3　近世末の道修町通りと周辺の「町」と「筋」（原図・安政七年水帳）

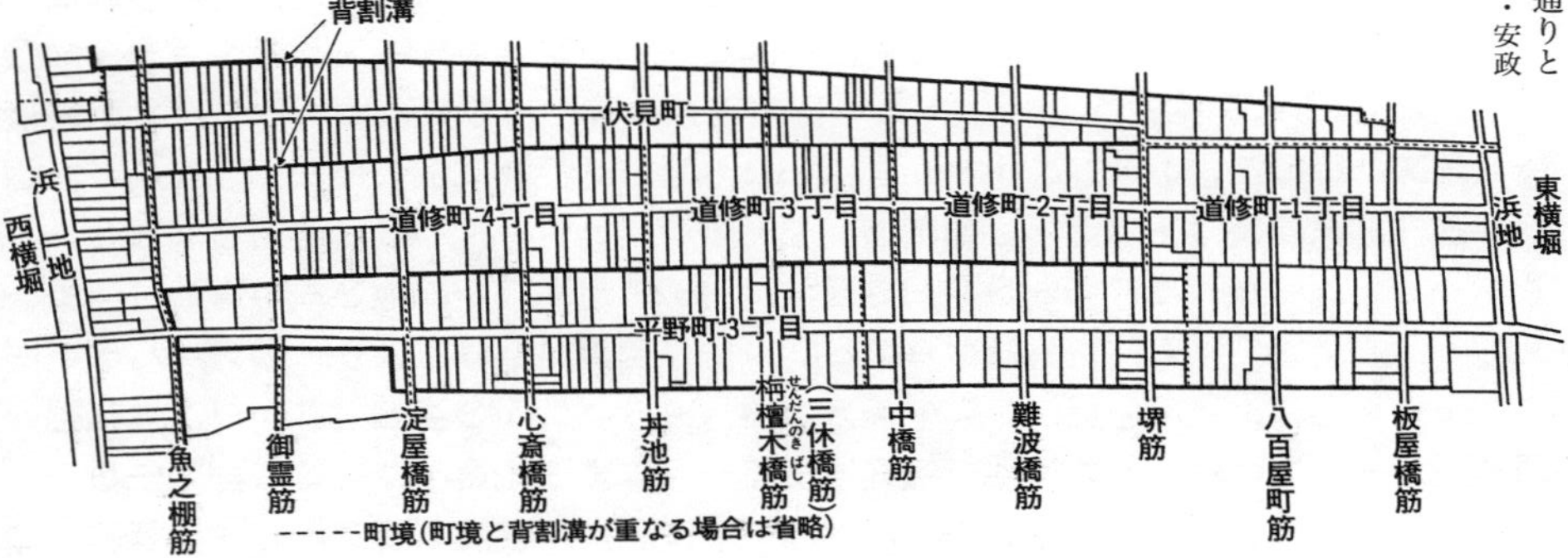

分、延暦三年（七八四）建都の長岡京からでした。都の条坊制の一つの坊を四×四＝一六の小区画に分けたその一単位は、平城京では坪と呼ばれていました。平安京で町と呼ばれたことは、周知のとおりです。その大きさは一辺四〇丈＝一二〇メートルの正方形で、大路・小路によって四面を画されていました。

京都における町の変遷を模式的に示すと、図17－4のようになります。一町全部が一人の高官の宅地というケースもありますが、事務職の一般役人や宮廷工房に勤める職人などは、一町を「四行八門」に割った小区画（あるいはさらに細分した区画）を与えられていたと見てよいでしょう（図17－4のA）。三二分の一町と言っても、三〇メートル×一五メートル＝四五〇平方メートルですから、相当な広さです。

町は四面が土塀で囲まれ、各面に一つ開かれた門を経て勤め先――例えば縫殿《ぬいどの》とか修理職《しゆりしき》などの生産官司の工房に往復する暮らしだったと考えられますから、サラリーマン暮らしは現代と共通するところはありますが、町のイメージはかなり異なります。ところが、早くも九世紀から役所の縮小傾向が見え、本来官の工房で行なわれるはずの生産活動や生産物の交換が、職人の集住する町で行なわれるようになってきたと説かれます。生産官司に勤める人が職種別に集住する町を「官の厨町」と言い、縫殿町、織部町、修理職町、内蔵町、木工町、図書町ほかたくさんありました。この傾

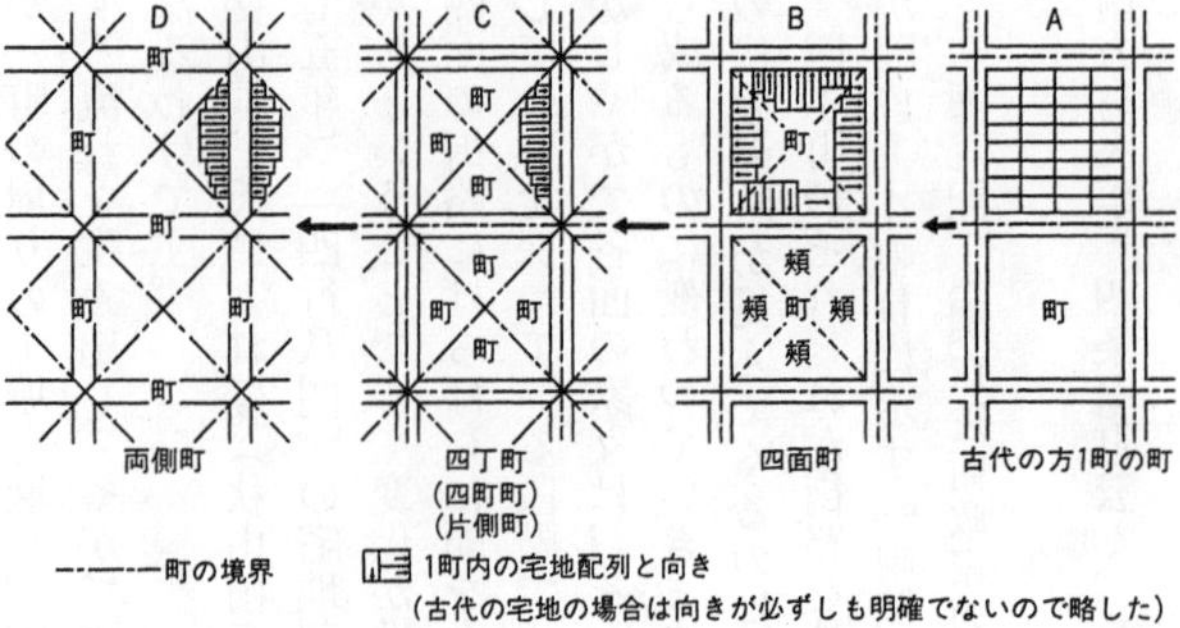

図17－4　古代の町から両側町へ

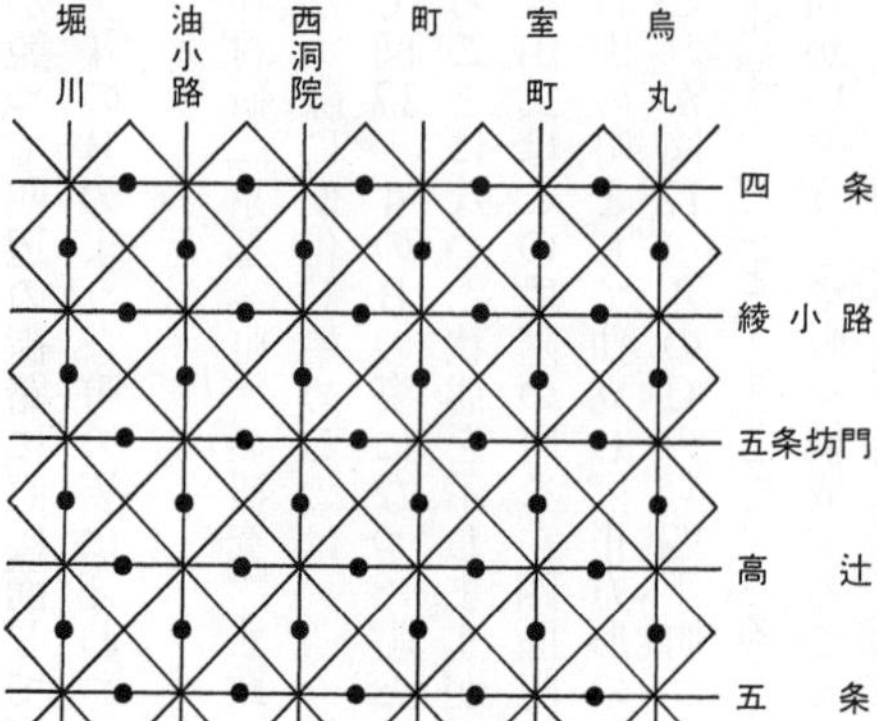

図17－5　明応三年火災図（原図・秋山国三氏）　黒丸点は、両側町の一ヵ町を示す。

向が、町の周りの土塀を壊し、家々が競って四辺の街路に直接面して商売を始めようとする流れを生み出し、やがて図17－4のBのような町の姿に変わっていくきっかけとなるわけです。

秋山国三氏によれば（秋山国三・仲村研『京都「町」の研究』法政大学出版局、一九七五年）、「四行八門」の宅地割りが実際に変化し始めるのは、一一世紀の終わりころからということです。変化が進んで図17－4のBの姿になった町というのは、家々が四面の街路にばらばらに顔を向けることになった状態を示しますが、なお一つの町としての形を保っている段階です。秋山氏はこの段階の町を「四面町」と呼びます。しかしやがて各面の家々は、それぞれ別の町として独立し、正方形の一町が四つの町から成るものに変わっていきます。これが図17－4のCの「四丁町《しちょうまち》」で、文献史料にこの状態の町が見えてくるのは一三世紀末のことです。そうなると当然次の段階では、四丁町のそれぞれが街路を挟む向かいどうしで町を構成することになります。それが図17－4のDに示す「両側町」の姿です。秋山氏は、その史料上の明証として『後法興院記《のちのほうこういんのき》』（関白近衛政家の日記）の明応三年（一四九四）七月六日の、

南方有火事、四条室町云々、数刻炎上、近来大焼亡也、廻五十四町云々、東烏丸、

西堀河、南五条、北四条云々

という記事を挙げています。もしこの火災の範囲を「四丁町」の状態であったとして数えるなら、一〇〇町にものぼるから不都合で、図17－5のように黒点を一つの町と数える「両側町」が既に普遍化していたと見なければならないと、解釈したのです。

このように、中世を通じて、そしてもちろんそれ以後も、京都では両側町であることが普通のあり方となったのです。それは、あらゆる道が「町通り」になっていったということで、それ故、京都には「筋」がほとんどできなかったのです。

辻子という道路「族名」の意味を解く

ところが京都には「何々図子《づし》」という道路「族名」がたくさんあって、一つの特色になっています。元来は「辻子」と書いて「づし」と読んだのですが、そう読むのが難しかったせいか、近世ころから次第に「図子」という用字に置き換わってしまいました。

私は、若いころふとしたきっかけで、「辻子」とは何かということに関心をもちました。当時、辻子の意味について参照すべき論文としては、坂本太郎氏の「辻子について」（『史学雑誌』三九巻四号、一九二八年）と、藤田元春氏の『平安京変遷史』（スズカケ出版部、一九三〇年）があるだけでした。坂本論文は、鎌倉の宇都宮辻子とは何かという問題意識から出発し、京都にたくさんある辻子の詳細な検討を経て、辻子とは要するに、

①一筋の道であって、十字街頭を意味する辻とは違うこと
②東西にも南北にも通じ得たこと（東西方向の道にも南北方向の道にも辻子と呼ばれる道があるということ）
③小路であること（平安京大路・小路の小路ではなく、文字通り小さい道の意）
④原則として行きぬけがあったこと（袋小路でないということ）
⑤時には町とも呼ばれた場合があったこと

というふうに、実態を整理したものでした。藤田論文は、「ヅシは元来、平安京の一町区画内に施された四行八門宅地割の中央を南北に通ずる小径に付された名称」と結論していました。しかし、坂本論文の整理では辻子とは何かの答えが得られず、藤田論文の結論もそれにはまらない例が多すぎるため、納得できませんでした。

そこで坂本論文の再検討を意図して、京都の辻子の分布図を作ったのです。図17－6は、それに「突抜《つきぬけ》」という種類の道も加えて作ったものです。辻子は、全部で一五

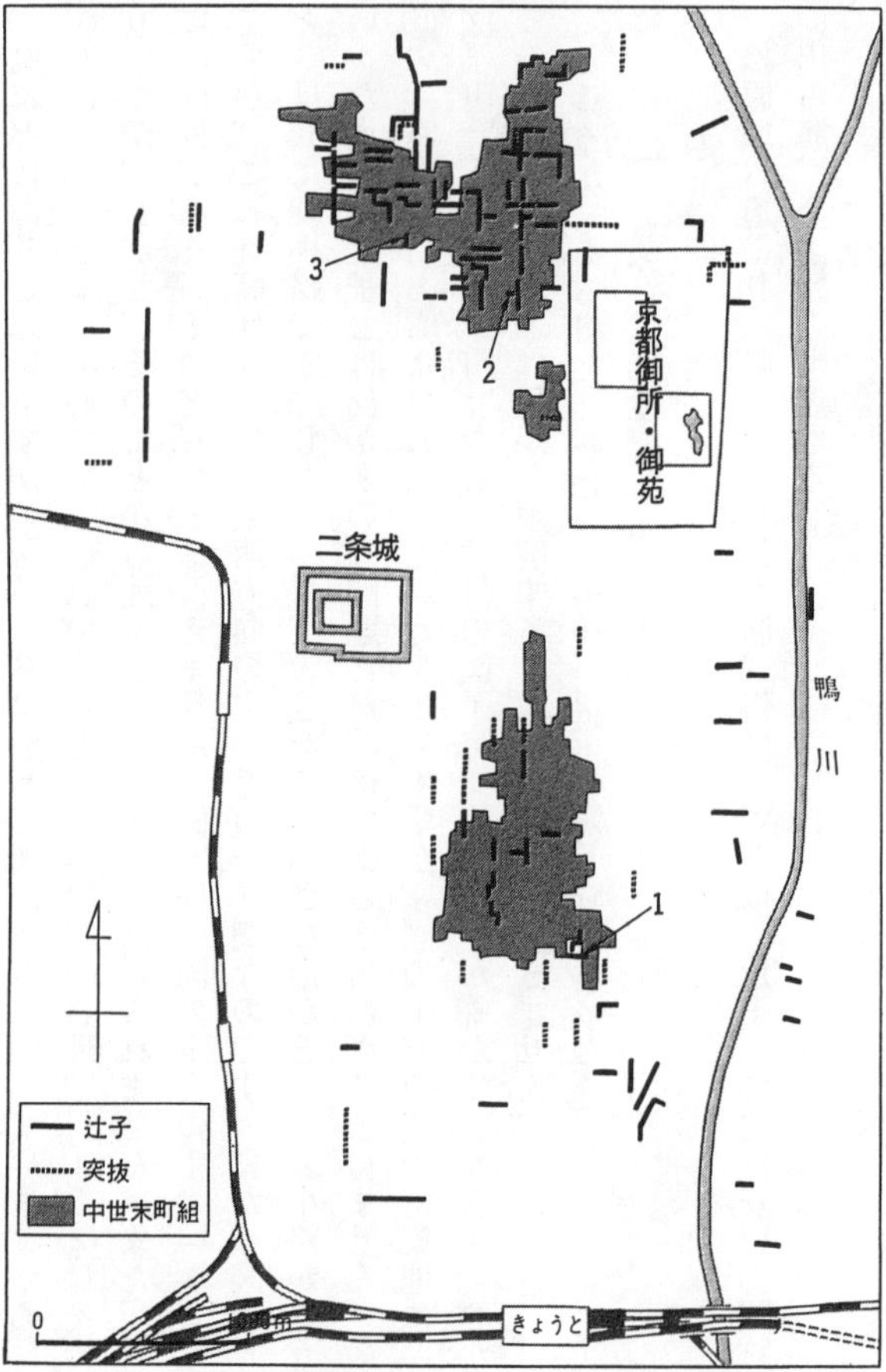

図17－6　京都の辻子と突抜の分布

○例ほどはあると思いますが、図17－6はおもに鴨川以西に限っていますから、一〇〇例ほどにとどまっています。これで見ると、坂本論文の整理項目①と②はそのとおりですが、しかし、そのことから辻子とは何かの答えは得られません。また、③と④には例外があり、そのとおりとは言えません。例えば、図の下方の1は「瑞音辻子《ずいおんのづし》」ですが、これは高辻通という東西方向の主要道の一区間なのです。また、図上方の2と3は共に袋小路です。したがって、大きな道か小さな道かとか、袋小路かどうかといった点は、辻子とは何かという問題と無関係であると言わざるを得ません。最後に⑤の「時には町ともよばれた」というケースですが、図の上方の辻子密集地に「柳《やなぎの》図子町《づしまち》」「瓢簞図子町《ひょうたんのづしまち》」など、数例の図子町（辻子町）が確かにあります。しかし、この事実から辻子とは何かを理解することは、私にはできませんでした。

ところが、ある日突然解けたのです。近世末の京都の町名事典というべき『京町鑑《きょうまちかがみ》』に、「くちなはの辻子」を説明して、

松原通六道より一町程東北へ行く筋、俗にくちなはの辻子とて北は安居御門跡《やすいごもんぜき》前へ出る筋、今悉《ことごと》く町となる

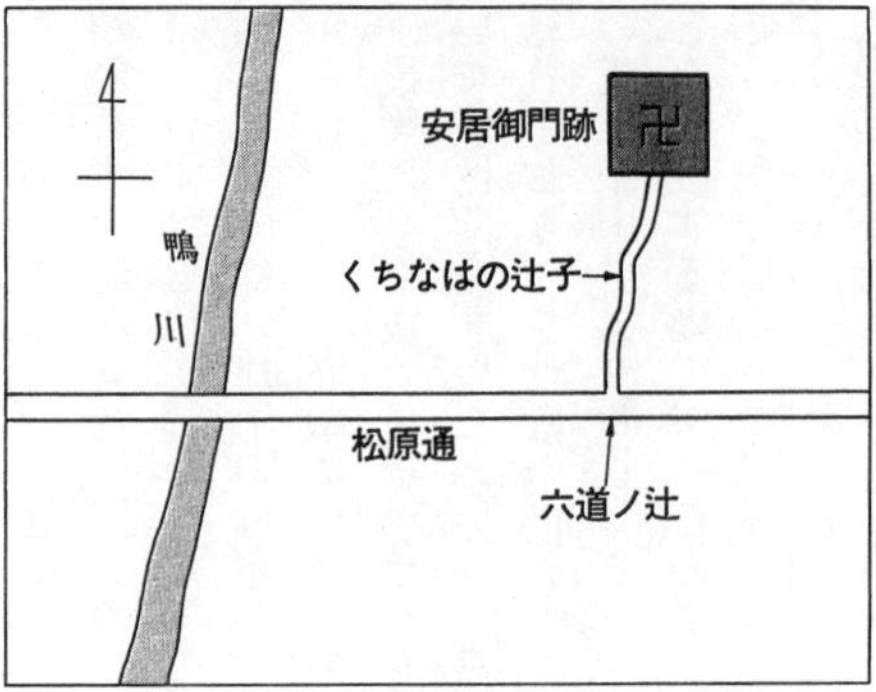

図17－7　くちなはの辻子　くちなはは蛇のことであり、蛇のように曲がりくねった道の様子から生まれた名であろう。

と記した文章があることを思い出し、答えが見えたのです。くちなはの辻子の位置関係は図17－7のとおりですが、位置はこの際問題でありません。大事なことは、右の文章の最後に、「今悉く町となる」と言っていることです。ここには、くちなはの辻子が今やすっかり町になったと、時間経過が書いてあるのです。ならば、町になる前の道、家々が対面して町通りになる前の道、それが辻子だったのだ――これが直感的につかんだ私の理解です。

もちろんその後多くの例でこのことを検証し、この解釈で間違いないことを確認しました。京都北部の西陣地区に辻子が多いのは、平安京の北の郊外に早くから次々と道が開かれたからで、その場合、最初はただの道でしたから何々辻子と呼ばれ、やがて町通りに変化したものの一部に辻子の名が生き残って何々辻子町（図子町）という表現が成立したことなどが分かりました。一方、下京方面の辻子は、方一町の内部に通じる道であったり、主要街路にもかかわらず沿道が寺社の塀続きであることなどのため遂に町通りにならなかった例などで、いずれも私が解いた辻子の概念に合致するものであることが確かめられました。図17－6では、辻子の分布が中世の町々の拡がりによく重なることが読め、そのことから辻子がいつ盛んに出来たのかも推測できます。

最後に「突抜」について少し触れておきます。「突抜」は既にある道の先を突き抜いて新区間を開いたという「営為」から生まれた特異な道路族名ですが、図17－6に見るとおり、これは中世の町の拡がりの外に分布しています。この事実は、「突抜」の成立が中世より新しく、おそらく近世の京都の発展に応じて開かれた道であったことを示唆するのです。このような細かい事実の解明の上に、私は都市の発達史を編んでいこうとしています。

KODANSHA

本書は、一九九八年に日本放送出版協会より刊行された『景観から歴史を読む——地図を解く楽しみ』を文庫化にあたり改題したものです。

足利健亮（あしかが　けんりょう）

1936年北海道生まれ。京都大学大学院文学研究科修士課程修了。京都大学教授。文学博士。京都府埋蔵文化財調査研究センター理事，人文地理学会会長などを歴任。1999年没。
おもな著書に，『中近世都市の歴史地理』『日本古代地理研究』『京都歴史アトラス』『考証・日本古代の空間』『地理から見た信長・秀吉・家康の戦略』ほか。

講談社学術文庫

定価はカバーに表示してあります。

地《ち》図《ず》から読《よ》む歴《れき》史《し》

足利健亮《あしかがけんりょう》

2012年４月10日　第１刷発行
2021年７月21日　第16刷発行

発行者　鈴木章一
発行所　株式会社講談社
東京都文京区音羽2-12-21 〒112-8001
電話　編集（03）5395-3512
販売（03）5395-4415
業務（03）5395-3615

装　幀　蟹江征治
印　刷　豊国印刷株式会社
製　本　株式会社国宝社
本文データ制作　講談社デジタル製作

ISBN978-4-06-292108-4

「講談社学術文庫」の刊行に当たって

これは、学術をポケットに入れることをモットーとして生まれた文庫である。学術は少年の心を養い、成年の心を満たす。その学術がポケットにはいる形で、万人のものになることは、生涯教育をうたう現代の理想である。

こうした考え方は、学術を巨大な城のように見る世間の常識に反するかもしれない。また、一部の人たちからは、学術の権威をおとすものと非難されるかもしれない。しかし、それはいずれも学術の新しい在り方を解しないものといわざるをえない。

学術は、まず魔術への挑戦から始まった。やがて、いわゆる常識をつぎつぎに改めていった。学術の権威は、幾百年、幾千年にわたる、苦しい戦いの成果である。こうしてきずきあげられた城が、一見して近づきがたいものにうつるのは、そのためである。しかし、学術の権威を、その形の上だけで判断してはならない。その生成のあとをかえりみれば、その根は常に人々の生活の中にあった。学術が大きな力たりうるのはそのためであって、生活をはなれた学術は、どこにもない。

開かれた社会といわれる現代にとって、これはまったく自明である。生活と学術との間に、もし距離があるとすれば、何をおいてもこれを埋めねばならない。もしこの距離が形の上の迷信からきているとすれば、その迷信をうち破らねばならぬ。

学術文庫は、内外の迷信を打破し、学術のために新しい天地をひらく意図をもって生まれた。文庫という小さい形と、学術という壮大な城とが、完全に両立するためには、なおいくらかの時を必要とするであろう。しかし、学術をポケットにした社会が、人間の生活にとってより豊かな社会であることは、たしかである。そうした社会の実現のために、文庫の世界に新しいジャンルを加えることができれば幸いである。

一九七六年六月

野間省一